PETER LIEPMANN

Bankenverhalten und Bankenregulierung

Untersuchungen über das Spar-, Giro- und Kreditwesen

Abteilung A: Wirtschaftswissenschaft

Herausgegeben von Prof. Dr. Dr. Dr. h. c. Fritz Voigt

Band 105

Bankenverhalten und Bankenregulierung

Ein Beitrag zu einigen ungelösten Problemen der Geldverfassung

Von

Dr. Peter Liepmann

DUNCKER & HUMBLOT / BERLIN

Redaktion: Dr. Hermann Witte

Gedruckt 1980 bei Buchdruckerei A. Sayffaerth - E. L. Krohn, Berlin 61
Printed in Germany
ISBN 3 428 04783 4

Vorwort

Diese Arbeit lag Mitte 1979 dem Fachbereich Wirtschaftswissenschaft der Universität — Gesamthochschule Paderborn als Habilitationsschrift für das Fach Volkswirtschaftslehre vor; sie wurde für die Veröffentlichung leicht überarbeitet und gekürzt. Die Deutsche Forschungsgemeinschaft ermöglichte mit einem Habilitationsstipendium, für das ich sehr danke, die Abfassung der Arbeit. Mit wertvollen Hinweisen und Hilfen unterstützten mich F. Buttler, F. Geigant, K. Gerlach, B. Meyer, M. Roters, M. Schnapp, O. Steiger und P. Weise; ihnen möchte ich ebenfalls sehr danken.

Paderborn, April 1980

Peter Liepmann

Inhaltsverzeichnis

1. Einleitung

„Das Grundproblem der Geldverfassung“ sieht Lutz[1] in seiner inzwischen klassischen Arbeit in der Wahl einer geeigneten Ordnung des Geldsystems, damit dieses sicher funktioniere und Bankenkrisen wie die von 1931 vermieden würden. Dieses Grundproblem stelle sich — so Lutz weiter — angesichts der historischen Veränderungen des Geldwesens im 19. Jahrhundert. Indem Banken seitdem die wichtigste Form des Geldes, das Giralgeld, im Wettbewerb miteinander schafften und dieses Geld durch Kredite in den Verkehr gelange, gäbe es Schwierigkeiten für eine geordnete Geldverfassung, und zwar ausschließlich aus dem einen Grund: „Daß das Geld in dem Akt der Kreditgewährung entsteht, daß beide Vorgänge unlöslich miteinander verkoppelt sind, die Geldentstehung nur die Passivseite des Aktivgeschäftes: Kreditgewährung ist“[2].

Während die Kreditgewährung keineswegs sozialisiert werden dürfe, sondern private Institutionen und Wettbewerb verlange, erfordere die Geldschaffung eine staatliche Lenkung und Garantie der Sicherheit des Geldes (vor Verlusten bei Zahlungsunfähigkeit der Banken). Daraus folgten als „Das Grundproblem der Geldverfassung“ drei zu lösende Fragen, nämlich wie zu gewährleisten sei, daß (a) der Staat oder die Zentralbank die Geldmenge vollständig kontrolliere; (b) die Sicherheit des Geldes erhalte und (c) das übrige Bankgeschäft, vor allem aber die Kreditvergabe, dem Wettbewerb privater Institutionen überlassen bleibe[3].

---

[1] Vgl. *F. A. Lutz,* Das Grundproblem der Geldverfassung (1936), in: ders., Geld und Währung, gesammelte Abhandlungen, Tübingen 1962, S. 28 ff.

[2] *Ebd.*, S. 30 f., im Original z. T. hervorgehoben.

[3] *Ebd.*, S. 33. Diese Fragen seien in Deutschland bis heute nicht gelöst; vgl. *F. W. Meyer* und *A. Schüller,* Spontane Ordnungen in der Geldwirtschaft und das Inflationsproblem, Walter Eucken Institut, Vorträge und Aufsätze, H. 59, Tübingen 1976, S. 30 f. — S. als neuere Ansätze zur Geldproduktion der Banken im Wettbewerb untereinander und ohne Monopol der Zentralbank für Zentralbankgeld auch *E. M. Claassen,* Der Wettbewerb als Ordnungsprinzip der Geldschaffung, in: Verstehen und Gestalten der Wirtschaft, Festschrift für F. A. Lutz zum 70. Geburtstag, Tübingen 1971, S. 255 ff.; *B. Klein,* The Competitive Supply of Money, in: Journal of Money, Credit and Banking, Vol. 6 (1974), S. 423 ff.; *F. A. v. Hayek,* Entnationalisierung des Geldes — Eine Analyse der Theorie und Praxis konkurrierender Umlaufmittel, Tübingen 1974. Demgegenüber wird im folgenden von der „Einheit des Geldwesens“ ausgegangen, das Problem der Parallelwährungen also nicht erörtert; dafür spricht der in den beiden Schlußkapiteln der vorliegenden Arbeit

Wie zu zeigen ist (Abschnitt 2.1. und 2.2.), zielt die staatliche Bankenregulierung hierzulande, speziell die Ausnahmebereichsregelung des § 102 des Gesetzes gegen Wettbewerbsbeschränkungen und die Fachaufsicht der Banken nach dem Kreditwesengesetz, auch auf die Lösung der von Lutz aufgeworfenen Fragen: Sie soll die Geld- und Währungspolitik unterstützen, die Funktionsfähigkeit der Banken sichern, deren Einleger vor Verlusten schützen sowie mißbräuchliche Wettbewerbsbeschränkungen verhindern. Selbst wenn man sich nun aber, wie in dieser Arbeit beabsichtigt, nur mit dem Regelungskomplex der beiden genannten, sehr eng miteinander verknüpften Gesetze befaßt, so stößt man m. E. immer noch, d. h. lange nach dem Beitrag von Lutz, auf ungelöste Probleme der Geldverfassung.

Diese ergeben sich aus dem weiterhin ungeklärten Nebeneinander von Bankenregulierung und unreguliertem oder unregulierbarem Bankenverhalten; denn das von Lutz beschriebene Dilemma — die enge Berührung der staatlichen Regulierung mit privaten, über Märkte koordinierten Entscheidungen — besteht fort und nimmt in der modernen Geldwirtschaft eher zu als ab. Eine erneute Bankenkrise unbekannten Ausmaßes ist nicht ohne weiteres auszuschließen, in der die öffentliche Hand, vertreten durch die Zentralbank, nur wieder die Rolle des großen Konkursversicherers für Bankenverluste übernehmen könnte, — um die Beteiligung an diesen dann in irgendeiner Weise breit zu streuen. Die historische Entwicklung, von der Lutz ausgeht, endet eben nicht mit der Giralgeldschaffung der Banken, die sich untereinander „im Wettbewerb" befinden. Vielmehr verändert sich der Bankenwettbewerb laufend durch Einwirkung der Banken selbst, die sich der unpersönlichen Autorität des Marktes zur Erhöhung und Stabilisierung ihrer Gewinne entziehen wollen; ferner werden die Finanzbeziehungen und der Finanzsektor — unter maßgeblicher Beteiligung der Banken — ständig weiter ausgebaut, um neue Finanztechnologien der Ansammlung von Ersparnissen und der Verteilung derselben auf alternative Investitionen zu nutzen[4]. Insofern sind die von Lutz gestellten Fragen immer noch aktuell und — unter Berücksichtigung neuerer theoretischer Erkenntnisse — weiter zu analysieren. Anlaß dafür ist im folgenden der Regelungskomplex Kartell- und Fachaufsicht.

Welche ungelösten Probleme der Geldverfassung hier bestehen, wird in den Abschnitten 2. und 3. anhand einer kritischen Bestandsaufnahme

---

entwickelte, m. E. weiterführende theoretische Kontext sowie die herrschende juristische Meinung. Vgl. zu letzterer z. B. *H. U. Franzke*, Geldhoheit und Währungssteuerung, Frankfurt/M. 1964.

[4] Vgl. hierzu als vorläufigen Hinweis die inzwischen ebenfalls klassische Arbeit von *J. G. Gurley* und *E. S. Shaw*, Money in a Theory of Finance (1960), 4. Aufl., Washington (D.C.) 1966, S. 195 ff.

der geltenden Rechtsnormen und deren Begründungen sowie deren Handhabung im Rahmen der Kartell- und Fachaufsicht dargelegt. Um die theoretische Analyse dieser Probleme voranzutreiben, werden neben den in der einschlägigen Literatur vorherrschenden wirtschaftsrechtlichen, wettbewerbs- und schutztheoretischen Erörterungen (Abschnitt 2.2., 2.3. und 4.2.) vor allem auch Beiträge aus der Neuen politischen Ökonomie (Abschnitt 4.3.), der Theorie offener Systeme (Abschnitt 4.4.) und der Geldtheorie (Abschnitt 5.) herangezogen. Dabei greifen die Abschnitte 2.3.1., 2.3.2., 4.2. und 4.3., die von bestimmten Konstrukten des Wettbewerbs ausgehen, diejenige Seite der weiter zu verfolgenden Fragen auf, die noch am ehesten an den ordnungstheoretischen Ausgangspunkt von Lutz anschließt. In den Abschnitten 4.4. und 5. wird dagegen, über Lutz hinausgehend, stärker die andere Seite der weiter zu verfolgenden Fragen behandelt, nämlich der Gesichtspunkt keineswegs abgeschlossener und irreversibler historischer Entwicklungen, wie sie soeben angedeutet wurden.

Die beiden Argumentationslinien liefern Antworten dazu, warum das Bankenverhalten teilweise unreguliert ist (Produzentenschutz-Hypothese; Kontinuum privater und staatlicher Markt- und Wettbewerbsbeschränkungen) und warum es teilweise unregulierbar bleibt (endogene Instabilitäten einer modernen Geldwirtschaft mit privaten, über Märkte koordinierten Entscheidungen, die unter unkalkulierbarer Unsicherheit i. S. von Knight und Keynes zu treffen sind). Entgegen etwa den Vorstellungen von Lutz trägt das Verhalten der Banken (und ihrer Verbände) dazu bei, daß der Wettbewerb zwischen den Banken auf Kosten der Marktgegenseite bis hin zu einer privatwirtschaftlichen Marktordnung beschränkt wird — und schon seit langem wurde. Ferner lassen sich endogene Instabilitäten einer Geldwirtschaft mit privaten, über Märkte koordinierten Entscheidungen nicht i. S. der Ordnungstheorie durch irgendeine geeignete Geldverfassung beseitigen[5], da sie aus der Verwendung von Geld sowie dem ständig erweiterten Ausbau der Finanzbeziehungen und des Finanzsektors folgen.

Der Verfasser ist sich der Gefahren des skizzierten, selektiven Vorgehens bewußt, durch das zum einen auch Fragen aufgeworfen werden, deren abschließende Beantwortung weiterhin fehlt, zum anderen solche Fragen wie die nach dem Einfluß internationaler Währungs- und

[5] Diesbezüglich ist Simons, sonst in vielerlei Hinsicht vergleichbar mit Lutz, vorsichtiger als dieser und berücksichtigt das Verhalten der Banken und des Publikums auf die Umlaufgeschwindigkeit des Geldes. Vgl. *H. C. Simons*, Rules versus Authorities in Monetary Policy (1936), in: ders., Economic Policy for a Free Society, Chicago (Ill.) 1948, S. 170 f. Siehe auch mit ähnlichen Bedenken *W. Eucken*, Grundsätze der Wirtschaftspolitik (1952), 5. unveränd. Aufl., Tübingen 1975, S. 261. Siehe auch mit zahlreichen historischen Beispielen *Ch. P. Kindleberger*, Manias, Panics, and Crashes, New York 1978.

Finanzbeziehungen nicht gestellt werden. Immerhin wird versucht, das Nebeneinander von autonomem Bankverhalten und staatlicher Bankenregulierung wenigstens in dem angedeuteten Ausschnitt tiefer auszuloten, als das bisher in der Literatur geschieht. Zur näheren Charakterisierung und Begründung der Vorgehensweise und zu den wichtigsten Ergebnissen der einzelnen Hauptabschnitte sei auf deren jeweilige Einführung verwiesen.

2. Die Sonderstellung der Banken im Rahmen der Kartell- und Fachaufsicht

2.1. Einführung

Die Sonderstellung der Banken (Kreditwirtschaft) ist vor allem im Bundesbankgesetz[1] und im Kreditwesengesetz (KWG)[2] festgeschrieben worden. An diese Gesetze knüpft das Gesetz gegen Wettbewerbsbeschränkungen (GWB) mit der Ausnahmebereichsregelung des § 102 an[3]. Hingewiesen sei schließlich auf die Auswirkungen des Rechts der EWG[4].

Auch wenn man — wie in dieser Arbeit beabsichtigt — nur den Ausschnitt der Bankenregulierung betrachtet, der die Kartell- und Fachaufsicht betrifft, so ergibt sich bereits ein ziemlich verwirrendes Bild von gesetzlichen Regelungen und institutionellen Verantwortlichkeiten sowie von Zielen, Instrumenten und ökonomischen Begründungen. Der Regelungskomplex Kartell- und Fachaufsicht ist angeblich aber zur Beschränkung der Gewerbefreiheit der Banken erforderlich, d. h. zur Verwirklichung der Ziele: Unterstützung der Geld- und Währungspolitik, Erhaltung der Funktionsfähigkeit der Banken, Schutz der Gläubiger bzw. Einleger, Verhinderung mißbräuchlicher Wettbewerbsbeschränkungen.

Den Banken wird durch Rahmenvorschriften im KWG, ferner durch Umkehrung des Kartellverbots in einen Mißbrauchstatbestand im GWB

[1] Vgl. Gesetz über die Deutsche Bundesbank vom 26. 7. 1957 (BGBl. I 745), Beck'sche Textausgabe Bankrecht, mit einer Einführung von J. Consbruch, München 1970, S. 37 ff. Siehe auch: Die währungspolitischen Institutionen und Instrumente in der Bundesrepublik Deutschland, Sonderdruck der Deutschen Bundesbank, Köln 1971, S. 66 ff.; *H. Seeck* und *G. Steffens*, Die Deutsche Bundesbank, 2. erw. Aufl., Bonn 1972.

[2] Vgl. Gesetz über das Kreditwesen in der Fassung vom 3. 5. 1976 (BGBl. I 1122).

[3] Vgl. Gesetz gegen Wettbewerbsbeschränkungen in der Fassung vom 4. 4. 1974 (BGBl. III 703-1), Beck'sche Textausgabe Kartellrecht, München 1975.

[4] Vgl. hierzu und zu den übrigen gesetzlichen Grundlagen für die Sonderstellung der Banken *W. Möschel*, Das Wirtschaftsrecht der Banken — Die währungs-, bankaufsichts-, kartell- und EWG-rechtliche Sonderstellung der Kreditinstitute, Frankfurt/M. 1972. Siehe auch *U. Immenga*, Wettbewerbsbeschränkungen auf staatlich gelenkten Märkten, Wirtschaftswissenschaftliche und wirtschaftsrechtliche Untersuchungen, Hrsg.: Walter Eucken Institut Freiburg i. Br., Bd. 4, Tübingen 1967, S. 123 ff.

eine Sonderstellung gegenüber anderen Wirtschaftszweigen eingeräumt, deren Problematik genau darin besteht, inwieweit die Gewerbefreiheit vom regulierenden Staat einzuschränken ist, um die genannten Ziele zu verwirklichen, und inwieweit sie von den Banken selbst eingeschränkt werden kann, um ihre Rentabilität zu erhöhen und zu sichern. Von einer eindeutigen rechtlichen Normierung des Regelungskomplexes Kartell- und Fachaufsicht kann nicht gesprochen werden. Die Sonderstellung der Banken steht folglich diesen selbst insoweit zur Disposition, d. h. wird insoweit zum Privileg, wie der regulierende Staat Umfang und Intensität seines Eingriffs in die Gewerbefreiheit nicht genau bestimmt und insbesondere Reformen zur Begrenzung der Eingriffe der Banken in die Gewerbefreiheit unterläßt.

Zur möglichen Privilegierung der Banken trägt die herrschende Rechtsauffassung bei; die wichtigsten Ergebnisse sind im einzelnen:

— Sie interpretiert den von Anfang an fragwürdigen Kompromiß zwischen Kartell- und Fachaufsicht (Abschnitt 2.2.1.) extensiv und läßt so durch die Freistellung der Banken vom Kartellverbot weitreichende markt- und wettbewerbsbeschränkende Aktivitäten der Banken(verbände) zu (Abschnitt 2.2.2.);

— sie räumt in Konfliktfällen der Fachaufsicht den Vorrang vor der Kartellaufsicht ein, so daß die Fachaufsicht ihr Interesse am Gläubiger- bzw. Einlegerschutz und am Solvenzschutz durch Erhöhung oder Sicherung der Rentabilität gegenüber den Aufgaben der Kartellaufsicht, mißbräuchliche privatrechtliche Wettbewerbsbeschränkungen zu ahnden, durchsetzen kann; die Sanktionen der Ausnahmebereichsregelung des GWB erhalten dadurch im Zweifel den Charakter einer bloßen Absichtserklärung (Abschnitt 2.2.3.);

— sie begünstigt nach der Zinsliberalisierung von 1967 eine Aufwertung des Kartellprivilegs der Banken durch Habenzinsempfehlungen der Spitzenverbände, d. h. gleichsam eine Reprivatisierung der aufgehobenen staatlichen Zinsverordnungen, mit deren Hilfe gesamtwirtschaftliche Ziele verfolgt wurden (Abschnitt 2.2.4.); somit ist zu vermuten, daß die herrschende Rechtsauffassung gerade den Banken(verbänden) Spielraum zur Instrumentalisierung des Rechts läßt[5].

Die Argumentationsmuster in der einschlägigen Literatur, die als ökonomische Fundierung der Sonderstellung der Banken angeboten werden oder als solche herangezogen werden könnten, gehen kaum auf

[5] Vgl. *U. Immenga*, Politische Instrumentalisierung des Kartellrechts?, Recht und Staat in Geschichte und Gegenwart, Heft 461, Tübingen 1976; *W. Möschel*, Wettbewerb im Schnittfeld von Rechtswissenschaft und Nationalökonomie, in: Tradition und Fortschritt, Festschrift zum 500jährigen Bestehen der Tübinger Juristenfakultät, Tübinger rechtswissenschaftliche Abhandlungen, Bd. 46, Tübingen 1977, S. 346 ff.

die mögliche Instrumentalisierung des Rechts durch die Banken(verbände) ein. Wer — davon einmal abgesehen — erwarten würde, diese Argumentationsmuster lieferten eine eindeutige Erklärung der Sonderstellung der Banken, wird enttäuscht; d. h. es fehlt eine akzeptable ökonomische Fundierung der staatlichen Bankenregulierung und — a fortiori — privatrechtlicher Markt- und Wettbewerbsbeschränkungen, die infolge der Freistellung vom Kartellverbot und der Aktivitäten der Banken(verbände) zustande kommen. Insbesondere zeigt Abschnitt 2.3. im Ergebnis:

— Die vorliegenden Argumentationsmuster mit ordnungs-, wettbewerbs- oder schutztheoretischer Ausrichtung bieten weitgehend nur ad hoc Begründungen, die sich entweder nicht verallgemeinern lassen oder einer näheren, immanent kritischen Überprüfung nicht standhalten, — die Sonderstellung der Banken beruht insofern auf einer nur wenig gesicherten ökonomischen Prämisse, die Eingang in Rechtsnormen fand;

— Bankenkrisen, die zunächst Anlaß für die Diskussion einer Bankenregulierung, dann für deren Einführung waren, sind theoretisch nicht verarbeitet worden; sie gelten nach wie vor als „Anomalie“[6]; die Besonderheiten einer modernen Geldwirtschaft und der Anteil der Banken am Zustandekommen solcher Krisen bleiben unerörtert.

Der folgende Abschnitt 2. versucht, die wichtigsten wirtschaftsrechtlichen Aufarbeitungen des Regelungskomplexes Kartell- und Fachaufsicht und die wichtigsten ökonomischen Argumentationsmuster zur Begründung der Sonderstellung der Banken zusammenzustellen und zu prüfen; dabei wird sich zeigen, daß einige Probleme der Geldverfassung, die mit dem Bankenverhalten und diesem Ausschnitt der Bankenregulierung verknüpft sind, volkswirtschaftlich nicht zu Ende gedacht und folglich nicht gelöst wurden. Eine nähere Spezifizierung und Interpretation der Handlungsmöglichkeiten und -beschränkungen, die für Banken, deren Kunden und den regulierenden Staat bestehen, erfolgt in Abschnitt 3.

Demgegenüber fällt die Überprüfung der Sonderstellung der Banken nach dem Bundesbankgesetz in einen Themenbereich, der in der vorliegenden Arbeit nur am Rande angesprochen wird, zumal hierzu zahlreiche geldtheoretische und -politische Arbeiten vorliegen[7]. Die Auswirkungen des EWG-Rechts auf die Sonderstellung der Banken

[6] Vgl. hierzu *Th. S. Kuhn,* Die Struktur wissenschaftlicher Revolutionen, Frankfurt 1967.

[7] Vgl. im übrigen auch *M. Schneider,* Der Wettbewerb der Kreditinstitute im Spannungsfeld von Bankenaufsicht und Notenbankpolitik, in: Bank-Betrieb, 13. Jg. (1973), S. 122 ff.; *W. Könneker,* Wettbewerb — In der Sicht der Notenbank, in: Zeitschrift für das gesamte Kreditwesen, 1/1960, S. 12 ff.

werden nicht behandelt, weil sie ebenfalls in einen anderen Themenbereich fallen, den Ausbau einer Zollunion zu einer Wirtschaftsunion sowie die Koordinierung und Harmonisierung nationaler Bankenregulierungen[8].

2.2. Ausnahmebereichsregelung des § 102 GWB und ihre Verknüpfung mit dem KWG

Charakteristisch für die Bankenregulierung nach deutschem Recht ist, daß jede der ausführenden Behörden, die Bundesbank, das Bundesaufsichtsamt für das Kreditwesen (Fachaufsicht) und das Bundeskartellamt (Kartellaufsicht), in ihren Zielsetzungen und Maßnahmen mindestens teilweise mit denen der anderen Behörden kollidiert. Besonders deutlich werden Kollisionsmöglichkeiten zwischen den Zielsetzungen und Maßnahmen der Bundesbank und des Bundesaufsichtsamtes für das Kreditwesen einerseits sowie denen des Bundeskartellamtes andererseits[9]. Trotz dieser Kollisionsmöglichkeiten ist speziell die Ausnahmebereichsregelung des § 102 GWB hinsichtlich des Umfangs der Freistellung der Banken von Verbotsnormen des GWB, des Verfahrens zur Anmeldung von Wettbewerbsbeschränkungen und der Mißbrauchsaufsicht eng mit der fachaufsichtsrechtlichen Bankenregulierung verknüpft[10].

Zieht man die amtlichen Begründungen zum KWG und GWB heran, dann wird die Verknüpfung beider Gesetze ebenfalls sichtbar. So heißt es in der Begründung zum Gesetzentwurf des KWG von 1961, das Gesetz solle die Funktionsfähigkeit des Kreditapparates und die Ordnung im Kreditgewerbe erhalten, Gläubiger der Banken möglichst vor Verlusten schützen und die Krisenanfälligkeit der Banken verringern[11]. Zwar werde die unternehmerische Autonomie der Banken respektiert, aber deren Funktionen der Einlagensammlung und Kreditversorgung sei volkswirtschaftlich von so zentraler Bedeutung, daß der Gesetzgeber geeignete Rahmenvorschriften „... für (eine) gesunde Struktur und (ein) solides Geschäftsgebaren der Kreditinstitute ...“ erlassen müsse, „... um so das wirtschafts- und währungspolitisch unentbehrliche Vertrauen des Publikums zum Kreditwesen zu erhalten“[12]. Diese Aufgabe solle im

[8] Vgl. hierzu *W. Möschel*, Das Wirtschaftsrecht der Banken, S. 482 ff. *U. Lanzke*, Koordinierung des Bankenaufsichtsrechts der EG-Länder, in: Sparkasse, 95. Jg. (1978), S. 5 ff.

[9] Vgl. *O. Hahn*, Sowohl bürokratisch als auch liberal, in: Zeitschrift für das gesamte Kreditwesen, 31. Jg. (1978), S. 16.

[10] Vgl. im einzelnen § 102 GWB, Abs. (1), (2) und (4).

[11] Zit. nach *W. Möschel*, Das Wirtschaftsrecht der Banken, S. 224.

[12] Vgl. *I. L. Bähre* und *M. Schneider*, KWG-Kommentar, Kreditwesengesetz mit den wichtigsten Ausführungsvorschriften, begründet von J. Consbruch

Einklang mit den Grundsätzen einer Marktwirtschaft wahrgenommen werden[13]. Übereinstimmend wird festgestellt, das heutige Gesetz enthalte unverändert die Grundgedanken des KWG von 1934, das mit der Bankenkrise von 1931 motiviert wurde[14].

Zwar dient die Ausnahmebereichsregelung des § 102 GWB erklärtermaßen dem Funktionieren des Wettbewerbs, aber „die Kreditinstitute, Versicherungsunternehmen und ihre Verbände (Kredit- und Versicherungswirtschaft) sind im Gesetz gegen Wettbewerbsbeschränkungen besonders behandelt worden, weil an diese Bereiche aus gesamtwirtschaftlicher Sicht bestimmte Anforderungen zu stellen sind, die die volle Anwendung des Wettbewerbsprinzips ausschließen. In beiden Sektoren kann wegen des besonderen Vertrauensschutzes, der von der Sache her vorgegeben ist, das marktwirtschaftliche Ausleseprinzip, das in letzter Konsequenz auch den Konkurs bedeuten kann, keine uneingeschränkte Anwendung finden“[15]. Es sei gerade eines der Hauptziele der Bankenregulierung, Zusammenbrüche einzelner Banken zu verhindern. Neben dem Vertrauensschutz sei für die Kreditwirtschaft festzustellen, „... daß sie auch als Medium und Partner für die staatliche Währungs-, Kredit- und Konjunkturpolitik von Bedeutung ist“[16]. Deshalb müßten auch neben hoheitlichen Eingriffen beispielsweise Zinsempfehlungen der Spitzenverbände der Banken oder Absprachen über den Umfang der Kreditgewährung angeregt werden können. „In diesem Zusammenhang besteht auch ein Interesse der Allgemeinheit an einem funktionsfähigen Kreditapparat[17].“

Deutlich wird aus den amtlichen Begründungen, wie sehr die Sonderstellung der Banken nach dem GWB von Vorgaben des KWG und des Bundesbankgesetzes geprägt ist[18]. Ohne diese leerformelhaften Begrün-

---

und A. Möller, 2., neubearb. Auflage von I. L. Bähre und M. Schneider, München 1976, S. 45.

[13] Vgl. *V. Szagunn* und *W. Neumann,* Gesetz über das Kreditwesen, Kommentar, 1. Aufl., Stuttgart 1961, S. 11.

[14] Vgl. auch *H. Irmler,* Bankenkrise und Vollbeschäftigungspolitik (1931—1936), in: Währung und Wirtschaft in Deutschland 1876—1975, Hrsg.: Deutsche Bundesbank, Frankfurt/M. 1976, S. 298 f.; *W. Möschel,* Das Wirtschaftsrecht der Banken, S. 224.

[15] Vgl. zu den Gesetzesmaterialien *Bericht der Bundesregierung* über die Ausnahmebereiche des Gesetzes gegen Wettbewerbsbeschränkungen (GWB), Bundestags-Drucksache 7/3206 vom 4. 2. 75, Tz. 54 und 55, S. 17.

[16] *Ebd.,* Tz. 55, S. 17.

[17] *Ebd.* S. auch *A. Gleiss* und *Chr. Hootz,* Anm. 2 zu § 102 GWB, in: Gemeinschaftskommentar, Hrsg.: H. Müller-Henneberg und G. Schwartz, 3. Aufl., Köln usw. 1974, S. 321 f.

[18] Vgl. *U. Immenga,* Wettbewerbsbeschränkungen auf staatlich gelenkten Märkten, S. 137: „Mit der Begründung des KWG werden drei Zielsetzungen in den Vordergrund gestellt: Unterstützung der staatlichen Währungspolitik, Erhaltung der Funktionsfähigkeit des Kreditapparates und Schutz der Ein-

dungen überinterpretieren zu wollen, ist zu vermuten, daß im GWB gesetzgeberische Absichten ihren Niederschlag finden, die erstmals anläßlich des KWG von 1934 formuliert und mit den Erfahrungen der Bankenkrise von 1931 motiviert werden; gerade diesen Zusammenhang diskutiert man vor dem Erlaß des GWB von 1957 und des KWG von 1961 oder vor deren späteren Novellierungen aber nicht weiter[19]. Was folgt hieraus für das Verhältnis von Bankenverhalten und staatlicher Bankenregulierung, d. h. für das Verhältnis privater und staatlicher Markt- und Wettbewerbsbeschränkungen?

2.2.1. Entstehungsgeschichte des geltenden Kompromisses

Die Ausnahmebereichsregelung des § 102 GWB ist Ergebnis eines Kompromisses, der zwischen dem Bundesrat, dem an der Gesetzesberatung beteiligten Ausschuß für Geld und Kredit sowie den Spitzenverbänden aller Bankengruppen auf der einen Seite sowie der Bundesregierung und dem federführenden Wirtschaftspolitischen Ausschuß auf der anderen Seite erstritten wurde[20]. Das Meinungsspektrum reichte von der Forderung nach totaler Freistellung der Banken von den Regelungen des GWB — so die Position der erstgenannten Gruppe — bis zur Forderung nach voller Anwendung der allgemeinen Vorschriften des GWB, eine Lösung, die ursprünglich von der Bundesregierung vorgesehen war. Letztlich ging es vor allem um die Frage, ob und gegebenenfalls inwieweit die Fachaufsicht nach dem KWG bereits wettbewerbspolitischen Gesichtspunkten Rechnung trug oder zu diesem Zwecke ausgebaut werden könnte, ob also eine gesonderte Kartellaufsicht erforderlich sei oder nicht[21].

Der Gedanke einer allgemeinen Bankenaufsicht wurde seit 1874, also im Anschluß an die sogenannte Gründerkrise, wiederholt diskutiert,

leger vor Verlusten." — Praktisch die gleichen Ziele werden in der amtlichen Begründung zum GWB genannt, um Wettbewerbsbeschränkungen zuzulassen. Anzumerken ist, daß mit der Aufhebung der staatlichen Zinsverordnungen 1967 der § 23 KWG, über den eine Unterstützung der staatlichen Geldpolitik möglich wäre, an Bedeutung verloren hat. Vgl. *V. Szagunn, W. Neumann* und *K. Wohlschieß*, Gesetz über das Kreditwesen, Kommentar, 3., völlig überarbeitete Aufl., Stuttgart usw. 1976, Vorbemerkung zu § 23 KWG, S. 283.

[19] Vgl. *W. Möschel*, Das Wirtschaftsrecht der Banken, S. 224 und 391 f. S. auch die einschlägigen, bereits angeführten Gesetzeskommentare.

[20] Die Ausnahmebereichsregelung ist ebenso umstritten gewesen wie das gesamte GWB. Vgl. hierzu: *J. Gotthold*, Macht und Wettbewerb in der Wirtschaft, Köln 1975, S. 72 ff.; *R. Robert*, Konzentrationspolitik in der Bundesrepublik — Das Beispiel der Entstehung des Gesetzes gegen Wettbewerbsbeschränkungen, Volkswirtschaftliche Schriften, H. 250, Berlin 1976.

[21] Vgl. *W. Möschel*, Das Wirtschaftsrecht der Banken, S. 333 ff. Siehe auch *U. Immenga*, Wettbewerbsbeschränkungen auf staatlich gelenkten Märkten, S. 132 ff.; *A. Gleiss* und *Chr. Hootz*, Anm. 1 zu § 102 GWB, S. 320.

insbesondere anläßlich der großen Bank-Enqêten von 1908/09, 1928/29, aber — mit Ausnahme von Publizitätsvorschriften, Marktzutrittsbeschränkungen für Devisen- und Depositenbanken und Maßnahmen gegen die Kapitalflucht — unter Hinweis auf den Grundsatz der Gewerbefreiheit immer wieder unterdrückt. Stets waren massiert auftretende Bankenzusammenbrüche der Anlaß derartiger Diskussionen. Eine Änderung brachte erst 1934 der Bericht des Unterausschusses für das Bankwesen, der aus Anlaß der Bankenkrise von 1931 eingesetzt wurde und die zahlreichen Notverordnungen ablösen sollte[22]. Auf diesen Bericht stützt sich das KWG von 1934, dessen materielle Regelung im wesentlichen unverändert in das KWG von 1961 eingingen. 1961 wurden auch erstmals die Liquiditäts- und Eigenkapitalvorschriften spezifiziert; sie waren zuvor unausgefüllte Blankettvorschriften. Die Diskussion um das KWG von 1961 kreiste im wesentlichen um die Frage der Zentralisierung der Bankenaufsicht, die von der Bundesregierung favorisiert wurde, — sie ist im übrigen für die weiteren Überlegungen unerheblich[23].

Das KWG enthält allgemeine Vorschriften über Eigenkapital, Liquidität, Kreditgeschäft, Spareinlagen, Zinsen und Wettbewerb, über die Voraussetzungen, eine Bank zu führen, Publizitätsvorschriften und dgl. Auf einzelne Bestimmungen oder durchgeführte bzw. noch geplante Novellierungen des KWG[24], die allgemeine gewerberechtliche Ordnung der Banken, wird im folgenden nur eingegangen, wenn dies zum Verständnis der Ausnahmebereichsregelung des § 102 beiträgt.

Die geltende Ausnahmebereichsregelung des § 102 GWB — Einbeziehung der Kreditwirtschaft in das GWB, aber Umkehrung des Verbots horizontaler und vertikaler Absprachen in einen Mißbrauchstatbestand — wurde nach langen Auseinandersetzungen vom Wirtschaftspolitischen Ausschuß letztlich damit gerechtfertigt, die Fachaufsicht ermögliche bereits eine gewisse Pflege des Wettbewerbsgedankens. Die kartellrechtliche Mißbrauchsaufsicht könne allerdings nicht ausreichend

---

[22] Vgl. *K. Mellerowicz*, Deutsche Bankenenqueten, in: Sparkasse, 53. Jg. (1933), S. 317 ff.; *H. Rittershausen*, Die Bankenenqueten von 1908 und 1933, in: Zahlungsverkehr und Bankbetrieb, 15. Jg. (1933), S. 236 ff. Vgl. auch die Erklärung des damaligen Reichskanzlers vom 4. 8. 1931, zit. nach *W. Möschel*, Das Wirtschaftsrecht der Banken, S. 204. Vgl. auch im einzelnen *K. E. Born*, Die deutsche Bankenkrise 1931 (mit einem Anhang: Dokumente zur Bankenkrise), München 1967.

[23] Vgl. *W. Möschel*, Das Wirtschaftsrecht der Banken, S. 33 und 200 ff. Siehe auch *V. Szagunn* und *W. Neumann*, Stuttgart 1961, S. 3 ff.; *I. L. Bähre* und *M. Schneider*, S. 41 ff.

[24] Vgl. neben der soeben angeführten Literatur als knappen Überblick auch *O.-E. Starke*, Probleme einer umfassenden Reform der Bankenaufsicht in der Bundesrepublik Deutschland, in: Die Betriebswirtschaft, Bd. 38 (1978), S. 170 ff. Diese Reform sei erst in der 9. Legislaturperiode — also nach 1980 — zu erwarten.

von der Fachaufsichtsbehörde ausgeübt werden, „... da diese wegen ihrer im wesentlichen anders gearteten Tätigkeit für die kartellrechtlichen und kartellpolitischen Aufgaben als nicht so geeignet anzusehen ist wie die Kartellbehörde. Um jedoch einerseits Eingriffe der Kartellbehörde zu vermeiden, die sich mit den besonderen Zwecken der Bank- und Versicherungsaufsicht nicht vereinbaren lassen, sind die Verfügungen der Kartellbehörde hier an das Einvernehmen mit der Fachaufsichtsbehörde gebunden“[25]. Eine Herausnahme des Bankenbereiches aus der Kartellüberwachung stelle ein zu großes Risiko für das Funktionieren des Wettbewerbs dar[26]. — Indem die Bundesregierung diese Aussagen kommentarlos in ihrem Bericht über die Ausnahmebereiche des GWB anführt, dokumentiert sie die weitere Gültigkeit des status quo. Das kommt auch in der zweiten[27] und derzeit geplanten vierten Novelle des GWB[28] zum Ausdruck.

Die Begründungen des Wirtschaftspolitischen Ausschusses, die bis heute offizielle Lesart geblieben sind, stellen einen fragwürdigen Kompromiß dar: „Denn einmal wird zur Rechtfertigung der durch die Mißbrauchsaufsicht eingeführten Privilegierung auf die fachaufsichtliche Möglichkeit hingewiesen, ‚den Wettbewerbsgedanken zu pflegen‘. Dem-

---

[25] Zit. nach *Bericht der Bundesregierung* über die Ausnahmebereiche ..., Tz. 54, S. 17.

[26] Siehe demgegenüber: Versicherungs- und Kreditwirtschaft in der Wettbewerbsordnung, Stellungnahme des Bundeswirtschaftsministers (I B 5 - 2632/55 vom 17. März 1956) zur Frage der Anwendung der Bestimmungen des Entwurfs eines Gesetzes gegen Wettbewerbsbeschränkungen auf die Versicherungs- und Kreditwirtschaft, in: Wirtschaft und Wettbewerb, 7/8/1956, S. 558 ff.

[27] Die Referentenentwürfe 1970 zur Novellierung des GWB sahen noch Verschärfungen für den § 102 GWB vor, die eine Stärkung der Marktgegenseite und die Einführung einer Begründungspflicht, Vorschriften über Anhörungen, Wartefristen, Publizität usw. bedeutet hätten. Vgl. *Bericht der Bundesregierung* über die Ausnahmebereiche ..., Anlage 1, S. 54 f. Im Regierungsentwurf 1971 waren diese Verschärfungen nicht mehr enthalten; sie wurden im Koalitionsgespräch vom 14. 5. 1971 „... zurückgestellt, um die Realisierung der genannten Schwerpunkte der Novelle noch in dieser Legislaturperiode zu ermöglichen“. Vgl. Für Kooperation — Gegen Machtmißbrauch, Die wichtigsten Bestimmungen des Regierungsentwurfs der Kartellgesetznovelle, Dokumentation, Hrsg.: Der Bundesminister für Wirtschaft und Finanzen, Bonn 1971, S. 14. Siehe auch *W. Möschel*, Kreditwirtschaft und Bereichsausnahme nach § 102 GWB, in: Zeitschrift für das gesamte Handelsrecht, Bd. 139 (1975), S. 348.

[28] Vgl. Referentenentwurf eines Vierten Gesetzes zur Änderung des Gesetzes gegen Wettbewerbsbeschränkungen, in: Wettbewerb in Recht und Praxis, 3/1978, S. 189. Dieser Entwurf sieht lediglich eine Änderung von § 102 Abs. 1 GWB vor, indem eine Wartefrist für die Anmeldung von 3 Monaten und eine Begründungspflicht für wettbewerbsbeschränkende Verträge, Beschlüsse oder Empfehlungen vorgesehen sind. Die Umkehrung des Verbots in einen Mißbrauchstatbestand beträfe nunmehr auch explizit § 38 Abs. 1 Nr. 11 (Empfehlungen). Die Wartefrist soll den betroffenen Wirtschaftskreisen Gelegenheit zur Anhörung und Stellungnahme geben. Vgl. Vierte Kartellgesetznovelle, in: Die Bank, 2/1978, S. 92.

gegenüber wird die Zuständigkeit der Kartellbehörden für die Mißbrauchsaufsicht mit der fehlenden Eignung der Bankaufsicht begründet, kartellpolitische Aufgaben zu erfüllen. Dabei bleibt letztlich unklar, inwieweit bei der Regelung des § 102 GWB von fachaufsichtlichen Befugnissen ausgegangen ist, private Wettbewerbsbeschränkungen zu verhindern[29]." Prüfe man diese Frage, so müßten derartige Befugnisse ausgeschlossen werden[30].

Die Sonderstellung der Banken im Kartell- und Fachaufsichtsrecht ist somit nicht eindeutig geregelt; sie läßt Entwicklungen (Instrumentalisierungen) des Regelungsgegenstandes zu. Zieht man die Entstehungsgeschichte des geltenden Kompromisses in der Ausnahmebereichsregelung des § 102 GWB heran, so wird deutlich, daß von Anfang an ein potentieller Konflikt zwischen der Kartell- und Fachaufsicht besteht. Es wird sich zeigen, daß dieser Konflikt auf die Auslegung der Ausnahmebereichsregelung und die kartellamtliche Praxis Auswirkungen hat.

2.2.2. Umfang der Freistellung

Während § 1 GWB[31] grundsätzlich Verträge und Beschlüsse von Unternehmungen oder Vereinigungen von Unternehmungen für unwirksam erklärt, „... soweit sie geeignet sind, die Erzeugung oder die Marktverhältnisse für den Verkehr mit Waren oder gewerblichen Leistungen durch Beschränkung des Wettbewerbs zu beeinflussen", werden u. a. Banken (und Vereinigungen von Banken) in § 102 von diesem generellen Verbot ausgenommen und — gebunden an das Einvernehmen mit der zuständigen Fachaufsichtsbehörde — einer Mißbrauchsaufsicht unterworfen. Diese Umkehrung des Verbotsprinzips des § 1 in einen Mißbrauchstatbestand erstreckt sich auch auf § 15 — der allerdings für Banken faktisch nicht bedeutsam ist[32] —, nicht jedoch auf das Verbot abgestimmten Verhaltens nach § 25 Abs. 1[33]. Erfaßt werden alle im KWG

[29] Vgl. *U. Immenga*, Wettbewerbsbeschränkungen auf staatlich gelenkten Märkten, S. 134.

[30] *Ebd.*, S. 163.

[31] Im folgenden beziehen sich alle Verweise auf Paragraphen auf das GWB, sofern dies nicht anders vermerkt wird.

[32] Vgl. *S. Klaue*, Die Wettbewerbsbeschränkungen im Kreditgewerbe aus der Sicht des Bundeskartellamtes, in: Wettbewerbsprobleme im Kreditgewerbe, Hrsg.: B. Röper, Schriften des Vereins für Socialpolitik, NF., Bd. 87, Berlin 1976, S. 65. Siehe auch *A. Gleiss* und *Chr. Hootz*, Anm. 15 zu § 102 GWB, S. 342 f.

[33] Vgl. klarstellend *Bericht des Bundeskartellamtes* über seine Tätigkeit im Jahre 1974, BT-Drucksache 7/3791, S. 80 f. Abgestimmtes Verhalten kann demnach über § 102 Abs. 1 nicht legalisiert werden. Es dürfte jedoch nur schwerlich nachweisbar sein, wie die Anfang 1980 durchgeführte, ergebnislose Verhandlung des Kartellamtes gegen die drei Großbanken zeigt (Verdacht abgestimmter Zinserhöhungen).

geregelten Tatbestände, mithin alle „banktypischen Geschäfte“[34]. Die übrigen Bestimmungen des GWB bleiben auch für Banken in Kraft; etwaige Bußgeldbescheide auf ihrer Grundlage sind jedoch an eine Einvernehmensregelung analog § 102 Abs. 2 gebunden[35].

Die materielle Voraussetzung für die Freistellung der Banken, deren Anbindung an die in der Fachaufsicht geregelten Tatbestände, ist nicht weiter spezifiziert und somit entsprechend weit gefaßt. Freigestellt sind alle Banken i. S. des § 1 KWG und alle jene materielle Voraussetzungen erfüllenden Verträge, Beschlüsse und Empfehlungen, sofern sie angemeldet wurden. Es fehlt also die „Filterwirkung einer Prüfung im Wege eines Widerspruchs- oder Erlaubnisverfahrens“[36].

Nach nunmehr herrschender Rechtsauffassung sind insbesondere auch Empfehlungen von Verbänden und Ausschüssen anzumelden, derer sich Banken zur Organisation und Durchsetzung gemeinsamer Interessen bedienen[37]. Dies ist bedeutsam, weil unter den Anmeldungen beim Bundeskartellamt Empfehlungen überwiegen[38]. Hierzu und zur Verbandstätigkeit heißt es im Bericht der Bundesregierung über § 102 kommentarlos: „Einmal ist es wegen der großen Zahl der beteiligten Unternehmen verhältnismäßig schwierig, Einigungen über starre Kartellverträge und -beschlüsse herbeizuführen. Zum anderen hat sich in der Bank- und Versicherungswirtschaft ein traditionelles Zusammengehörigkeitsgefühl herausgebildet, das auf den wirtschaftlichen Besonderheiten der Branchen beruht. Beide Bereiche nehmen eine volkswirtschaftliche Sonderstellung für sich in Anspruch, in der die Probleme nicht gegeneinander, sondern miteinander gelöst werden sollen. Unterstützt wird diese Auffassung durch die jahrzehntelange materielle Staatsaufsicht, die die in Anspruch genommene Sonderstellung unterstreicht. Deshalb hat die Verbandsarbeit im Gegensatz zu anderen Wirtschaftsbereichen schon immer ein größeres Gewicht gehabt ...[39].“ — Diese

[34] Vgl. *U. Immenga*, Wettbewerbsbeschränkungen auf staatlich gelenkten Märkten, S. 186.

[35] Vgl. als Überblicke über das geltende Recht *ebd.*, S. 184 ff.; *W. Möschel*, Das Wirtschaftsrecht der Banken, S. 395 ff.; *A. Gleiss* und *Chr. Hootz*, Anm. 16 zu § 102 GWB, S. 343 ff.; *Bericht der Bundesregierung* über die Ausnahmebereiche ..., Tz. 56, S. 18.

[36] Vgl. *S. Klaue*, Zur Problematik der kartellrechtlichen Mißbrauchsaufsicht über Versicherungsunternehmen, in: Entwicklungstendenzen im Wirtschafts- und Unternehmensrecht, Festschrift für H. Bartholomeyczik, Berlin 1973, S. 191 f.

[37] Zusammenfassend zu dieser strittigen Auslegung vgl. *W. Möschel*, Das Wirtschaftsrecht der Banken, S. 399 ff. Der h. M. wird inzwischen auch beigetreten von *A. Gleiss* und *Chr. Hootz*, Anm. 19 zu § 102 GWB, S. 349.

[38] Vgl. *S. Klaue*, Die Wettbewerbsbeschränkungen im Kreditgewerbe ..., S. 65 f. Siehe im übrigen Abschnitt 3.3. w. u.

[39] Vgl. *Bericht der Bundesregierung* über die Ausnahmebereiche ..., Tz. 69, S. 21. Siehe auch bereits *Bericht des Bundeskartellamtes* über seine Tätigkeit im Jahre 1961, BT-Drucksache IV/378 vom 30. 4. 1962, S. 54.

Feststellung zementiert den status quo und fragt gar nicht mehr danach, warum diese Branchen „wirtschaftliche Besonderheiten“ im Gegensatz zu anderen Branchen geltend machen können, welche Auswirkungen Verbandsempfehlungen haben mögen und ob die Probleme — wenn schon nicht „gegeneinander“ — so doch „gegen die Marktgegenseite“, mit Nachteilen für diese, gelöst werden.

Die Freistellung der Banken von den genannten Verbotsnormen des GWB, ihre kartellrechtliche Sonderstellung, eröffnet demnach weitreichende Verbands- und Ausschußaktivitäten, die auf privatrechtliche Wettbewerbsbeschränkungen gerichtet sind[40]. Aus ökonomischer Sicht kann deshalb zur Begründung der Sonderstellung der Banken nicht von *gegebenen* „wirtschaftlichen Besonderheiten“, d. h. von *gegebenen* Marktbesonderheiten, also etwa Marktstrukturen, -verhaltensweisen und -ergebnissen ausgegangen werden. Vielmehr ist anzunehmen, daß wettbewerbsbeschränkende Aktivitäten, gerade privatrechtliche, die Rahmenbedingungen des Marktprozesses und damit diesen selbst im Ablauf und in seinen Ergebnissen verändern. Das wäre eine zumeist vernachlässigte Form der Umsetzung wirtschaftlicher Macht (hier resultierend aus einer rechtlich abgesicherten „Sonderstellung“) in privatwirtschaftlichen Erfolg[41].

2.2.3. Freistellungszweck, Mißbrauchsaufsicht und Einvernehmensregelung

Nach § 102 Abs. 2 kann (Opportunitätsprinzip[42]) die Kartellbehörde im Einvernehmen mit der Fachaufsichtsbehörde „... Maßnahmen untersagen und Verträge und Beschlüsse im Sinne des § 1 für unwirksam erklären, die einen Mißbrauch der durch Freistellung von den §§ 1 und 15 erlangten Stellung im Markt darstellen“. Diese Norm ist in der

---

[40] Vgl. *U. Immenga*, Die wettbewerbspolitischen Ausnahmebereiche als Gegenstand staatlicher und privatwirtschaftlicher Marktregelungen; ein ordnungspolitisches Problem, in: 25 Jahre Marktwirtschaft in der Bundesrepublik Deutschland — Konzeption und Wirklichkeit, Hrsg.: D. Cassel u. a., Stuttgart 1972, S. 155: „Typisches Erscheinungsbild in den Ausnahmebereichen sind parallel gerichtete hoheitliche und privatrechtliche Wettbewerbsbeschränkungen als Antworten auf geltend gemachte Marktbesonderheiten. Besonders deutlich wird dieser Sachverhalt in der Bankwirtschaft.“

[41] Der von Rothschild hervorgehobene Aspekt, daß „... power — be it of economic or non-economic origin — is being used to change the institutional framework and the market mechanism itself so that its working yields different results“, umschreibt den angedeuteten Zusammenhang zwischen Markt und Rahmenbedingungen des Marktprozesses sehr gut. Vgl. *K. W. Rothschild*, Introduction, in: ders. (Hrsg.), Power in Economics, Harmondsworth 1971, S. 16.

[42] *W. Möschel*, Das Wirtschaftsrecht der Banken, S. 476: „Die Verpflichtungsintensität (des Bundeskartellamtes, d. Verf.) ist geringer als in anderen Fällen des GWB.“

juristischen Literatur sowie zwischen den beteiligten Behörden umstritten, so daß ihre Praktikabilität angezweifelt werden muß. Ohne detailliert auf die rechtlich-normative Analyse des § 102 eingehen zu wollen, seien die unterschiedlichen Meinungen wenigstens exemplarisch, wenn auch m. E. repräsentativ skizziert.

Möschel geht davon aus, der Freistellungszweck der Ausnahmebereichsregelung sei bis heute ungeklärt und ein fest umrissener Mißbrauchstatbestand, als Eingriffsvoraussetzung für die Kartellüberwachung somit nicht zu erkennen, weil diese Regelung nach der Entstehungsgeschichte und den Gesetzesmaterialien auf einem Ergebniskompromiß widerstreitender Parteien beruhe. Eine Konkretisierung des vagen generalklauselartigen Mißbrauchstatbestands sollte deshalb analog zu den Kriterien der §§ 2 ff. erfolgen[43]. Im Ergebnis heiße das: „Die Privilegierung der Kreditwirtschaft schrumpft insoweit auf die mit dem Institut Mißbrauchsaufsicht verbundenen Verfahrens- und Beweislastvorteile, deren Bedeutung allerdings nicht unterschätzt werden sollte, zusammen: Zur vorläufigen Wirksamkeit genügt die Anmeldung. Die Beweislast für einen Mißbrauch liegt beim Bundeskartellamt." Weitergehende Wettbewerbsbeschränkungen seien dann allenfalls in entsprechender Anwendung des § 8 von der Mißbrauchsaufsicht ausgenommen, also auf Veranlassung der Bundesbank oder des Wirtschafts- und Finanzministers. Konditionenempfehlungen seien jedenfalls als Mißbrauch anzusehen[44].

Demgegenüber halten Gleiss und Hootz diese Auslegung für unbegründet. Denn gerade die Entstehungsgeschichte des § 102 zeige klar, daß der Sinn und Zweck der Freistellung darin liege, eine Beeinträchtigung der Rentabilität der Banken (d. h. „unauskömmliche Konditionen") durch Wettbewerb zu vermeiden, um die Interessen der Gläubiger (Einleger) zu schützen. Das bedeute: „Kein Mißbrauch liegt mithin vor, wenn die Wettbewerbsbeschränkung im wesentlichen nur dazu dient, Risiko und Kosten zu decken, darüber hinaus angemessene Rücklagen ... zu bilden und angemessenen Gewinn zu erzielen"[45]. Auch „angemes-

---

[43] Vgl. *W. Möschel*, Das Wirtschaftsrecht der Banken, S. 412 ff.; *ders.*, Kreditwirtschaft und Bereichsausnahme nach § 102 GWB, S. 348 ff. Diese Rechtsauffassung wird vom Bundeskartellamt geteilt. Vgl. *S. Klaue*, Zur Problematik der kartellrechtlichen Mißbrauchsaufsicht ...; *A. Kammholz*, Die aktuellen Zinsempfehlungen aus kartellrechtlicher Sicht, in: Zeitschrift für das gesamte Kreditwesen, 11/1975, S. 649 ff.

[44] Vgl. *W. Möschel*, Das Wirtschaftsrecht der Banken, S. 412 ff., Zitat S. 445.

[45] Vgl. *A. Gleiss* und *Chr. Hootz*, Anm. 21 zu § 102 GWB, S. 353. Dieser Rechtsauffassung stimmen die Kommentatoren zum KWG zu: Vgl. *V. Szagunn, W. Neumann* und *K. Wohlschieß*, Anm. 12 zu § 23 KWG, S. 296; *I. L. Bähre* und *M. Schneider*, Anm. 10 zu § 23 KWG, S. 294. Es ist verständlich, daß diese Rechtsauffassung von Verbandssprechern der Banken verteidigt wird: Vgl. z. B. *D. Schmidt*, Kreditwirtschaft und Kartellpolitik II, in: Zeitschrift für das gesamte Kreditwesen, 18/1974, S. 842 f.

sene Konditionenempfehlungen" der Spitzenverbände der Banken stellten keinen Mißbrauch dar[46].

Die angeführten widersprüchlichen Auslegungen des § 102 führen konsequenterweise auch zu einer divergierenden Beurteilung der Voraussetzungen für die Herstellung bzw. Verweigerung des Einvernehmens zwischen der Fach- und der Kartellaufsichtsbehörde. So meint Möschel[47], in den nicht branchenspezifischen Ausnahmen (Konkretisierung des Mißbrauchstatbestands entsprechend den §§ 2 bis 7) vom Verbot des § 1 handele es sich nicht um KWG-spezifische Gesichtspunkte (insbesondere Gewährleistung des Insolvenzschutzes), so daß vom Bundesaufsichtsamt für das Kreditwesen das Einvernehmen in aller Regel erteilt werden müsse; insoweit stehe der Fachaufsichtsbehörde materiell eher ein bloßes Anhörungsrecht zu[48]. Obwohl eine Konkretisierung des Mißbrauchstatbestands entsprechend § 8 grundsätzlich ebenfalls an branchenunspezifische Merkmale anknüpfe, lasse sich immerhin aus den generalklauselartigen Formulierungen „aus überwiegenden Gründen der Gesamtwirtschaft und des Gemeinwohls" (§ 8 Abs. 1) sowie „Gefahr für den Bestand des überwiegenden Teils der Unternehmen eines Wirtschaftszweiges" (§ 8 Abs. 2) eine weitergehende Mitwirkung der Fachaufsichtsbehörde, d. h. evtl. auch ein Vetorecht in Konfliktfällen, ableiten. Es gehöre zu den unmittelbaren Zielen der Bankaufsicht, den Bestand eines ganzen Wirtschaftszweiges zu gewährleisten (Insolvenzschutz) und seine Sonderstellung als „Medium und Partner" bei wirtschaftspolitischen Maßnahmen verantwortlich zu überwachen und gegenüber dem Bundeskartellamt zur Geltung zu bringen.

Demgegenüber leiten Gleiss und Hootz aus dem für sie feststehenden Sinn und Zweck des § 102 ab, daß etwaige Konflikte zwischen Fachaufsichts- und Kartellbehörde ausnahmslos dadurch gelöst seien, „daß den Gläubigerinteressen der Vorrang vor denen der Schuldner eingeräumt wurde *zu Lasten des Wettbewerbs*"[49].

---

[46] Vgl. *V. Szagunn, W. Neumann* und *K. Wohlschieß*, Anm. 12 zu § 23 KWG, S. 296; *R. Frenz*, Zinsempfehlungen und das Recht der Wettbewerbsbeschränkungen, in: Zeitschrift für das gesamte Kreditwesen, 28. Jg. (1975), S. 850 ff. Siehe auch *M. Schneider*, Der Wettbewerb . . ., S. 126.

[47] Vgl. *W. Möschel*, Das Wirtschaftsrecht der Banken, S. 453 ff. Siehe auch zur „Vorrangigkeit des Wettbewerbsprinzips" *A. Kammholz*, S. 649.

[48] Eine Gesetzesänderung, mit dem Ziel, die Einvernehmensregelung durch eine Anhörung zu ersetzen, wird vorgeschlagen von *R. Gärtner*, Das Einvernehmen zwischen Kartellaufsicht und Fachaufsicht nach dem Gesetz gegen Wettbewerbsbeschränkungen, in: Wirtschaft und Wettbewerb, 5/1969, S. 297 ff.

[49] Vgl. *A. Gleiss* und *Chr. Hootz*, Anm. 21 zu § 102 GWB, S. 352 (Hervorhebung nicht im Original, d. Verf.). Siehe auch die Kommentatoren zum KWG: *V. Szagunn, W. Neumann* und *K. Wohlschieß*, Anm. 15 f. zu § 23 KWG, S. 297; *I. L. Bähre* und *M. Schneider*, Anm. 10 zu § 23 KWG, S. 294: Den Zielkonflikt zwischen Kartell- und Fachaufsicht habe „. . . § 102 KWG grundsätz-

§ 102 Abs. 4 sieht nun vor, daß bei Konflikten beider Behörden Weisungen des Bundeswirtschaftsministers das Einvernehmen ersetzen. Da seit Ende 1972 das Bundesaufsichtsamt für das Kreditwesen nicht mehr dem Geschäftsbereich dieses Bundesministers, sondern dem des Bundesministers der Finanzen angegliedert ist, „... haben beide Ministerien vereinbart, daß das Bundesministerium für Wirtschaft bei fehlendem Einvernehmen zwischen dem Bundeskartellamt und den Aufsichtsämtern (auch dem für das Versicherungswesen, d. Verf.) seine Entscheidungen nach § 102 Abs. 4 GWB nicht gegen das Votum des Bundesministeriums der Finanzen treffen wird"[50].

Damit wird deutlich, daß — angesichts des strittigen Freistellungszwecks und Mißbrauchstatbestands — Mißbrauchsverfahren in der Sache und in der institutionellen Kompetenzregelung schwierig durchzuführen sind, die Sanktionen des § 102 insofern mehr eine Absichtserklärung des Gesetzgebers als praktikable Regelungen darstellen. Trotz der eingangs angeführten, nahezu identischen amtlichen Begründungen für die aufsichts- und kartellrechtliche Bankenregulierung hat in Konfliktfällen das Gläubiger- bzw. Einlegerschutzinteresse[51] und das Solvenzschutzinteresse der Fachaufsicht, d. h. vor allem also die Sicherung der Bankenrentabilität, Vorrang vor der Aufgabe der Kartellaufsicht, mißbräuchliche privatwirtschaftliche Wettbewerbsbeschränkungen zu vermeiden. Diese Feststellung leitet zu der Frage über, inwieweit die anscheinend bestehende Dominanz der Fachaufsicht über die Kartellaufsicht der Banken ökonomisch begründet ist; denn in dieser Frage hilft eine normativ-rechtliche Analyse nicht weiter[52], die im

lich zugunsten eines Vorranges des aufsichtsrechtlichen Aspektes und zu Lasten des Wettbewerbs gelöst ... Mit der Freistellung wird bezweckt, einer durch den Wettbewerb eintretenden und die Gläubigerinteressen beeinträchtigenden Gefährdung der Rentabilität der Kreditinstitute vorzubeugen". Ein Mißbrauch liege nur vor, wenn dieser Zielsetzung nicht widersprochen werde. Vgl. mit diesem Tenor bereits: Versicherungs- und Kreditwirtschaft in der Wettbewerbsordnung, S. 566.

[50] Vgl. *Bericht der Bundesregierung* über die Ausnahmebereiche ..., Tz. 64, S. 19.

[51] Zur Abgrenzung des Einlagengeschäfts und zum Schutzzweck der fachaufsichtlichen Praxis vgl. *M. Schneider,* Zehn Jahre Erfahrungen mit dem Kreditwesengesetz, in: Bank-Betrieb, 3/1972, S. 102.

[52] Vgl. dezidiert hierzu *W. Stützel,* Diskussionsbeitrag, in: Wettbewerbsprobleme im Kreditgewerbe, S. 93: „Ich habe wiederholt versucht, herauszubekommen, was sich der Gesetzgeber zur Begründung dieser Sonderregelung eigentlich gedacht hat. Man begegnet indes in den einschlägigen Texten an den entscheidenden Stellen gewöhnlich Formeln wie z. B.: Geld und Kredit sei eine besondere Ware, deshalb gebühre den Geld- und Kreditinstituten eine besondere Stellung, oder ähnliches, also reine Leerformeln. So bin ich schließlich zum vorläufigen Ergebnis gekommen: Es lohnt sich vermutlich nicht, weiter danach zu forschen, was sich der Gesetzgeber dabei gedacht hat. Er hat sich nämlich vermutlich fast nichts gedacht, gar nichts gedacht." Wie es scheint, sind Stellungnahmen zum Wettbewerbsproblem der Kreditinstitute

übrigen Wirtschaftsrechtlern vorbehalten bleiben mag. Zuvor ist jedoch zu klären, wie der geldpolitisch orientierte Teil der amtlichen Begründungen des GWB und KWG geregelt ist und — nach der Zinsliberalisierung von 1967 — i. S. der herrschenden Rechtsauffassung ausgelegt wird.

2.2.4. Aufwertung des Kartellprivilegs durch die Zinsliberalisierung

Im KWG dominieren grundsätzlich Regelungen zur Erhaltung der Rentabilität, Solvenz und Funktionsfähigkeit einzelner Banken mit dem Ziel des Gläubiger- bzw. Einlegerschutzes und — darauf aufbauend — der Kreditversorgung. Wichtigste Ausnahme von dieser Konzeption bildet § 23 KWG, in dem explizit gesamtwirtschaftliche Zusammenhänge angesprochen sind[53]. Durch Rechtsverordnung können Anordnungen zur Gestaltung von Zinsen und Provisionen für Kredite und Einlagen erlassen werden. § 23 Abs. 1 lautet u. a.: „... diese (Anordnungen) sind so zu bemessen, daß die kreditpolitischen Maßnahmen der Deutschen Bundesbank unterstützt werden und die Funktionsfähigkeit des Kreditgewerbes gewahrt bleibt. Dabei ist darauf Bedacht zu nehmen, daß eine der gesamtwirtschaftlichen Entwicklung angemessene Kreditversorgung gesichert und die Spartätigkeit gefördert wird.“

Diese Ermächtigung des § 23 KWG, die auch Eingriffe in die Gestaltung von Werbemaßnahmen gestattet, eröffnet zwar umfassende hoheitliche Wettbewerbsbeschränkungen in der Konditionenfestsetzung aller Banken, aber von ihr wurde nach der Novellierung des KWG 1961 nur einmal und seit der Zinsliberalisierung 1967 nicht mehr Gebrauch gemacht. „Damit ist eine mehr als 30jährige Ära administrativer Zins- und Wettbewerbsregelungen zu Ende gegangen, die zunächst in allgemeinverbindlichen Zins- und Wettbewerbsabkommen und später als Anordnungen der ehem. Bankaufsichtsbehörden bestanden[54].“ Geldpolitisch wird damit auf ein Instrument verzichtet, das beabsichtigten Zinsänderungen Durchschlagskraft verleihen sollte — so im Anschluß an die Bankenkrise 1931[55].

„... fast niemals volkswirtschaftlich zu Ende gedacht ...“ worden; so *O. Veit*, Grundriß der Währungspolitik, 3. Aufl., Frankfurt/M. 1969, S. 213.

[53] Vgl. *W. Möschel*, Das Wirtschaftsrecht der Banken, S. 229 f. Vgl. zu den §§ 30 und 36 KWG von 1939, den Vorläufern von § 23 KWG von 1961: Versicherungs- und Kreditwirtschaft in der Wettbewerbsordnung ..., S. 564 f.

[54] Vgl. *V. Szagunn, W. Neumann* und *K. Wohlschieß*, Vorbemerkung zu § 23 KWG, S. 283. Siehe auch *G. Buschmann*, Die Vereinbarungen und Zusammenschlüsse im Kreditwesen unter den Gesichtspunkten der Bankenaufsicht und der Kartellgesetzgebung, Untersuchungen über das Spar-, Giro- und Kreditwesen, Hrsg.: F. Voigt, Bd. 20, Berlin 1963. *U. Immenga*, Wettbewerbsbeschränkungen auf staatlich gelenkten Märkten, S. 128.

Durch die Novellierung des KWG 1961 entfiel das Initiativrecht der Spitzenverbände der Banken, nämlich Mehrheitsbeschlüsse über die Zins- und Provisionssätze und über die Form des Wettbewerbs zu fassen und diese durch die Bankenaufsichtsbehörde für allgemeinverbindlich erklären zu lassen. Diese Einengung der Mitwirkungsrechte der Bankenverbände wird „... bis zu einem gewissen Grad aufgewogen durch § 102 GWB[56].

Das Kartellprivileg der Ausnahmebereichsregelung der Banken wird insofern aufgewertet, ohne daß dies bei Erlaß des GWB bedacht worden wäre. Berücksichtigt man, daß *vor* der „30jährige(n) Ära administrativer Zins- und Wettbewerbsregelungen", d. h. etwa seit dem Ende des vorigen Jahrhunderts, versucht wurde, privatwirtschaftliche Vereinbarungen über Zinsen und Wettbewerbsregelungen zu erzielen und kartellmäßig zu praktizieren[57], so mußte man erwarten, daß derartige Vereinbarungen nun verstärkt im Rahmen des Kartellprivilegs der Ausnahmebereichsregelung angestrebt werden[58]. Zu fragen wäre dann, ob es sich hierbei gleichsam um eine Reprivatisierung geldpolitischer Maßnahmen oder um Maßnahmen der Rentabilitätserhöhung und -sicherung handelt.

Für den ersteren Fall sind Bedenken angebracht, da eine Kooperation zwischen den Trägern der Geldpolitik und den Banken(verbänden), als „Medium und Partner für die staatliche Währungs-, Kredit- und Konjunkturpolitik"[59], die beteiligten Banken(verbände) zu privilegieren und Außenseiter oder die Marktgegenseite „bis zur Zerstörung des Rechtsschutzes" zu benachteiligen droht[60]. Der letztere Fall würde bedeuten, daß sich die ursprüngliche Parallelität hoheitlicher und privatrechtlicher Wettbewerbsbeschränkungen mindestens teilweise verwandelt hätte in Richtung auf eine Dominanz der privatwirtschaftlichen gegenüber der staatlichen, geldpolitisch nicht mehr für erforderlich ge-

---

[55] Vgl. *R. Loof*, Die Auswirkungen der Zinsliberalisierung in Deutschland, Veröffentlichungen des Instituts für empirische Wirtschaftsforschung, Bd. 8, Berlin 1973, S. 13 ff.

[56] Vgl. *I. L. Bähre* und *M. Schneider*, Anm. 10 zu § 23 KWG, S. 292.

[57] Vgl. Abschnitt 4.4.2.

[58] Vgl. zu den Empfehlungen über Wettbewerbsregelungen *W. Steppeler*, Die Stellungnahmen des Zentralen Wettbewerbsausschusses, in: Sparkasse, 95. Jg. (1978), S. 47 ff. Siehe demgegenüber aber die Beanstandungen im *Bericht des Bundeskartellamtes* über seine Tätigkeit im Jahre 1976, BT-Drucksache 8/704, S. 93; ... im Jahre 1977, BT-Drucksache 8/1925, S. 82. Siehe im übrigen auch Abschnitt 3.2.3. w. u.

[59] Vgl. *Bericht der Bundesregierung* über die Ausnahmebereiche, Tz. 55, S. 17.

[60] Vgl. zu diesen ordnungspolitischen Bedenken grundlegend und mit Beispielen (Selbstbeschränkungsabkommen mit Ölimporteuren; Konzertierte Aktion u. a.) *K. Biedenkopf*, Ordnungspolitische Probleme der neuen Wirtschaftspolitik, in: Jahrbuch für Sozialwissenschaft, Bd. 19 (1968), S. 319 f.

haltenen Marktordnung; genau diese Dominanz würde durch die herrschende Rechtsauffassung, d. h. durch den Vorrang der Fachaufsicht gegenüber der Kartellaufsicht geschützt.

Festzuhalten ist also, daß seit der Zinsliberalisierung verstärkt wettbewerbsbeschränkende Regelungen von Banken getroffen werden können, auch wenn damit die abgeleitete, in den Gesetzesmaterialien aber nicht weiter begründete Hoffnung verbunden wird, im „(Einklang) mit den Grundsätzen der Marktwirtschaft“ eine „allgemeine Ordnung im Kreditwesen“ zu gewährleisten und die „Funktionsfähigkeit des Kreditapparates“ zu erhalten[61]. M. a. W.: Aus dem Regelungskomplex Kartell- und Fachaufsicht ist die Berücksichtigung gesamtwirtschaftlicher Zusammenhänge, wie sie über § 23 KWG möglich war, herausgenommen worden; an die Stelle dieses Vakuums können wettbewerbsbeschränkende Regelungen im Rahmen des § 102 GWB treten — nur wird man erwarten müssen: zur Verbesserung der Stellung der Banken in der Gesamtwirtschaft und auf Kosten der Marktgegenseite.

2.3. Traditionelle ökonomische Begründungen der Sonderstellung

Wie die voranstehenden Ausführungen belegen, ergibt sich aus der Sonderstellung der Banken faktisch eine „... in Rechtsnormen verstetigte Politik, (die) den Eigengesetzlichkeiten der Rechtsanwendung unterliegt“[62]. Für Rechtsnormen und Rechtsanwendung erscheint die Sonderstellung der Banken als Prämisse, die zumeist unkritisch übernommen wird[63]. Symptomatisch hierfür ist etwa die Feststellung, „... daß die Besonderheit der Wettbewerbslage der Wirtschaftszweige auf dem Sektor Geld und Kredit (Kreditwesen) durch generationenalte Erfahrungen, übereinstimmende Regelungen und moderne wissenschaftliche Erkenntnisse hinreichend fundiert erscheint, um die darauf bezogenen Regelungen ... zu tragen und sie nicht als Bevorzugung, sondern als sachgerechte Lösung zu kennzeichnen“[64]. — Die umgekehrte Frage, inwieweit Rechtsnormen der Bankenregulierung und deren Praktizierung die Sonderstellung der Banken erst konstituieren, wird allenfalls in ordnungstheoretischen Beiträgen angesprochen.

---

[61] Vgl. V. *Szagunn*, W. *Neumann* und K. *Wohlschieß*, Einleitung, S. 35.

[62] Vgl. W. *Möschel*, Wettbewerb im Schnittfeld von Rechtswissenschaft und Nationalökonomie, S. 348.

[63] Ausgenommen seien ausdrücklich die angeführten Beiträge von W. Möschel und U. Immenga, deren Meinungen allerdings eine Minderheit repräsentieren.

[64] Vgl. O.-E. *Starke*, Die „besondere Wettbewerbslage“ des Kreditwesens, in: Zeitschrift für das gesamte Kreditwesen, 10/1968, S. 441.

In der ökonomischen Literatur zum Bankenwettbewerb ist von einer Sonderstellung unter verschiedenen Aspekten die Rede. Neben ordnungstheoretischen werden wettbewerbstheoretische und schutztheoretisch orientierte Positionen vertreten; letztere haben sich aus der „Gefahrenabwehrtheorie" der früher als die Bankenaufsicht eingeführten Versicherungsaufsicht entwickelt. Eine eindeutige, auf wissenschaftlichen Erkenntnissen beruhende, ökonomische Fundierung der Sonderstellung der Banken fehlt[65]; Starke ist in diesem Punkt zu widersprechen. Diese Feststellung besagt aber, daß Markt- und Wettbewerbsbeschränkungen der Bankenregulierung und — a fortiori — privatrechtliche Aktivitäten der Banken(verbände), die zumindest ähnliche Wirkungen haben, ökonomisch nicht überzeugend begründet werden. Folglich beruht bisher die Sonderstellung der Banken auf einer weitgehend ungesicherten Prämisse, die in Rechtsnormen Eingang fand.

2.3.1. Ordnungstheoretische Position

Die wohl schärfste Kritik an der Grundkonzeption der Fachaufsicht liefert Linhardt, der sich mit Beiträgen zum Wettbewerbsproblem der Banken auseinandersetzt[66]. Grundsätzlich sei einzuwenden: „Das KWG ist ein schlechtes Gesetz, ein aus nationalsozialistischem Geist geborenes Gesetz. Es nahm die Bankenkrise von 1931 und die folgende Banken-Enquête von 1933 zum Anlaß, um einen Einbruch des Staates in die private Bankwirtschaft vorzunehmen. Das unverkennbare Ziel dieses Gesetzes war die Entrechtung der Kreditwirtschaft und ihre Bevormundung durch den Staat, die Erfassung und Lenkung der Spargelder des Volkes und ihre Verwendung für Aufrüstung und Kriegsführung[67]." Demzufolge wäre aus höchst zweifelhaften Gründen die Gewerbefreiheit für den Bankensektor eingeschränkt worden.

Gegen diese Auffassung, würde man sie verabsolutieren, spricht, daß sich die Grundkonzeption des KWG bis heute erhalten hat, an deren Änderung also anscheinend später niemand — vor allem auch nicht die „entrechteten" und „bevormundeten" Banken selbst[68] — ernsthaft inter-

---

[65] Vgl. auch *G. Kottmann*, Die Bewertung der Konzentration in der Kreditwirtschaft, Frankfurt/M. und Zürich 1974, S. 208 ff.

[66] So auch mit: Versicherung und Kreditwirtschaft in der Wettbewerbsordnung, Stellungnahme des Bundeswirtschaftsministers ...

[67] Vgl. *H. Linhardt*, Kreditinstitute im Wettbewerb — Das Verhältnis von Landesaufsicht und Bundesrecht, in: Wirtschaft und Wettbewerb, 1/1957, S. 13.

[68] Das meint anscheinend auch *H. Linhardt*, ebd., S. 14: „Die zähe Anhänglichkeit der Geschäftsbanken und ihrer Verbände an die Zinsabkommen und das Kleben an dem KWG sind nur aus dem Streben nach Wettbewerbsvermeidung und Wettbewerbsbeschränkung in der Kreditwirtschaft verständlich." Vgl. auch *E. Aust*, Der Wettbewerb in der Bankwirtschaft, Frankfurt 1963, S. 284.

essiert war. Außerdem blieben entscheidende Blankettvorschriften des KWG bis 1961 unausgefüllt. Schließlich wurde eine Bankenaufsicht auch in anderen europäischen Ländern und ebenfalls im Zusammenhang mit der Bankenkrise von 1931 eingeführt[69].

Linhardt vertritt im Tenor dann jedoch eine ähnliche Position wie Lutz in seiner bereits angeführten Arbeit. Dieser kommt nach einem Überblick möglicher Lösungen des „Grundproblems der Geldverfassung“ zu folgendem Ergebnis: „Ihre (der Geldverfassung, d. Verf.) Eigenart besteht ... darin, daß die Linie, die den staatlichen Sektor vom privaten Sektor in einer zweckmäßig geordneten Wirtschaft trennt, mitten durch die Geld- und Kreditsphäre hindurchgeht und sie in zwei Hälften zerschneidet, von denen die eine — die Geldseite — in den Staatssektor, die andere — die Kreditseite — in den Sektor der privaten Wirtschaft fällt. Eine Geldverfassung, in der die Linie so verläuft, erweist sich also, weil sie sich klar und konsequent in die gesamte Wirtschaftsordnung eingliedert, als *die* Ordnung des Geldwesens, die der Wirtschaftsverfassung als Ganzes wesensmäßig zugeordnet, ihr adäquat ist[70].“ Maßnahmen der Bankenregulierung müßten sich demzufolge auf die „Geldseite“ des Bankengeschäfts beschränken, weil hier „... das Ordnungsprinzip der freien Konkurrenz nicht anwendbar ist“[71].

Vor dem Hintergrund dieser ordnungstheoretischen Position, in der Geld die Qualität eines öffentlichen Gutes erhält, sind einzelne Kritikpunkte Linhardts zu verstehen: am „Wettbewerbsverzicht“ der Banken, der aus „uniformistischen“ Verbandsaktivitäten folgt; an der „Wettbewerbsbeschränkung“ und „-vermeidung“ infolge der (damals noch geltenden) Zinsverordnung; am Bestreben der Fachaufsicht, Kreditverluste zu vermeiden („Kreditverluste kann man ebensowenig vermeiden wie Arbeitslosigkeit“[72]); am „öffentlichen Interesse“ an Regelungen des

---

[69] Vgl. auch *W. Möschel,* Das Wirtschaftsrecht der Banken, S. 199.

[70] Vgl. *F. A. Lutz,* S. 102. Vgl. auch: Versicherungs- und Kreditwirtschaft in der Wettbewerbsordnung ..., S. 558: In der Begründung zur Regierungsvorlage des GWB-Entwurfs „... wird bereits anerkannt, daß in einer Reihe von Wirtschaftszweigen aus verschiedenen Gründen die Marktform des vollständigen Wettbewerbs nicht hergestellt werden kann und daher auch eine gesetzliche Erzwingung des Wettbewerbs nicht möglich ist“. Der Gesetzgeber oder staatliche Behörden hätten in diesen Fällen „... etwa aus öffentlichem Interesse notwendige Bindungen für das Verhalten der Beteiligten auf dem Markt aufgrund von Rechtsvorschriften vorzunehmen“.

[71] Vgl. *F. A. Lutz,* S. 102. Siehe auch *W. Röpke,* Der Platz der Bank in einer entwickelten Volkswirtschaft, in: Festschrift 175 Jahre C. G. Trinkaus, Düsseldorf 1960.

[72] Vgl. *H. Linhardt,* S. 16. Siehe auch *F. A. Lutz,* S. 32: „Zeitweise — in ruhigen Zeiten — *schien* unser Grundproblem gelöst. Jedenfalls machten sich keine Störungen bemerkbar. Immer wieder aber gab es Explosionen, die plötzlich aufdeckten, daß die Lösung noch nicht befriedigend ist. Das letzte Erdbeben war die Bankenkrise von 1931.“

Kreditgeschäfts der Banken; an einer Politik der „Sicherung der Zinsrentabilität“ bzw. der „Rentabilitätsgarantie“ usw.[73].

Zusammengefaßt besagen diese Kritikpunkte, dem Wettbewerb müsse wieder mehr Geltung verschafft werden, und zwar durch Einschränkung hoheitlicher *und* privatautonomer wettbewerbsbeschränkender Regelungen, zumindest im Kreditgeschäft der Banken. Denn sonst wäre die faktisch bestehende Sonderstellung der Banken nicht durch die Besonderheiten einer modernen Geldwirtschaft begründet, wie vielfach angenommen wird, eben auch in den bereits angeführten amtlichen Begründungen zu den Gesetzen der Bankenregulierung; sie wäre zumindest teilweise das Resultat hoheitlicher und privatautonomer wettbewerbsbeschränkender Regelungen[74].

Festzuhalten ist, daß sich die „liberale Grundkonzeption“ des KWG, ihre Einbindung in „marktwirtschaftliche Grundsätze“ und die Vorgabe der unangetasteten Privatautonomie der Banken bei der Kreditvergabe[75], auf ordnungstheoretische Begründungen zurückführen läßt, wie sie etwa Lutz, Röpke und Linhardt vertreten. Festzuhalten ist aber auch, daß in diesen Begründungen die Besonderheit des Geldes lediglich vorausgesetzt und die einer modernen Geldwirtschaft auch nicht weiter untersucht wird; folglich bleiben auch konjunkturelle Störungen unerörtert, obwohl sie angesprochen werden; die Bankenkrise von 1931, auf die wesentliche Teile der Bankenregulierung zurückzuführen sind, erscheint nach wie vor als „Anomalie“. — Immerhin läßt sich aus ord-

---

[73] Vgl. zu diesen Punkten *H. Linhardt*, S. 9 ff. Siehe auch die Diskussion um „Startvorteile“ einzelner Bankengruppen im Wettbewerb: *W. Stützel*, Bankpolitik heute und morgen — Ein Gutachten, Frankfurt/M. 1964, S. 122 ff.; *Bericht der Bundesregierung* über die Untersuchung der Wettbewerbsverschiebungen im Kreditgewerbe und über eine Einlagensicherung, BT-Drucksache 5/3500 vom 18. 11. 1968.

[74] Mit ähnlichen Argumenten wird von einigen amerikanischen und britischen Autoren gefordert, der Wettbewerb im Bankenbereich müsse von Beschränkungen befreit werden. Vgl. zur amerikanischen Diskussion z. B. *A. Phillips*, Competition, Confusion, and Commercial Banking (1964), reprinted in: Monetary Economics Readings, Hrsg.: A. D. Entine, Belmont (Cal.) 1968, S. 39 ff.; *P. M. Horvitz*, Stimulating Bank Competition Through Regulatory Action, in: The Journal of Finance, Vol. 20 (1965), S. 1 ff.; *J. Tobin*, Deposit Interest Ceilings as a Monetary Control, in: Journal of Money, Credit, and Banking, Vol. 2 (1970), S. 4 ff.; *A. Phillips*, Introduction und Competitive Policy for Depository Financial Institutions, in: Promoting Competition in Regulated Markets, Studies in the Regulation of Economic Activity, Hrsg.: A. Phillips, Washington (D.C.) 1975, S. 1 ff. und 329 ff. Vgl. zur britischen Diskussion vor allem: *B. Griffiths*, Resource Efficiency, Monetary Policy and the Reform of the U. K. Banking System, in: Journal of Money, Credit and Banking, Vol. 4 (1972), S. 61 ff.; *ders.*, The Welfare Cost of the U. K. Clearing Banks' Cartel, ebd., S. 227 ff.; *ders.*, Competition in Banking, Hobart Paper 51, Hrsg.: Institute of Economic Affairs, Norwich 1970.

[75] Vgl. Bankpolitik — dirigistisch oder liberal?, in: Zeitschrift für das gesamte Kreditwesen, 1/1978, S. 1 ff.; *I. L. Bähre* und *M. Schneider*, Einleitung, S. 41 ff.; *V. Szagunn, W. Neumann* und *K. Wohlschieß*, Einleitung, S. 32 ff.

nungstheoretischer Sicht die derzeit bestehende, von der herrschenden Rechtsauffassung gestützte Privilegierung der Banken im Rahmen des Regelungskomplexes KWG und GWB nicht in vollem Umfang rechtfertigen.

2.3.2. Wettbewerbstheoretische Positionen

In einer Reihe von Beiträgen wird versucht, die besondere Wettbewerbslage der Banken wettbewerbstheoretisch zu erklären, als unvollkommenen Wettbewerb, als Gruppenwettbewerb oder auch als funktionsfähigen Wettbewerb. Lassen sich mit derartigen Erklärungen die Sonderstellung der Banken in der Bankenregulierung sowie dadurch ermöglichte hoheitliche oder privatautonome Wettbewerbsbeschränkungen begründen?

2.3.2.1. „Übersetzung": Ruinöse Konkurrenz und Verdrängungswettbewerb

Ein frühes Beispiel in der Literatur ist Walb, der im Zusammenhang mit der Bankenkrise von 1931 auf die „Übersetzung" des Bankensektors hinweist: „Die Ursachen der gegenwärtigen Übersetzung liegen in der Schrumpfung des Wirtschaftsvolumens, der Ausdehnung des alten Bankenapparates und in dem Vordringen neuer, insbesondere der Sphäre des öffentlichen Bankwesens angehöriger Institute[76]." Nachfrage- und Angebotseinflüsse führen also zur „Übersetzung", d. h. allgemeiner formuliert: auf unkonzentrierten lokalen Märkten der Banken zu ruinöser Konkurrenz, weil die Anpassung an veränderte Marktlagen nicht oder nur verzögert gelingt (unmittelbare Ursachen sind Überkapazität und erschwerter Faktoraustritt, mittelbare Ursachen Nachfrageschwankungen u. a.); auf konzentrierten lokalen Märkten entweder zu ruinöser Konkurrenz mit Symptomüberwälzung oder bei marktbeherrschenden Banken zu Verdrängungswettbewerb (pervertierter Wettbewerbsprozeß, „cutthroat competition")[77].

---

[76] Vgl. *E. Walb*, Übersetzung und Konkurrenz im deutschen Kreditapparat, Referat I/3, in: Untersuchung des Bankwesens 1933, I. Teil, vorbereitendes Material, 1. Bd., Berlin 1933, S. 177. Siehe auch daran anknüpfend *R. Stucken*, Deutsche Geld- und Kreditpolitik 1914—1963, 3. Aufl., Tübingen 1964, S. 106.

[77] Vgl. ausführlicher *M. Tolksdorf*, Ruinöser Wettbewerb, Volkswirtschaftliche Schriften, H. 161, Hrsg.: J. Broermann, Berlin 1971, insbesondere S. 201 ff. Zur Abgrenzung der Märkte für Banken („relevanter Markt") vgl. *D. Krug*, Die Marktoperationen der Banken — Ein Beitrag zu einer Theorie des Bankenwettbewerbs, Dissertation Berlin 1972, S. 130 ff. Siehe auch *H. Arndt*, Konkurrenz und Monopol in Wirklichkeit, in: Jahrbücher für Nationalökonomie und Statistik, Bd. 161 (1949), S. 222 ff., insbes. S. 241 ff.; *B. Röper*, Die Konkurrenz und ihre Fehlentwicklungen — Untersuchungen über Störungen der Marktwirtschaft, Volkswirtschaftliche Schriften, H. 6, Berlin 1952.

Ob nun eher ruinöse Konkurrenz oder Verdrängungswettbewerb die von Walb dargestellte Entwicklung kennzeichnet, beleuchtet der folgende Beleg: „Betrachtet man die Auseinandersetzung der verschiedenen Gruppen in der Konkurrenzfrage, so sieht man sofort die klare Scheidung der Fronten. Es steht hier der alte Bankapparat (Privatbanken und Genossenschaften) in schärfster Kampfstellung gegen die Gruppe der öffentlich-rechtlichen Banken einschließlich Sparkassen. Gegenüber diesem Konkurrenzkampf tritt der zwischen den Gliedern des alten Bankenapparates an Schärfe wesentlich in den Hintergrund[78]." Weitere Belege bei Stucken, die dieser wie Walb für die Bankenenquête zusammenstellte, auf die das KWG von 1934 zurückgeht, lassen den Schluß zu, daß vor allem im Bereich der Privatbanken im Laufe der Zeit ein starker Verdrängungswettbewerb stattgefunden hat (Ausbau der Filialnetze der Großbanken)[79]. Durch den an Bedeutung gewinnenden Sparkassenbereich und den allgemeinen Nachfragerückgang im Verlauf der Weltwirtschaftskrise dürfte der Wettbewerb dann ruinöse Züge angenommen haben, wobei die Auswirkungen im einzelnen vom Konzentrationsgrad auf den lokalen Märkten abhingen.

Eine endgültige Klärung wäre anhand detaillierter empirischer Angaben zu treffen; sie ist im vorliegenden Zusammenhang jedoch nicht erforderlich. Ungeachtet dieser Klärung bliebe nämlich festzuhalten, daß *allgemeine*, d. h. für alle Banken geltende zusätzliche Wettbewerbsbeschränkungen, etwa in Form bankenregulierender Maßnahmen, das „Übersetzungsproblem" zwar lösen mögen, aber die Unvollkommenheit des Wettbewerbs erhöhen und damit die Gefahr eines vermachteten oligopolistischen Wettbewerbs.

Denn jene zusätzlichen Wettbewerbsbeschränkungen würden marktmächtige Banken im Verdrängungswettbewerb weiter begünstigen. Jene zusätzlichen Wettbewerbsbeschränkungen würden weiterhin auf konzentrierten lokalen Märkten erst die Voraussetzung für eine Überwälzung der Symptome schaffen: „Die lästigen Symptome des ruinösen Wettbewerbs können somit *nicht* durch wettbewerbsbeschränkende Kartellabsprachen beseitigt werden, es sei denn, die Kartellbehörde erklärt sich bereit, einer Branche die Erlaubnis zur Symptomüberwälzung bei faktischer Nichtbeseitigung der für die Fehlentwicklung verantwortlichen Ursachen zu geben[80]."

Diese Aussagen entsprechen wettbewerbspolitischen Empfehlungen, die aus der Untersuchung des unvollkommenen Wettbewerbs abgeleitet

[78] Vgl. *E. Walb*, S. 167.

[79] Vgl. *R. Stucken*, Die Konzentrationsbewegung im deutschen Bankgewerbe und deren Tendenzen zur Dekonzentration und Spezialisierung, Referat II/1, in: Untersuchung des Bankwesens 1933, I. Teil, vorbereitendes Material, 2. Bd., Berlin 1933, S. 10.

[80] Vgl. *M. Tolksdorf*, S. 205 f.

werden: „Wettbewerbspolitisches Ziel sei es demnach, die Anzahl der Unvollkommenheitsfaktoren bzw. der Monopolelemente möglichst gering zu halten[81].“ Insoweit steht eine wettbewerbstheoretische Rechtfertigung der Sonderstellung der Banken auf schwachen Füßen, ein Ergebnis, das von amerikanischen Beiträgen im Tenor bestätigt wird[82]. Die von Walb angesprochenen Punkte „Kreditbelastung (Sicherheitsgefühl des Kunden)“ und „Vertrauen der Einleger“[83] mögen weiter führen, ihre Analyse ist in einem wettbewerbstheoretischen Kontext nicht ohne weiteres möglich.

2.3.2.2. „Gruppenwettbewerb“ und Kollektivstrategien

Wettbewerbsbeschränkungen durch bankenregulierende Maßnahmen könnten auch mit dem Hinweis auf die Intensität des Gruppenwettbewerbs begründet werden[84], auf den bereits Walb eingeht: „Konkurrenz zwischen den verschiedenen Gruppen (Gesamtkonkurrenz)“ lautet bei ihm die Überschrift zu einem bereits angeführten Abschnitt. In der Literatur zum Bankenwettbewerb wird zwischen Kollektivstrategien und Gruppenwettbewerb unterschieden.

---

[81] Vgl. *E. Hoppmann*, Workable Competition als wettbewerbspolitisches Konzept, in: Theoretische und institutionelle Grundlagen der Wirtschaftspolitik, Theodor Wessels zum 65. Geburtstag, Quaestiones Oeconomicae, Berlin 1967, S. 152.

[82] Vgl. z. B. *F. R. Edwards*, The Banking Competition Controversy, in: National Banking Review, Sept. 1965, S. 1 ff.; *St. I. Greenbaum*, Competition and Efficiency in the Banking System — Empirical Research and its Policy Implications, in: The Journal of Political Economy, Vol. 75 (1967), S. 461 ff. Siehe ferner *A. A. Heggestad*, Market Structure, Risk and Profitability in Commercial Banking, in: The Journal of Finance, Vol. 32 (1977), S. 1207 ff.; *A. A. Heggestad* und *J. J. Mingo*, The Competitive Condition of U.S. Banking Markets and the Impact of Structural Reform, in: The Journal of Finance, Vol. 32 (1977), S. 649 ff.

[83] Vgl. *E. Walb*, S. 154. Unregelbar blieben u. a.: „Bemessung der Kredithöhe, der Kreditdeckung, der Kreditkontrolle und der Kreditbelastung (Sicherheitsgefühl des Kunden); ferner das Vertrauen der Einleger ...“

[84] Vgl. z. B. *D. Schmidt*, Neues Kartellrecht für das Kreditgewerbe?, in: Sparkasse, 87. Jg. (1970), S. 171 f.; *ders.*, Kreditwirtschaft und Kartellpolitik I und II, in: Zeitschrift für das gesamte Kreditwesen, 17 und 18/1974, S. 796 ff. und 841 f. Zum Gruppenwettbewerb vgl. auch *Bericht des Bundeskartellamtes* 1963, S. 63: „Eine besondere Eigenart des Kreditgewerbes ist es, daß Wettbewerb zwischen den einzelnen Gruppen besteht, während er innerhalb einiger dieser Gruppen kaum vorhanden ist. Das gilt vor allem für die Sparkassen und gewerblichen und ländlichen Kreditgenossenschaften. Bei den Sparkassen ist es auf das für sie geltende Regionalprinzip zurückzuführen; bei den Kreditgenossenschaften ergibt sich das aus ihrem örtlich begrenzten Mitgliederkreis sowie aus ihren Satzungen und dem Gesetz. Innerhalb des privaten Bankgewerbes, des privaten Realkreditgewerbes und des Teilzahlungsgewerbes ist Wettbewerb dagegen auch innerhalb der Gruppen festzustellen.“

Die Relevanz kollektiver Strategien werde — so Aust — in der Literatur erklärtermaßen weniger in ausbeuterischen als in marktregulierenden Bestrebungen gesehen. Dazu sei aber festzustellen: „Während erstere in einer Wirtschaftsordnung mit grundsätzlicher Bejahung des marktwirtschaftlichen Prinzips zumeist die eindeutige Mißbilligung der Gesellschaft finden, werden letztere im allgemeinen mit dem Mantel gesamtwirtschaftlicher Nützlichkeit oder Harmlosigkeit umgeben ... Es ist jedoch undenkbar, ‚privaten Gruppen Marktregulierungsaufgaben zu überweisen, ohne daß man ihnen damit auch die Möglichkeiten zur Marktausbeutung schenkt‘[85].“ Auf diese ordnungspolitischen Bedenken wurde bereits hingewiesen.

Typische Formen kollektiver Strategien im Bankenbereich seien demzufolge[86]: „(a) Vereinbarungen über preis- und qualitätspolitische Maßnahmen ... (b) Vereinbarungen über allgemeine Geschäftsbedingungen; (c) Vereinbarungen über den Einsatz sonstiger marktpolitischer Instrumente (zum Beispiel Werbemethoden); (d) Vereinbarungen über gemeinsame allgemeine Interessenwahrung, über den Bereich der direkten und indirekten Marktpolitik hinausgehend.“ All diese Formen kollektiver Strategien der Banken sind nun aber keineswegs spezifisch für nur je eine der genannten Bankengruppen — was Aust auch nicht behauptet; sie deuten im Gegenteil, was noch zu belegen ist, auf Aktivitäten hin, die das Verhalten von Einzelbanken in und zwischen Bankengruppen abstimmen. In diesen Zusammenhang gehören vermutlich auch Interbankkredite[87].

Führt möglicherweise die stärkere Berücksichtigung der jeweiligen „strukturellen Gemeinsamkeiten“ der wichtigsten Bankengruppen in der Begründung der Sonderstellung der Banken weiter? Nimmt man — wie Aust[88] — vor allem die Wirkung geldpolitischer Maßnahmen bzw. Reaktionen auf dieselben als Indizien für strukturelle Besonderheiten einzelner Bankengruppen, so ergeben sich allenfalls gruppenspezifische Wettbewerbsvor- oder -nachteile, die den Wettbewerb in Abhängigkeit von wechselnden geldpolitischen Konjunktureingriffen intensivieren können[89]. — Daraus ergäbe sich aber weder eine Garantie

---

[85] Vgl. *E. Aust*, S. 150 ff., Zitat S. 164; der Verf. bezieht sich hier auf C. D. Edwards.

[86] Vgl. *E. Aust*, S. 168.

[87] Vgl. *V. Timmermann*, Interbankkredite und Geldpolitik, in: Kyklos, Vol. 29 (1976), S. 495 ff. Interbankkredite erhöhen die Elastizität des Geldangebots. Typisch ist ferner die Gläubigerposition der Sparkassen und Genossenschaftsbanken gegenüber den Privatbanken. Vgl. auch *M. Burchardt*, Die Stellung der einzelnen Bankengruppen am deutschen Geldmarkt, in: Kredit und Kapital, 6. Jg. (1973), S. 220 ff. Für die 50er Jahre vgl. *G. Bröker*, Die Kreditverflechtung der Bankengruppen in der Bundesrepublik Deutschland nach Sektoren Ende 1953, 1954, 1955, Dissertation Kiel 1959, S. 203 f.

[88] Vgl. *E. Aust*, S. 200 f.

für die *durchgängige* Intensität des Gruppenwettbewerbs der Banken[90], noch eine tragfähige Begründung für deren Sonderstellung.

Im übrigen dürfte das Argument von der Intensität des Gruppenwettbewerbs zur bereits erwähnten Diskussion der „Startvorteile“ einzelner Bankengruppen gehören. Es dürfte weiterhin von denjenigen Vertretern der Bankengruppen verwendet werden, die einen Abbau tatsächlicher oder vermeintlicher „Startvorteile“ befürchten. Nur wäre ein solcherart motiviertes Argument differenzierter zu begründen, als das bisher in der Literatur geschehen ist, wenn gilt: „Die Untersuchung zeigt, daß sich die Strukturunterschiede in den letzten Jahren innerhalb des deutschen Bankgewerbes weiter vermindert haben. So haben die einzelnen Bankengruppen überwiegend in den Bereichen Einbußen hinnehmen müssen, in denen sie bisher dominierten, z. B. die Großbanken bei den kurzfristigen Krediten und den Sichteinlagen, die Sparkassen im Spareinlagengeschäft, umgekehrt haben sie in bisher schwachen Bereichen aufgeholt[91].“

Die Tendenz zur Universalbank begünstigt zusätzlich gruppenübergreifende kollektive Strategien der Wettbewerbsbeschränkung[92], die innerhalb einzelner Bankengruppen möglicherweise durch weitere Verhaltensabstimmung noch verstärkt werden. — Diese Beschränkungen

[89] Vgl. auch *H. Heubaum*, Das kreditpolitische Instrumentarium der Deutschen Bundesbank unter dem Gesichtspunkt seiner Auswirkungen auf den Wettbewerb im Kreditgewerbe, Dissertation Aachen 1964.

[90] So im Ergebnis auch *D. Krug*, S. 160 ff. Krug verweist auch auf die Konzentrationstendenzen im Bankenbereich, die — zusammen mit den Gruppeninteressen — zur Wettbewerbs*beschränkung* führen: „Während die Möglichkeit zur Wettbewerbsbeschränkung durch die bessere gegenseitige Kontrollierbarkeit der Verhaltensparameter steigt, wird die Neigung zur Wettbewerbsmäßigung von der Gemeinsamkeit der Gruppeninteressen bestimmt“ (ebd., S. 300). Krug verweist auch auf den gruppenübergreifenden Solidarisierungsgrad (langfristige Erfahrungen gemeinsamer Verhaltensweisen, ausgeprägtes Sicherheitsbedürfnis), der gruppenübergreifende, kollektive Strategien fördert. Daß das Selbstbild der Bankenverbände keine Rückschlüsse auf gruppenspezifische Kollektivstrategien erlaubt, belegt anhand einer empirischen Untersuchung *A. Sailer,* Die Verbände der westdeutschen Kreditwirtschaft, Dissertation München 1968, insbes. S. 200 ff.

[91] Vgl. Die Marktstellung der Bankengruppen seit 1971, in: Monatsberichte der Deutschen Bundesbank, Aug. 1978, S. 11. S. auch *M. Burchardt.* Zur längerfristigen Entwicklung vgl. Die Geschäftsentwicklung der Bankengruppe 1960—1970, in: Monatsberichte der Deutschen Bundesbank, April 1971, S. 30 ff.; Die Stellung der einzelnen Institutsgruppen im deutschen Banksystem, ebd., März 1961, S. 28 ff. (Zeitraum 1950—1960).

[92] Vgl. *H. J. Krümmel,* Bankzinsen, Schriftenreihe Annales Universitatis Saraviensis, H. 11, Köln usw. 1964, S. 268 ff. S. auch *L. Mülhaupt,* Einführung in die Betriebswirtschaftslehre der Banken — Struktur und Grundprobleme des Bankbetriebs und des Bankwesens in der Bundesrepublik Deutschland, Wiesbaden 1977, S. 55 ff., insbes. S. 108. Zur Unantastbarkeit des Universalbankensystems hierzulande vgl. auch Grundsatzfragen der Kreditwirtschaft, Bericht der Studienkommission, Schriftenreihe des Bundesministeriums der Finanzen, H. 28, Bonn 1979.

führen dann allenfalls zu einer Sonderstellung der Banken gegenüber anderen Wirtschaftsbereichen, begründen diese Sonderstellung im übrigen aber nicht, speziell nicht aus der Sicht der Marktgegenseite der Banken.

2.3.2.3. Funktionsfähiger Wettbewerb und „Priorität des Wettbewerbsprinzips"

Wettbewerbsbeschränkende Maßnahmen, die durch die Bankenregulierung zugelassen werden, könnten schließlich damit begründet werden, daß sie als „Gegengift" zu sonstigen Unvollkommenheitsfaktoren des Bankenwettbewerbs anzusehen seien oder sogar als Voraussetzung der Erfüllung dynamischer Funktionen des Wettbewerbs (Durchsetzung neuer Technologien, Anpassungsflexibilität der Produktion)[93]. In die Literatur zum Bankenwettbewerb hat das Konzept des funktionsfähigen Wettbewerbs allerdings nur vereinzelt Eingang gefunden[94]. Demgegenüber wird im Zusammenhang mit der Ausnahmebereichsregelung für Banken festgestellt: Priorität genieße das „... Wettbewerbsprinzip vor der sog. wirtschaftlichen Effizienz von Wettbewerbsbeschränkungen und spezifischen Branchengegebenheiten ..."[95].

Diese Position wird im übrigen mit der von Möschel vertretenen und bereits skizzierten Rechtsauffassung begründet; sie wäre eine Absage an das Konzept des funktionsfähigen Wettbewerbs. Ist damit die wettbewerbspolitische Diskussion hierzulande zu ihrem ordoliberalen Ausgangspunkt zurückgekehrt? Was meint Kaufer, wenn er sagt: „Die Nostalgie hat die praktische Wettbewerbspolitik erfaßt"[96]?

---

[93] Vgl. zusammenfassend zu entsprechenden Thesen von J. M. Clark *E. Hoppmann,* Workable Competition als wettbewerbspolitisches Konzept, S. 153 f. Siehe auch Wettbewerbstheorie, Hrsg.: K. Herdzina, Neue wissenschaftliche Bibliothek, Köln 1975; Das Konzept der „Workable Competition" in der angelsächsischen Literatur, Hrsg.: J. Poeche, FIW-Dokumentation, H. 1, Köln usw. 1970; *K. Stegemann,* Workable Competition nach zwanzig Jahren — Bemerkungen zu einem Buch von John Maurice Clark, in: Hamburger Jahrbuch, Bd. 9 (1964), S. 237 ff. Als deutsche Rezeption vgl. *E. Kantzenbach,* Die Funktionsfähigkeit des Wettbewerbs, Wirtschaftspolitische Studien, Bd. 1, Hrsg.: H. Jürgensen, 2. durchgesehene Aufl., Göttingen 1967; *W. Kartte,* Ein neues Leitbild für die Wettbewerbspolitik, FIW-Schriftenreihe, H. 49, Köln usw. 1969.

[94] Vgl. *J. Backman* und *W. Sametz,* Workable Competition in Banking, New York Graduate School of Business Administration, New York 1962. *R. Schneider,* Funktionsfähiger Bankenwettbewerb und Diskriminierungsverbot i. S. d. § 26 II 2 GWB, in: Wirtschaft und Wettbewerb, 10/1979, S. 643 ff. Vgl. als eher kritischen Beitrag *G. Kottmann,* S. 215 ff.

[95] Vgl. *A. Kammholz,* S. 650.

[96] Vgl. *E. Kaufer,* Neue Wettbewerbstheorie, in: Probleme der Wettbewerbstheorie und -politik, Schriftenreihe des Wirtschaftswissenschaftlichen Seminars Ottobeuren, Bd. 5, Hrsg.: G. Bombach et al., Tübingen 1976, S. 219.

In der Diskussion um wettbewerbspolitische Leitbilder (wettbewerbspolitische Konzeptionen) hat sich hierzulande die herrschende Meinung in den 60er Jahren zunächst stärker dem Konzept des funktionsfähigen Wettbewerbs zugewandt; sie knüpft gegenwärtig anscheinend wieder an die Position und an Fragestellungen an, die ursprünglich in das GWB eingingen. Das hieße aber, wettbewerbsbeschränkende Regulierungen der Geschäftstätigkeit der Banken würden heutzutage nicht mehr mit Argumenten wie der „Gegengift-These" begründet. — Das sei abschließend zu möglichen wettbewerbstheoretischen Positionen der Begründung der Sonderstellung der Banken erläutert.

Wettbewerb i. S. des ursprünglichen GWB soll — so beispielsweise Hoppmann — ein „nicht autoritär organisiertes Kontroll- bzw. Koordinationssystem sichern und erhalten". Und weiter: „Durch das Gesetz werden Freiheiten verfaßt und gebunden, weil durch den Wettbewerb Freiheiten geschützt werden. Dabei ist die Begründung zum Regierungsentwurf ganz wie die klassische Nationalökonomie davon ausgegangen, daß dieses System der Wettbewerbsfreiheit zugleich eine Freisetzung der ökonomischen Kräfte bedeutet, die für alle Fortschritt und Wohlstand bewirken[97]."

Man mag Hoppmanns Interpretation des Wettbewerbsbegriffs des GWB mit guten Gründen widersprechen, sie kommt der damaligen und heutigen offiziellen Auffassung über die zu verfolgende wettbewerbspolitische Konzeption jedoch sehr nahe. Für Hoppmanns Interpretation sprechen auch die aus den Dekartellierungsverordnungen, dem amerikanischen Antitrustrecht und der Freiburger Schule übernommenen Freiheitspostulate. Allerdings ist die Diskussion um das „Schutzobjekt des GWB" kontrovers geblieben[98].

Das Konzept des funktionsfähigen Wettbewerbs schlägt sich vor allem in der Novellierung des GWB von 1973 nieder[99]; es wurde jedoch,

---

[97] Vgl. *E. Hoppmann*, Zum Schutzobjekt des GWB, in: Wettbewerb als Aufgabe — Nach zehn Jahren Gesetz gegen Wettbewerbsbeschränkungen, Wirtschaftsrecht und Wirtschaftspolitik, Bd. 7, Hrsg.: E.-J. Mestmäcker u. a., Bad Homburg v. d. H. usw. 1968, S. 94 und 98. Ohne hierauf näher eingehen zu wollen, impliziert die von der klassischen Nationalökonomie übernommene These der allgemeinen Wohlstandssteigerung durch Wettbewerbsfreiheit ein Werturteil. Vgl. hierzu grundlegend *G. Myrdal*, Das politische Element in der nationalökonomischen Doktrinbildung, Berlin 1932, S. 160 ff.; *H. Riese*, Ordnungsidee und Ordnungspolitik — Kritik einer wirtschaftspolitischen Konzeption, in: Kyklos, Vol. 25 (1972), S. 24 ff. Siehe auch zu den Wertungen des GWB *W. Möschel*, Das Wirtschaftsrecht der Banken, S. 346 ff.

[98] Vgl. als Zusammenfassung *E. Hoppmann*, Zum Schutzobjekt des GWB, S. 63 ff.; *ders.*, Workable Competition als wettbewerbspolitisches Konzept.

[99] Vgl. Vollständiger Text des Kartellgesetzes mit besonderer Kennzeichnung der Zweiten GWB-Novelle und mit amtlichen Auslegungsmaterialien, Sonderausgabe der Zeitschrift Wirtschaft und Wettbewerb, Jg. 23 (1973), S. 529 ff. Siehe auch *Bericht des Bundeskartellamtes* 1973, S. 5 ff.

speziell in seiner deutschen Variante, einer heftigen und m. E. zutreffenden Kritik unterzogen, die besagt, daß es für beliebige Ziele der Exekutive gebraucht werden könne[100]. Heutzutage wird das Konzept des funktionsfähigen Wettbewerbs nicht mehr in dem Maße befolgt, wie es bis zur zweiten GWB-Novelle der Fall war. Wie aus offiziellen Verlautbarungen zu entnehmen ist, erlangt die ursprüngliche, auf ordoliberalen Ideen aufbauende Konzeption des GWB wieder zunehmende Bedeutung[101].

Von Konsumentensouveränität spricht etwa Kartte, von den Gefahren zentraler Produktionsplanung, vom Wettbewerb als Entdeckungsverfahren i. S. Hayeks usw., von regulierten Wirtschaftsbereichen aber nur im Zusammenhang mit der Landwirtschaft, dem Wohnungsbau und dem Arbeitsmarkt. Kartte wörtlich: „Wann immer einzelne Wirtschaftsbereiche von der Steuerung durch Markt und Wettbewerb ausgeklammert worden sind, waren Engpässe oder Überkapazitäten und Anpassungsschwierigkeiten die Folge[102].“ Die soziale Marktwirtschaft sei durchaus keine staatsfreie Wirtschaft: „Der Staat muß die Rahmenordnung setzen und er muß auch die Ergebnisse des Marktes unter sozialen Aspekten korrigieren. Es gibt hier aber Grenzen des Machbaren, die nicht ohne Gefährdung der Funktionsfähigkeit der Marktwirtschaft überschritten werden dürfen[103].“ Das sei im gesellschafts-

---

[100] Vgl. *E. Hoppmann*, Das Konzept der optimalen Wettbewerbsintensität — Rivalität oder Freiheit des Wettbewerbs: Zum Problem eines wettbewerbspolitisch adäquaten Ansatzes der Wettbewerbstheorie, in: Jahrbücher für Nationalökonomie und Statistik, Bd. 179 (1966), S. 286 ff.; *ders.*, „Neue Wettbewerbspolitik“: Vom Wettbewerb zur staatlichen Mikro-Steuerung (Bemerkungen zu einem „neuen Leitbild der Wettbewerbspolitik“), in: Jahrbücher für Nationalökonomie und Statistik, Bd. 184 (1970), S. 397 ff. Siehe auch *E. Heuss*, Zum heutigen Stand der Wettbewerbstheorie in Deutschland — Bemerkungen zur Untersuchung von E. Kantzenbach „Die Funktionsfähigkeit des Wettbewerbs“, in: Ordo, Bd. 18 (1967), S. 411 ff.

[101] Vgl. *O. Schlecht*, Perspektiven der Ordnungs- und Wettbewerbspolitik, in: Wirtschaft und Wettbewerb, Jg. 28 (1978). Die 2. GWB-Novelle sei eine notwendige Reform der marktwirtschaftlichen Grundordnung, deren Funktionsfähigkeit auch im Hinblick auf aktuelle konjunkturelle und strukturelle Probleme jedoch außer Frage stehe. „Wettbewerb und Markt sind daher wichtige Institutionen des Minderheitenschutzes, die durch staatliche oder kollektive Organisationsprinzipien nicht ersetzt werden können“ (ebd., S. 131). Und weiter: „Die ‚List der Idee‘ einer sozial geordneten Marktwirtschaft ist ja gerade: Einerseits die Vorteile der einzelwirtschaftlichen Entscheidungen im Marktprozeß voll zu nutzen, andererseits aber die dezentralen Handlungen mit dem Setzen von Rahmendaten ... so zu beeinflussen, daß die Güter und Dienstleistungen in optimaler Weise produziert und verteilt werden und daß gleichzeitig die Verfolgung individueller Zwecke nicht in Widerspruch gerät zu sozialen Zwecken und zu der Freiheit aller.“ — Das entspricht der ursprünglichen Konzeption des GWB und dem darin implizierten Werturteil. Siehe auch *W. Kartte*, 20 Jahre Kartellgesetz — Gegenwart und Zukunft einer Ordnungsidee, in: Wirtschaft und Wettbewerb, Jg. 28 (1978), S. 115.

[102] *Ebd.*, S. 119 f.

[103] *Ebd.*, S. 120.

politischen Bereich der Fall, wenn sich die „großen gesellschaftlichen Blöcke" miteinander auf Kosten Dritter, die keine Gegenkraft darstellen, einigten[104]. Demgegenüber von untergeordneter Bedeutung für die „politische und wirtschaftliche Realität unserer Tage" sei der Versuch „sonstiger Gruppen", aus „normalem Gruppenegoismus" Risiken abzuwälzen; denn in diesen Fällen sei eher mit Transparenz und der Herausbildung von Gegenkräften zu rechnen[105].

Es kommt an dieser Stelle — einem vielleicht naheliegenden Interpretationsreflex folgend — nicht auf eine ideologiekritische Auseinandersetzung mit den Vorstellungen an, die dem Wettbewerbsbegriff des GWB zugrunde liegen und entsprechend der offiziellen Lesart gegenwärtig vom Bundeskartellamt akzeptiert werden. Die angeführten Belege betonen sämtlich die privatdezentrale Entscheidungsfreiheit der Produzenten und Konsumenten, der Arbeitgeber und Arbeitnehmer als konstitutiv für das „Wettbewerbsprinzip", eben auch — so Kartte — für staatlich regulierte Wirtschaftsbereiche. Rahmenordnung, nicht aber Regulierung (etwa als „Gegengift" für Marktunvollkommenheiten) wird gefordert, im übrigen spontane Gegenmachtbildung, wenn eine Marktseite Risiken zu überwälzen versuche.

Eine Sonderstellung der Banken in der Bankenregulierung läßt sich hieraus nicht ableiten. So beschließt auch Kottmann seinen Überblick über wettbewerbstheoretische Begründungen derselben bzw. über Gegenthesen dazu u. a. mit den Worten, sie sei darauf zurückzuführen, „... daß keine einheitliche Meinung darüber bestand und auch heute noch nicht besteht, was der Wettbewerb bzw. seine Beschränkungen in der Kreditwirtschaft leisten soll ..."[106].

2.3.3. Schutztheoretische Positionen

Sicherungskonzepte für Banken, die kurz- und/oder langfristig das finanzielle Gleichgewicht erhalten und wettbewerbsbeschränkende Maßnahmen der Bankenregulierung bzw. die Sonderstellung der Banken begründen könnten, lassen sich nicht aus einer allgemein akzeptierten Theorie ableiten[107]. Wichtige Bausteine liefern die Theorie der Unter-

---

[104] Vgl. kritisch zu dieser auch von H. Geißler vertretenen These *F. Buttler, K. Gerlach* und *P. Liepmann,* Über den Zusammenhang von Arbeitsmarkt und Armut — Das Alte an der „Neuen Sozialen Frage", in: Zur Neuen Sozialen Frage, Hrsg.: H. P. Widmaier, Schriften des Vereins für Socialpolitik, N. F., Bd. 95, Berlin 1978, S. 9 ff.

[105] Vgl. aber kritisch zum Macht-Gegenmacht-Konzept der Wettbewerbspolitik bereits *W. Adams,* Competition, Monopoly and Countervailing Power, in: Quarterly Journal of Economics, Vol. 67 (1953).

[106] Vgl. *G. Kottmann,* S. 224.

[107] Vgl. *K. Scheidl,* Zum Problem bankbetrieblicher Dispositionsregeln, in: Dienstleistungen in Theorie und Praxis, Festschrift für O. Hintner zu seinem

nehmensfinanzierung und -führung sowie schutztheoretische Überlegungen, die an die ältere Gefahrenabwehrtheorie aus der Versicherungswirtschaft anknüpfen und — so Starke — in der Fachaufsicht der Banken gegenwärtig als Theorie der „Einlegerschutzpolizei" (Stützel) die herrschende Meinung bilden[108].

2.3.3.1. Bankenregulierung als „Einlegerschutzpolizei"

Wird auch gewöhnlich — so Stützel — die Sonderstellung der Banken mit ihrer Funktion als Geld- und Kreditversorgungsapparat sowie damit begründet, Bankguthaben seien „... Vermögensobjekte besonderer Art, Forderungen mit öffentlich garantierter Bonität"[109], so könne man die in diesen Argumenten implizierten Theorien nicht ungeprüft übernehmen. Inwieweit ist nun aber aus Funktionen der Banken eine Begründung für wettbewerbsbeschränkende Maßnahmen durch die Fachaufsicht abzuleiten, insbesondere als „Einlegerschutzpolizei"?

Allenfalls — so Stützel — gebietet die geringe Nettohaftungsreserve der Banken einen besonderen Schutz (Einlegerschutz), und zwar für die Geldanlagen des breiten Publikums, weil hier einerseits die Informationsmöglichkeit der Einleger über die für Anlagen in Anspruch genommenen Banken gering ist und diese andererseits keine Sicherheiten stellen. „Nur das Zusammentreffen beider Kriterien — ‚niedrige Nettoreserven-Quote' ... und ‚überwiegendes Verkehrsinteresse'... — reicht aus, besondere Einlegerschutzvorkehrungen rechtssystematisch zu begründen und damit auch ... hinsichtlich ihrer Adressaten angemessen und praktisch brauchbar abzugrenzen[110]." Die Grundkonzeption des KWG berücksichtige diese Gesichtspunkte nur unzureichend. Insbesondere seien für den Einlegerschutz Liquiditätsvorschriften ungeeignet: „Keine Insolvenz beruht primär darauf, daß irgendwelche Liquiditätsrichtsätze nicht eingehalten wurden. Illiquidität war die Folge des Mangels an Bonität, nicht umgekehrt ... Sichert eine Einlegerschutz-

70. Geburtstag, Hrsg.: H. Linhardt u. a., Stuttgart 1970, S. 161 ff.; *W. Stützel*, Ist die „Goldene Bankregel" eine geeignete Richtschnur für die Geschäftspolitik der Kreditinstitute?, Vorträge für Sparkassenprüfer, Deutscher Sparkassen- und Giroverband, Kiel 1959; *H. J. Krümmel*, Die Begrenzung des Kreditrisikos im Kreditwesengesetz aus der Sicht der Kredittheorie, in: Österreichisches Bankarchiv, Bd. 24 (1976), S. 181 ff. Siehe auch *J. Revell*, Solvency and Regulation of Banks — Theoretical and Practical Implications, University of Wales Press, Cardiff 1975, S. 4. Analytical Methods in Banking, Hrsg.: K. J. Cohen und F. S. Hammer, Homewood (Ill.) 1966, Teil II, S. 35 ff.

[108] Vgl. *O.-E. Starke*, Probleme einer umfassenden Reform der Bankenaufsicht ..., S. 172; *W. Stützel*, Bankpolitik heute und morgen, S. 26 ff.; *K. Scheidl*, S. 168 ff.

[109] Vgl. *W. Stützel*, Bankpolitik heute und morgen, S. 11: „Tatsächlich entsprach der Staat in der Bankenkrise 1931 dieser Erwartung, indem er die Rolle des großen Konkursversicherers übernahm."

[110] *Ebd.*, S. 31. Siehe auch *K. Scheidl*, S. 163.

polizei (Fachaufsicht, d. Verf.) nur die sichtbare Liquidität, so hilft das nicht viel. Sichert sie die Bonität, so braucht sie sich um die sichtbare Liquidität nicht mehr zu kümmern[111]." Darüber hinaus gewährleisten Maßnahmen der Rentabilitätssicherung keinen Einlegerschutz, da nicht anhaltende Unrentabilität zu Bankinsolvenzen führe, „... sondern stets der Schlaganfall hoher Kursverluste bei Wertpapieren oder des Ausfalls einer einzigen Großforderung"[112]. Vorzuschlagen seien statt dessen Maximalbelastungsrechnungen für den Fall einer drohenden Verschlechterung der Bonität, die im Zweifel von jeder Bank selbst, durch Liquidation ihrer Aktiva, zu sichern sei („Solvabilitätsbilanzen").

Demzufolge hält Scheidl zusammenfassend fest: „Für die Geschlossenheit des Stützelschen Systems spricht, daß die Spitze der Aufmerksamkeit dorthin gerichtet wird, woher ein einzelbankbetrieblicher Run zu kommen pflegt: auf die Aktivseite[113]." Insofern stellt Stützels in der Literatur zwar diskutierter, aber praktisch nicht weiter befolgter Vorschlag einen Gegensatz zur sog. Bodensatztheorie dar, die dem KWG zugrunde liegt.

2.3.3.2. Konzeption des KWG

Nach der Bodensatztheorie, die auf A. Wagner zurückgeht, werden einzelne Gruppen von Aktiva und Passiva zueinander in Beziehung gesetzt. Liquiditätskoeffizienten, etwa die Liquiditätsvorschriften des KWG, sollen das finanzielle Gleichgewicht erhalten, wenn „... Kongruenz zwischen der Bindungsdauer einer Gruppe von Anlagen (etwa langfristiger Kredite) und den der Finanzierung dienenden Einlagen ..." besteht[114]. Von den Vertretern der Bodensatztheorie wird durchaus zugestanden, daß Kreditinanspruchnahmen, -tilgungen und Neuausleihungen ebenso zu einem im Volumen und den Laufzeiten schwankenden Forderungsbestand führen wie Prolongationen, Substituierungen, Abhebungen und Neueinlagen zu einem im Volumen und den Laufzeiten schwankenden Einlagenbestand. Dennoch sei erfahrungsgemäß ein großer Teil der in verschiedenen Gruppen von Aktiva festgelegten Beträge dauerhaft gebunden; in diesem Umfang müsse langfristig finanziert werden. Das wiederum sei möglich, weil im Einlagenbestand ein dauerhafter Bodensatz bleibe. — Es handelt sich bei

[111] Vgl. *W. Stützel,* Bankpolitik heute und morgen, S. 35. Dispositionsnormen seien in der Praxis auch stets in Zweifel gezogen worden, „... so daß der Verdacht, sie erfüllten eine Alibi-Funktion, nicht gänzlich von der Hand gewiesen werden kann". So *K. Scheidl,* S. 161.

[112] Vgl. *W. Stützel,* Bankpolitik heute und morgen, S. 36.

[113] Vgl. *K. Scheidl,* S. 171.

[114] Vgl. *H. E. Büschgen,* Bankbetriebslehre, Wiesbaden 1972, S. 535. Siehe neben den angeführten Beiträgen Stützels und Scheidls auch *L. Mülhaupt,* S. 134 ff.

dieser Theorie also um eine Version der „Goldenen Bankregel“, in der die Fristentransformationsfunktion der Banken berücksichtigt wird.

Obwohl eine konsequente Anwendung der Bodensatztheorie an praktisch unlösbaren Problemen (Schwierigkeit der Zurechnung und Erfassung von Zahlungsströmen, Höhe des Bodensatzes usw.) scheitert[115], orientieren sich die Fachaufsicht und die Bundesbank an den davon abgeleiteten Liquiditätsgrundsätzen: Je nach Häufigkeit und Ausmaß der Verletzung derselben fordert die Fachaufsichtsbehörde Stellungnahmen oder eine Änderung der Geschäftsführung; die Bundesbank macht ihrerseits ihre Refinanzierungsbereitschaft, etwa im Rahmen der Rediskontkontingente, ebenfalls von der Einhaltung der Liquiditätsgrundsätze abhängig. Die „Bodensatzwerte“ sind im Laufe der Zeit heraufgesetzt worden, ohne daß hierfür eine befriedigende Erklärung gegeben wurde[116]. Da derartige, irgendwie gewonnene Werte lediglich das langfristige, von der Kapitalstruktur abhängige finanzielle Gleichgewicht sichern, im übrigen aber allenfalls Hilfsgrößen für den kurzfristigen Zahlungsausgleich sind[117], dürfte eine allgemeine Erklärung kaum zu geben sein.

Eine Änderung etwa in der von Stützel vorgeschlagenen Richtung, also eine Verschärfung der Struktur- und Ordnungsvorschriften des KWG, die den Schutz der Einleger vor Insolvenzen partiell verbessern könnte, wird mit dem Hinweis auf die „liberale Aufsichtskonzeption“ abgelehnt[118]. Auch nach offizieller Auffassung soll es bei einem quantitativen Ordnungsrahmen bleiben, da qualitative Streuungsvorschriften für das Kreditgeschäft „marktwirtschaftlichen Grundsätzen“ widersprächen, d. h. der Trennung von Fachaufsicht und Privatautonomie in den Kreditentscheidungen[119].

---

[115] *Ebd.*, S. 163.

[116] Vgl. *H. E. Büschgen*, S. 534 f. Siehe auch *R. Stucken*, Art. Liquidität der Banken, in: Handwörterbuch der Sozialwissenschaften, Bd. 6, Göttingen 1959, S. 630.

[117] Vgl. *K. Scheidl*, S. 172 f.

[118] So die Höchstgrenze für Einlagen, die als zu dirigistisch angesehene Begrenzung von Einzel- und Großkrediten sowie die staatliche Einlagensicherung. Vgl. z. B. *D. Schmidt*, Die Novelle zum Kreditwesengesetz, in: Zeitschrift für das gesamte Kreditwesen, 5/1976, S. 171. Andererseits werden Privilegien der Banken, als bevorrechtigte Gläubigergruppe im Konkursrecht, verteidigt. Eine Änderung der Rangordnung für Kreditinstitute sei mit „gesamtwirtschaftlichen Folgen“ verbunden, weil sie werthaltigere Sicherheiten erforderlich machen: „Dies könnte die wirtschaftliche Bewegungsfreiheit ohnehin schon eigenkapitalgeschwächter Unternehmen weiter einschränken.“ Vgl. *O. Wegner*, Reform des Insolvenzrechts, in: Sparkasse, 9/1977, S. 321.

[119] Vgl. *I. L. Bähre*, Möglichkeiten und Grenzen der Bankaufsicht unter dem Aspekt der KWG-Novelle, in: Bank-Betrieb, 12/1975, S. 412. Vgl. demgegenüber auch *Chr. Ferstl*, Bankbetriebliche Diversifikationsstrategien, Berlin 1977.

Liberale Aufsichtskonzeption, Stellung im Konkursrecht, marktwirtschaftliche Grundsätze bezeichnen im obigen Kontext leerformelhaft spezifische Sonderrechte der Banken als Finanzintermediäre; das erklärt deren Widerstand gegen beabsichtigte Gesetzesänderungen[120]. Wie derartige Sonderrechte zustande kommen und wessen Interessen sie nützen, ist weiter zu untersuchen, weil der Verdacht besteht, sie dienten nicht vorrangig dem Einlegerschutzinteresse, sondern vorrangig dem Interesse der Banken an einer Erhöhung und/oder Sicherung ihrer Rentabilität.

Nach herrschender Meinung wird demgegenüber dem Insolvenzschutzinteresse der Einleger, die ein Verkehrsschutzinteresse geltend machen könnten, vor allem dadurch entsprochen, daß die „notwendige Rentabilität der Institute" erhalten bleibt, etwa auch durch „angemessene Konditionenempfehlungen" der Spitzenverbände der Banken[121]. Diese Auffassung basiert auf der nicht ohne weiteres haltbaren und auch von Stützel bestrittenen „... Annahme, wettbewerbsbeschränkende Regelungen seien geeignet, die Sicherheit der Bankeinlagen zu erhöhen (Rentabilitätssicherungsversuche zum Einlegerschutz)"[122]. Der Regierungsbericht über die Ausnahmebereiche bezeichnet als Grenze der Institutssicherung[123], die die Fachaufsicht und Ausnahmebereichsregelung beabsichtigen, die Unternehmensstrukturen dürften nicht festgeschrieben werden; es sei Aufgabe der Fachaufsicht, offene Insolvenzen von Banken mit geringer Leistungskraft durch stille Abwicklungsmaßnahmen zu vermeiden; auf diese Weise seien Unternehmen in größerer Zahl aus dem Markt verschwunden[124]. Rentabilitätssicherung der

[120] Vgl. *W. Zohlnhöfer*, Wettbewerbspolitik in der Demokratie, in: Wettbewerb im Wandel, Festschrift für E. Günther zum 65. Geburtstag, Hrsg.: H. Gutzler et al., Baden-Baden 1976, S. 42 f.: „Dabei spitzt sich die Auseinandersetzung regelmäßig auf eine Konfrontation zwischen der meist kleinen Gruppe von wettbewerbspolitischen Fach- und Machtpromotoren einerseits und den Spitzenverbänden der von Wettbewerbsbeschränkungen profitierenden Interessen andererseits zu. Angesichts dieser politischen Kräftekonstellation ist eine konzeptionell geschlossene und vorausschauend orientierte Politik gegen Wettbewerbsbeschränkungen kaum durchsetzbar. Fortschritte in der Bekämpfung von Wettbewerbsbeschränkungen fallen eher sporadisch an und richten sich typischerweise gegen akute Gefährdungen eines wirksamen Wettbewerbs." — Andererseits geht die Legalisierung von Wettbewerbsbeschränkungen auf krisenhafte Ereignisse (Bankenkrise 1931) zurück und erlangt aus den von Zohlnhöfer angesprochenen Gründen eine langfristige Geltung.

[121] Vgl. zur herrschenden Meinung *V. Szagunn, W. Neumann, K. Wohlschieß*, Anm. 12 zu § 23 KWG, S. 296; *I. L. Bähre, M. Schneider*, Anm. 10 zu § 23 KWG, S. 294; *A. Gleiss* und *Chr. Hootz*, Anm. 21 zu § 102 KWG, S. 352.

[122] Vgl. *W. Stützel*, Bankpolitik heute und morgen, S. 35. Siehe auch *H. Linhardt*, S. 13 ff.

[123] In der Fachaufsicht geht es — so *I. L. Bähre*, S. 412 — um Institutssicherung und nicht um unmittelbaren Einlegerschutz.

[124] Vgl. *Bericht der Bundesregierung* über die Ausnahmebereiche ..., Tz. 55, S. 17. Siehe auch *I. L. Bähre* und *M. Schneider*, Einleitung zum KWG, S. 53.

am Markt verbleibenden Banken setzt demnach eine Verringerung der Zahl der Banken durch stille Abwicklungsmaßnahmen sowie durch vereinzelte Insolvenzen voraus, wirkt also auf die Marktstruktur zurück.

Mit schutztheoretischen Argumenten, das zeigt der vorstehende Überblick, ist die Sonderstellung der Banken und die herrschende Rechtsmeinung, mithin die Anbindung der kartellrechtlichen Mißbrauchsan die Fachaufsicht und die damit ermöglichte Einschränkung der Mißbrauchsaufsicht nicht zu begründen. Denn weder wird in der von Stützel vorgeschlagenen Weise Einlegerschutz durch Kontrolle der Risiken im Aktivgeschäft der Banken betrieben — abgesehen von quantitativen Strukturvorschriften i. S. der problematischen Bodensatztheorie —, noch sichern wettbewerbsbeschränkende Regelungen der Fachaufsicht bzw. wettbewerbsbeschränkende Verhaltensabstimmungen der Banken im Rahmen der Kartellaufsicht mit der Rentabilität der Banken zwingend auch den Einlegerschutz: weil die Sicherung der Einlagen letztlich von den Anlage- und Kreditentscheidungen der Banken abhängt, die in ihrer qualitativen Struktur der als unantastbar angesehenen Privatautonomie der Banken überlassen bleiben. An diesem Befund — das sei vorläufig angemerkt — ändern Einlagensicherungsfonds, wie sie inzwischen bestehen, grundsätzlich nichts.

Das gegenwärtig praktizierte Sicherungskonzept der Bankenregulierung entspricht — entgegen der Meinung Starkes — also mitnichten dem Konzept der „Einlegerschutzpolizei" Stützels; vielmehr mag dieses das erklärte, die Rentabilitätssicherung der Banken aber das erreichte Ziel des praktizierten Sicherungskonzeptes sein.

2.3.3.3. Schutz der Einzelbank und makroökonomische Zusammenhänge

Im KWG dominieren Regelungen zur Erhaltung der Liquidität und Sicherheit der Einzelbank[125] mit dem doppelten Aspekt des Einlegerschutzes und — darauf aufbauend — der Kreditversorgung[126]. So formuliert Dürre: „Nach dem deutschen KWG soll die Bankenaufsicht die Einleger von Banken vor Verlusten schützen. Um dieses Ziel zu verwirklichen, sind die einzelnen Bestimmungen des KWG darauf ausgerichtet, das einzelne Kreditinstitut liquide und funktionsfähig zu halten[127]." Ähnlich äußert sich Bähre: „Ich weiß nicht, wie der (nicht genannte, d. Verf.) Verfasser auf die Idee kommt, wir bewegten uns

[125] Eine Ausnahme bildet § 23 KWG.

[126] Vgl. *W. Möschel,* Das Wirtschaftsrecht der Banken . . ., S. 248 ff. und 391 f.

[127] Vgl. *G. Dürre,* Kann das Aufsichtsamt Bankinsolvenzen verhindern?, in: Österreichisches Bankarchiv, Jg. 22 (1974), S. 187.

mit der Bankenaufsicht im Bereich der Makroökonomie. Die überlassen wir gern der Deutschen Bundesbank, deren währungspolitische Aufgaben das Bundesbankgesetz wie das Kreditwesengesetz von den ordnungspolitischen der Bankenaufsicht viel säuberlicher abgrenzen, als dies in den Frühzeiten der Bankenaufsicht der Fall war. Bankenaufsicht hat das Einzelinstitut zum Objekt[128]."

Sofern diese Aufgabenteilung lediglich Kompetenzen regelt, ist dagegen nichts einzuwenden. Darum allein geht es Bähre aber nicht. Makroökonomie heißt bei ihr „Globalsteuerung", gegen die die einzelbetrieblichen Ordnungs- und Strukturnormen des KWG „sogar als Barriere" wirkten. Zur Erläuterung dieser nicht ohne weiteres einsichtigen Wirkung fährt Bähre fort: „So gibt es z. B. spätestens seit der Gründerkrise in Deutschland vor 100 Jahren den Grundsatz, gegen den heute wieder so umfangreich verstoßen wird: Unternehmen sollen ihr Anlagevermögen, tunlichst auch einen Teil ihres Umlaufvermögens aus Eigenmitteln finanzieren. Trotz der Allgemeinheit dieses Postulats ist es natürlich ein betriebswirtschaftliches, ein einzelbetriebliches, kein makroökonomisches. Es findet sich, leicht variiert, wieder in § 12 KWG. Und Entsprechendes gilt auch für alle anderen KWG-Normen. Sie gehören also beileibe nicht zum Gedankengut der Globalsteuerung, das Ende der 60er Jahre so modern geworden ist, im Gegenteil, sie sind auch schon im alten KWG von 1934 angelegt gewesen ...[129]."

Diese Kompetenz*aus*grenzung (Verantwortungsverlagerung) verblüfft gerade deshalb, *weil* sie in der Grundkonzeption des KWG angelegt ist, d. h. weil von Bähre die Gründerkrise sowie das KWG von 1934, eine Reformmaßnahme im Anschluß an die Bankenkrise von 1931, zwar angesprochen werden, aber die Finanzierungsgrundsätze des KWG makroökonomische Zusammenhänge von Anfang an ausblenden. Banken sollen zwar durch Beachtung der KWG-Normen „Liquiditätsanspannungen"[130] standhalten, sie tragen aber nicht zu deren Verursachung — weder einzeln noch als ganzer Wirtschaftszweig — bei. Speziell Konjunkturen oder gar ein Run der Einleger erscheinen aus der Sicht der schutztheoretischen Position, die dem KWG zugrunde liegt[131], gleichsam als exogene Entwicklungen, sie haben als solche Datencharakter und beschäftigen — auf einer für die Handhabung des KWG nicht relevanten Ebene — allenfalls die Bundesbank. Konjunkturen oder ein Run stellen unerklärte Vorgänge (Anomalien) dar, an die sich die Banken irgendwie anpassen müssen; sie sind Abweichungen vom normalen

128 Vgl. *I. L. Bähre,* S. 412.

129 *Ebd.*

130 Vgl. *R. Stucken,* Art. Liquidität der Banken, S. 630 f.

131 Aber auch aus der Sicht anderer schutztheoretischer Positionen, die in der Literatur vertreten werden.

Geschäftsverlauf, auf den allein die Finanzierungsgrundsätze des KWG zugeschnitten sind.

Nur unter dieser Voraussetzung ist ein der „Bodensatztheorie" entsprechendes Sicherungskonzept verständlich. Es fällt im übrigen auf, daß in den kritischen Anmerkungen zu diesem Konzept zwar erwähnt wird, es lägen ihm statische Annahmen zugrunde, die für Liquidität und Solvenz relevanten Zahlungsströme seien vielfältigerer Art, es komme auch auf die, nach konjunkturellen Erfordernissen gestalteten Refinanzierungsbedingungen der Zentralbank an, im Falle eines Run auf deren Funktion als „lender of last resort" usw.[132]; was jedoch fehlt, ist die Umsetzung dieser kritischen Einwände in die Frage nach dem Anteil der Banken am Konjunkturverlauf und an Vorgängen wie einem Run. Hierzu finden sich in schutztheoretisch orientierten Beiträgen nur Andeutungen.

So führt beispielsweise Hagenmüller aus: „In der Krise kann schließlich die zur Stützung notleidender Kredite erforderliche weitere Kreditexpansion zu einer ernsten Anspannung der Liquiditätslage führen, insbesondere wenn gleichzeitig Verluste im Kreditgeschäft auftreten oder Kredite einfrieren und Geld beim Zentralbanksystem bzw. am Geldmarkt eventuell schwer beschaffbar werden kann. Der Zwang zur Realisierung von Liquiditätsreserven erreicht in dieser Situation seinen Höhepunkt." Und weiter: „Je stärker die charakteristischen Erscheinungen eines Konjunkturzyklus in der Wirtschaft wirksam werden, um so gleichartiger pflegt sich auch die Entwicklung der Liquiditätsverhältnisse bei den einzelnen Kreditinstituten zu vollziehen[133]." Diese Zitate, die in der Benennung relevanter gesamtwirtschaftlicher Zusammenhänge immerhin weiter gehen als die meisten schutztheoretisch orientierten Beiträge, lassen den Zusammenhang zwischen der Tätigkeit der Banken, als Finanzintermediäre, und Konjunkturzyklen bzw. einem Run der Einleger dennoch letztlich offen. Kann aber ein derartiger Zusammenhang nachgewiesen werden, so müßten die sicherungstheoretischen Grundlagen des KWG neu überdacht werden, soweit sie makroökono-

[132] Vgl. etwa *L. Mülhaupt,* S. 162 ff. Zur strittigen Frage des „relevanten Belastungsfalls" vgl.: *W. Stützel,* Ist die „Goldene Bankregel" . . .; *H. J. Krümmel,* Die Begrenzung des Kreditrisikos im Kreditwesengesetz . . ., S. 194 ff.

[133] Vgl. *K. F. Hagenmüller,* Der Bankbetrieb, Bd. III, 3., völlig neu überarb. Aufl., Wiesbaden 1970, S. 372. Siehe auch *K. Scheidl,* S. 173: „Dieser Schluß von gegebenen Bestandsgrößen auf die sich daraus in der Zukunft ergebenden Stromgrößen geschieht allerdings unter Unsicherheit. Aus diesem Grunde müssen bestimmte Annahmen gemacht werden." Damit ist das Problem von Entscheidungen unter Unsicherheit aber kaum angesprochen, geschweige denn analysiert. — Infolge der systematischen Verknüpfung von Kreditrisiken, die grundsätzlich besteht und in Krisensituationen zunimmt, ist es falsch, von „mathematisch-statistischen Gesetzmäßigkeiten" zur Verringerung von Kreditrisiken auszugehen. So aber *I. L. Bähre,* S. 412 f.; siehe demgegenüber bereits sehr deutlich *W. Stützel,* Ist die „Goldene Bankregel" . . ., S. 40 f.

mische Zusammenhänge von vornherein ausblenden. Vom Ergebnis dieser Neuorientierung hinge möglicherweise auch ab, ob das Verhältnis von Fach- und Kartellaufsicht neu zu regeln ist, speziell die mögliche Blockierung der Kartell- durch die Fachaufsicht.

2.4. Zusammenfassung und weitere Fragestellungen

Die vorstehende Bestandsaufnahme gesetzlicher Bestimmungen und Auslegungen sowie institutioneller Einzelheiten des Regelungskomplexes Kartell- und Fachaufsicht vermittelt zwar nur einen holzschnittartigen Überblick, zeigt aber dennoch, daß die Ausnahmebereichsregelung für Banken nicht von einem Staat entworfen und praktiziert wird, der als Verkörperung gleichsam „allgemeiner" Interessen oder unangreifbar rationaler („sachgerechter") Entscheidungen zur Lösung des von Lutz beschriebenen Dilemmas der Geldverfassung angesehen werden könnte. Vielmehr zeigt die Bestandsaufnahme, wie sehr auch hier staatliches Handeln Ergebnis eines Kompromisses divergierender Interessen bleibt, wobei allerdings die Interessenlage der Fachaufsicht und der Banken an der Erhöhung und Sicherung ihrer Rentabilität begünstigt wird gegenüber dem Interesse der Kartellaufsicht und der Marktgegenseite an der Verhinderung einer mißbräuchlichen Ausnutzung der Freistellung vom grundsätzlichen Kartellverbot des GWB seitens der Banken(verbände). Die Fragwürdigkeit dieses Kompromisses zeigt sich besonders deutlich in Konflikten zwischen der Kartell- und Fachaufsicht, in denen das Mißbrauchsprinzip der Ausnahmebereichsregelung zur bloßen Absichtserklärung ausgehöhlt wird, mit langfristigen, vermutlich irreversiblen Folgen für Marktprozeß und -ergebnis, gerade auch dann, wenn Rahmenbedingungen des Marktprozesses verändert werden. Thesenhaft zugespitzt ist demnach hierzulande das „Grundproblem der Geldverfassung" nicht, wie Lutz es sich vorstellte, ordnungstheoretisch bzw. wettbewerbstheoretisch gelöst worden, — noch erscheint es in dieser Weise letztlich lösbar.

Will man die Sonderstellung der Banken nicht als unumstößliche Prämisse (normative Vorgabe) der Bankenregulierung akzeptieren, gerade auch weil sie sich mit traditionellen ordnungs-, wettbewerbs- und schutztheoretischen Argumenten nicht hinreichend rechtfertigen läßt, so sind zunächst — als Fortführung und Konkretisierung der vorstehenden Bestandsaufnahme — die Handlungsmöglichkeiten und Handlungsbeschränkungen zu spezifizieren und zu interpretieren, die für Banken, deren Kunden, als Marktgegenseite, und für den regulierenden Staat bestehen (Abschnitt 3). Die gegenwärtige Ausgestaltung des Regelungskomplexes Kartell- und Fachaufsicht ist sodann positivanalytisch weiter zu untersuchen; sie ist möglicherweise i. S. der Theorie der Regulierung, einer Variante der Neuen Politischen Ökonomie, vorläufiges Ergebnis von Interaktionen der Banken, deren Kunden und des Staates und läßt sich als solches erklären: nämlich als organisationsmäßige Anpassung an Veränderungen, die i. S. der Theorie offener Systeme auf langfristig zunehmend komplexe System-Umgebungs-Beziehungen zurückzuführen sind (Abschnitt 4).

Ein weiterer Problemkreis, den die vorstehende Bestandsaufnahme aufdeckt, betrifft den Zusammenhang zwischen Bankenverhalten und Bankenregulierung einerseits sowie Bankenkrisen, d. h. endogenen Instabilitäten einer modernen Geldwirtschaft mit privaten, über Märkte koordinierten Investitions- und Finanzierungsentscheidungen andererseits. Theoretisch aufzuarbeiten ist nämlich die Erfahrung wiederkehrender Bankenkrisen, die zunächst Anlässe für die Diskussion einer Bankenregulierung und dann für deren Einführung waren: Bankenkrisen wären dann nicht mehr bloße Anomalien i. S. der Wissenschaftstheorie Kuhns, sondern — geldtheoretisch adäquat im Rahmen einer Theorie finanzieller Instabilität erklärt — von Banken maßgeblich mitverursacht (Abschnitt 5).

3. Zum Einfluß der Fach- und Kartellaufsicht auf das Verhalten der Banken und ihrer Verbände

3.1. Einführung

Eine Überprüfung der praktischen Tätigkeit der Fach- und Kartellaufsichtsbehörde etwa i. S. einer Erfolgskontrolle stößt — abgesehen von methodischen Problemen — auf große Schwierigkeiten; denn Publizität, Publikation und Information sind für beide Behörden keineswegs Selbstverständlichkeiten, — für die erstere noch in weitaus geringerem Maße als für die letztere. Eine Tendenz, die allgemein für die Exekutive anzutreffen ist, wird so bestätigt[1]. Die Fachaufsichtsbehörde veröffentlicht außer gelegentlichen, allgemeinen Stellungnahmen und Lageberichten[2] unter dem Hinweis auf § 9 KWG[3] nichts, auch keinen Ge-

---

[1] Vgl. *R. Scholz*, Informationspolitik des Bundeskartellamtes und Informationsrecht der Öffentlichkeit, in: Neue Juristische Wochenschrift, 26. Jg. (1973), S. 481 ff. Scholz verteidigt Pressemitteilungen des Bundeskartellamtes über Bußgeldbescheide (mit namentlicher Nennung der Betroffenen), gegen die mit Dienstaufsichtsbeschwerden seitens der Betroffenen vorgegangen und die als verfassungswidrig angesehen wurden. Für eine mangelhafte Publizität der Exekutive und Publikation von Exekutivakten seien — neben unstrittigen beamtenrechtlichen Verschwiegenheitspflichten — „... eher die historischen und institutionellen Gründe einer Öffentlichkeitsentwicklung bzw. eines ‚bürgerlich-liberalen Öffentlichkeitsverständnisses' verantwortlich, das die exekutivische (ursprünglich monarchische) Öffentlichkeits- und Gemeinwohlfunktion weder demokratischen Öffentlichkeitsmaßstäben, wie bei der Legislative, noch rechtsstaatlichen Öffentlichkeitsmaßstäben, wie bei der Judikative, zu öffnen vermochten" (*ebd.*, S. 482).

[2] Vgl. z. B. *M. Schneider; ders.*, Zehn Jahre Erfahrungen mit dem Kreditwesengesetz, in: Bank-Betrieb, 3/1972, S. 100 ff.; *G. Dürre*, S. 186 ff.; *I. L. Bähre*, S. 410 ff.; *M. Schneider*, Offene Fragen der Bankenaufsicht, in: Zeitschrift für das gesamte Kreditwesen, 6/1978, S. 236 ff.

[3] Diese Vorschrift sichert in verstärktem Maße Amts- und Bankgeheimnisse. Vgl. im einzelnen: *I. L. Bähre* und *M. Schneider*, Anm. zu § 9 KWG, S. 121 ff.; siehe auch *V. Szagunn, W. Neumann* und *K. Wohlschieß*, Anm. zu § 9 KWG, S. 125 ff., insbes. S. 132: „Die Pflicht zur Geheimhaltung (seitens der Aufsichtsbehörde, d. Verf.) dient auch dem Interesse des Staates, da das BAK nur auf diese Weise erwarten kann, richtig und vollständig von den Kreditinstituten unterrichtet zu werden." — Klarer läßt sich wohl kaum ausdrücken, daß Informationen ein ökonomisches Gut sind, dessen Weitergabe *und* Verwendung dann leicht zu kontrollieren ist, wenn ein Informationsmonopol vorliegt. Vom Geheimhaltungsgrundsatz wird jedoch abgewichen, um die Prüfungstätigkeit des Einlagensicherungsfonds der Privatbanken auf Verbandsebene zu erleichtern: Vgl. *V. Ronge*, „Solidarische" Selbstorganisa-

schäftsbericht; ein solcher wird zwar vom Bundeskartellamt veröffentlicht, es erfolgen auch Mitteilungen an die Presse, aber abgesehen von den allgemeinen Geschäftsbedingungen und Gebührentableaus der Banken sind vorläufige oder endgültige Texte der vereinbarten oder empfohlenen Wettbewerbsbeschränkungen nicht der Öffentlichkeit zugänglich.

Die den Banken eingeräumte, einem Kartellprivileg gleichkommende Sonderstellung beinhaltet demzufolge ein Publizitätsverhalten der Aufsichtsbehörden, das den Umfang der gewährten Privilegien sorgfältig gegenüber der Öffentlichkeit, zu deren Schutz sie gewährt wurden, verbirgt.

Man mag verallgemeinernd in Anlehnung an Downs in diesem Zusammenhang von rationaler Informationsbeschränkung sprechen[4]; man wird aber damit rechnen müssen, daß aus dieser Informationslage „Informationsverzerrungen" (Widmaier) und ungleiche Chancen resultieren: „Rationale Informationsbeschränkung bei den Stimmbürgern, interessenspezifische Informationsverarbeitung und -weitergabe durch Interessengruppen, der Bedarf an Informationen durch die Regierung und politische Parteien führt zu einem Prozeß, den man bildhaft als ‚*Informationsverschmutzung*' bezeichnen könnte. Dies hat eine beträchtliche Ungleichheit politischer Einflußmöglichkeiten zur Konsequenz[5]." Benachteiligt werden dadurch vermutlich die Marktgegenseite der Banken im allgemeinen und deren Kunden im Massengeschäft im besonderen.

Die folgenden Ausführungen beziehen sich aufgrund der mangelhaften Materiallage vor allem auf die Tätigkeit des Bundeskartellamtes. Diesem geht es wie der Fachaufsicht u. a. erklärtermaßen um die Vermeidung von Bankinsolvenzen. Dennoch kommen zahlreiche offene Bankinsolvenzen — bei unbekannter Dunkelziffer — vor, und zwar vor allem im privaten Bankgewerbe, speziell bei den Privatbankiers (Abschnitt 3.2.). Insofern ist die Bankenregulierung in einem ihrer zentralen Aufgabenbereiche nur partiell wirksam.

Welche Schlüsse lassen sich darüber hinaus aus der — nachvollziehbaren — Tätigkeit der Aufsichtsbehörden im Hinblick auf deren Beeinflussung des Wettbewerbsverhaltens der Banken(verbände) ziehen? Welche Konflikte haben die Aufsichtsbehörden konkret miteinander?

---

tion der Wirtschaft — Eine Alternative zur Politisierung im Spätkapitalismus, in: Leviathan, Jg. 6 (1978), S. 190.

[4] Vgl. *A. Downs*, An Economic Theory of Democracy, New York 1957, S. 220 ff.

[5] Vgl. *H. P. Widmaier*, Politische Ökonomie des Wohlfahrtsstaates, in: Politische Ökonomie des Wohlfahrtsstaates, Hrsg.: H. P. Widmaier, Frankfurt/M. 1974, S. 16. Vgl. zur Weiterführung dieses Arguments auch Abschnitt 4.3. w. u.

Wie wirken sich nicht gelöste Konflikte aus? Hierzu liefern die weiteren Ausführungen im wesentlichen folgende Ergebnisse, die als Konkretisierung, Spezifizierung und Interpretation der Handlungsmöglichkeiten und -beschränkungen der Banken, derer Kunden und des regulierenden Staates anzusehen sind:

— Der Freistellungsspielraum im Rahmen der Ausnahmebereichsregelung wird von den Banken(verbänden) erwartungsgemäß voll genutzt; es überwiegen unter den angemeldeten Tatbeständen die Empfehlungen, unter diesen solche, die das Verhalten zwischen den Banken und ihren Kunden beeinflussen und die Alternativkosten oligopolistischen Verhaltens senken (Abschnitt 3.2.1.).

— Der Einfluß der Kartellaufsicht auf wettbewerbsbeschränkende Regelungen zwischen Banken (Abschnitt 3.2.2.1.) dient vor allem dem Schutz von Außenseitern und kleinen Privatbanken, um die Transformation eines hier etwa noch vorhandenen polypolistischen in einen oligopolistischen Wettbewerb zu bremsen; die Kartellaufsicht befindet sich diesbezüglich in einer konträren Position zu der der Fachaufsicht, wie sie in deren Insolvenzursachentheorie zum Ausdruck kommt.

— Der Einfluß der Kartellaufsicht auf wettbewerbsbeschränkende Regelungen zwischen Banken und deren Kunden (Abschnitt 3.2.2.2.) dient vom Ansatz her einem verbesserten Schutz der Kunden des Massengeschäftes; deren relativ geringe Informationsmöglichkeiten und Verhandlungsmacht gegenüber den Banken bleiben allerdings bestehen.

— Durch die Zinsliberalisierung (Aufhebung der staatlichen Soll- und Habenzinsverordnungen) werden vorher weitgehend unkontrollierbare Umgehungspraktiken im Passivgeschäft der Banken legalisiert; darüber hinaus wird aber der Freistellungsspielraum der Banken(verbände) durch Habenzinsempfehlungen — und zwar gerade für Spareinlagen mit gesetzlicher Kündigungsfrist — voll genutzt, so daß ein gleichförmiges, oligopolistisches Verhalten aller Bankengruppen gefördert wird (Abschnitt 3.3.3.1.).

— Die Dominanz der Fachaufsicht über die Kartellaufsicht zeigt sich an der Blockierung des Mißbrauchsverfahrens gegen Habenzinsempfehlungen besonders deutlich; die Mißbrauchsaufsicht scheitert an der geltenden Einvernehmungsregelung des § 102 Abs. 2 und 4 GWB (Abschnitt 3.3.3.2.).

— Entgegen der Aufgabe der Kartellaufsicht, einen Mißbrauch der Freistellung vom Kartellverbot zu verhindern, führt das Verhalten der Banken und ihrer Verbände zu einer kartellähnlichen privatwirtschaftlichen Marktordnung durch Habenzinsempfehlungen, so daß

Kunden, deren Schutz vor Bankinsolvenzen die Bankenregulierung erklärtermaßen bezweckt, durch entgangene Zinserträge selbst maßgeblichen Anteil am Insolvenzschutz haben. Das Argument schließlich, Habenzinsempfehlungen unterstützten die Bundesbankpolitik, läßt sich nicht ohne weiteres halten; es impliziert eine fragwürdige Privatisierung eines geldpolitischen Instruments und verdeckt im übrigen die Auswirkungen des durch die Zinsliberalisierung aufgewerteten Kartellprivilegs, d. h. Einkommenstransfers zugunsten der Regulierten und auf Kosten der als schutzwürdig angesehenen Bankenkunden.

3.2. Die bekannt gewordenen Bankinsolvenzen

Obwohl das Thema Bankinsolvenzen von der Bankenregulierung und den Banken(verbänden) wie ein Tabu behandelt wird[6], liegen hierzu einige Belege vor[7]. Während im Sparkassenbereich infolge der kommunalen Gebietsreform einzelne Institute zusammengelegt wurden, die zunehmend auch Großkredite vergeben könnten, nahm die Zahl der Kreditgenossenschaften um die Hälfte ab, wobei eher Rationalisierungserwägungen im Vordergrund gestanden hätten. Bankinsolvenzen traten offen deshalb vor allem im privaten Bankgewerbe, speziell bei den Privatbankiers auf, von denen 1961 bis 1974 132 ausschieden[8].

Über die wirtschaftlichen Ursachen sagen die Meldungen an die Monopolkommission nichts aus, so daß von ihr nur vermutet werden kann, sie hingen mit allgemeinen Entwicklungen des Bankwesens zusammen: „Universalbanktendenz, marktlicher und betrieblicher Zwang zur größeren Unternehmenseinheit, Diversifikationsvorteile großer Geschäftsvolumina. Die engen Grenzen der Beschaffung von haftenden eigenen Mitteln über Selbstfinanzierung und Kapitalaufnahme hemmen die Ent-

[6] Vgl. W. *Möschel*, Das Wirtschaftsrecht der Banken, S. 241.

[7] Vgl. als richtungsweisenden Beitrag *E.-A. Gold*, Die Bankinsolvenzen seit der Stabilisierung und ihre Ursachen, in: Zeitschrift für handelswissenschaftliche Forschung, 25. Jg. (1931), S. 450 ff. Vgl. als neuere, methodisch daran anknüpfende Arbeiten: *J. H. v. Stein*, Insolvenzen privater Banken und ihre Ursachen — Eine empirische Darstellung, München 1969; *B. M. Kübler*, Die deutschen Nachkriegsinsolvenzen im Bankensektor, in: Betriebswirtschaftliche Forschung und Praxis, Bd. 27 (1975), S. 162 ff. Siehe auch *Monopolkommission*, Mehr Wettbewerb ist möglich, 1. Hauptgutachten 1973/1975, Baden-Baden 1976, S. 218 ff. Auch die Monopolkommission klagt über die völlig unzureichende Mitwirkung der Banken bei notwendigen Erhebungen (*ebd.*, S. 193 ff.).

[8] *Ebd.*, S. 218 und 727. Die Dunkelziffer (stille Abwicklung von Insolvenzen) dürfte beträchtlich sein; vgl. *v. Stein*, S. 2. Deshalb ist es zumindest irreführend, wenn als Erfolg der Kartell- und Fachaufsicht hervorgehoben wird, es habe wenig Insolvenzen gegeben. So *G. Dürre*, S. 187.

wicklungschancen ... bei steigenden durchschnittlichen Ausleihbeträgen ...[9]."

Den Ursachen von Bankinsolvenzen gehen anhand von Fallbeispielen v. Stein und Kübler nach. Übereinstimmend wird festgestellt, heutige Bankinsolvenzen ließen sich mit der Bankenkrise von 1931 nicht vergleichen, da es sich um Einzelfälle und nicht um einen allgemeinen Run, als Auslöser der Krise, handele; verursachend hätten in allen Fällen bankinterne Faktoren, d. h. „menschliches Fehlverhalten" (v. Stein), gewirkt, vor allem die Übernahme großer Risiken im Kreditgeschäft, die bei Kreditausfällen die Insolvenz herbeiführten[10]. Diese Risiken beträfen z. T. neue Geschäftszweige. Bankexterne Ursachen hätten insgesamt eine geringere Bedeutung als bankinterne[11]. — Bestätigt wird somit Stützels Forderung, zur Vermeidung eines einzelbankbetrieblichen Run sei das Aktivgeschäft der Banken stärker in die Regulierung einzubeziehen.

Eine amtliche Stellungnahme zum Auftreten von Bankinsolvenzen betont, die Auslesefunktion des Wettbewerbs verändere notwendigerweise die Marktstrukturen; es sei Aufgabe der Fachaufsicht, „... durch die laufende Überwachung Unternehmen mit mangelnder Leistungskraft rechtzeitig zu erkennen und zur Vermeidung offener Insolvenzen geeignete Abwicklungsmaßnahmen — z. B. durch stille Liquidation, Bestandsübertragung, Fusion — einzuleiten. In der Kreditwirtschaft ... sind auf diesem Wege Unternehmen in größerer Zahl aus dem Markt ausgeschieden"[12].

Es sei auch Aufgabe der Fachaufsicht, eine Zunahme der Betriebsgrößen zu fördern, die dem wachsenden Wettbewerb standhielten[13]. „Eine solche Konstellation entspricht der Insolvenzursachentheorie der Berliner Bankenaufsicht, wonach offenbar nur kleine Institute zusammenbrechen und deshalb die Mindestgröße ständig heraufgesetzt werden müsse. Das wiederum steht im Gegensatz zu den Zielsetzungen des

[9] Vgl. *Monopolkommission,* S. 219.

[10] Vgl. *v. Stein,* S. 216: „So finden sich im Kreditgeschäft die stärksten Ballungen der Insolvenzursachen. Sie steigen von mangelhafter Prüfung und Überwachung sowie leichtfertiger Überhöhung bis zu spekulativer Kreditpolitik an." Bestätigend *B. M. Kübler,* S. 175 f.

[11] Vgl. *v. Stein,* S. 217; *B. M. Kübler,* S. 177. Siehe auch zum Zeitraum 1924 bis 1930 *E.-A. Gold,* S. 470: „So verschieden die äußeren Anlässe der Insolvenzen ... waren, angefangen von dem Fortfall der Inflationskonjunktur mit der Stabilisierung der Mark, der Frankenhausse, der Umstellungskrise und beendet in den letzten Jahren mit der Vertrauenskrise, so läßt sich doch bei der überwiegenden Mehrzahl der Fälle ein Verschulden der Geschäftsleitung feststellen."

[12] Vgl. *Bericht der Bundesregierung* über die Ausnahmebereiche ..., Tz. 55, S. 17.

[13] Vgl. *M. Schneider,* Zehn Jahre Erfahrungen mit dem Kreditwesengesetz, S. 105.

Kartellamtes[14]." Für die Feststellung im Bericht der Bundesregierung und für die Insolvenzursachentheorie der Fachaufsicht werden keine empirischen Belege, etwa für economies of scale im Bankenbereich, angeführt. Interessant wäre nämlich der Nachweis, inwiefern Großbanken risikobedingte oder technisch-organisatorische Wettbewerbsvorteile realisieren und nicht nur economies of overall size ausnutzen, die sich u. a. aus ihrer Machtstellung auf den Märkten des Aktiv- und Passivgeschäftes ergeben und Einkommenstransfers ermöglichen[15].

Die obige Feststellung vom „menschlichen Fehlverhalten" als Insolvenzursache ist zu relativieren, weil dasselbe durchaus rational i. S. der ökonomischen Theorie gewesen sein mag. Spekulatives Verhalten ist in einer privat-dezentral organisierten Wirtschaft für Aktivitäten unabdingbar, deren Ergebnis in der Zukunft anfällt und deren Risiken nicht durch Versicherungen irgendwelcher Art oder durch Terminverträge abgedeckt werden können[16]. Ferner ist zu bemängeln, daß weder im Regierungsbericht noch seitens der Fachaufsicht der Zusammenhang zwischen Bankinsolvenzen, Wachstumstrend und Konjunkturverlauf näher untersucht wird; auf diese Weise werden wiederum makroökonomische Zusammenhänge ausgeblendet.

Lassen sich hierfür theoretische Argumente (wenn schon nicht aus den genannten Gründen empirische Belege) anführen, so erwiesen sich Zielsetzung und Handhabung des Einleger- bzw. Insolvenzschutzes seitens der Fachaufsichtsbehörde als revisionsbedürftig. Die erklärtermaßen liberale Grundkonzeption des KWG und dessen Praktizierung — „Die gewerberechtlichen Grundsätze (des KWG) ... respektierten die eigenverantwortliche unternehmerische Initiative und Risikobereitschaft und überließen daher die Entscheidung über alle bankgeschäftlichen Angelegenheiten ausnahmslos den Inhabern oder Geschäftsleitern ..."[17] —, diese liberale Grundkonzeption wäre zu überdenken, wenn die Risiken, die Banken im Kreditgeschäft notwendigerweise übernehmen, auch vom Konjunkturverlauf abhingen und über mehrere, relativ milde Konjunkturverläufe hinweg tendenziell stiegen[18]. Genau das geschah in den 20er

---

[14] Vgl. *O. Hahn*, S. 16. Vgl. auch *R. Peters*, Sicherungssystem gegen Insolvenzen im Kreditgewerbe, in: Wirtschaftsdienst, 9/1974, S. 477.

[15] Vgl. zur Unterscheidung *A. Silberston*, Economies of Scale in Theory and Practice, in: Economic Journal, Vol. 82 (1972).

[16] Vgl. als analoge Argumentation *J. Goldberg*, Herstatt als Symptom — Zum ökonomisch-politischen Kontext des Kölner Bankzusammenbruchs, in: Blätter für Deutsche und Internationale Politik, Köln 19/1974, S. 822 f.

[17] Vgl. *I. L. Bähre* und *M. Schneider*, S. 45; ähnlich *V. Szagunn, W. Neumann* und *K. Wohlschieß*, S. 35 f. Siehe auch das Schwerpunktthema: Bankpolitik — dirigistisch oder liberal?, in: Zeitschrift für das gesamte Kreditwesen, 31. Jg. (1978), S. 1 ff.

[18] Daß langfristige Veränderungen in den Finanzbeziehungen zwischen Vermögensbesitzern, Kapitalsammelstellen und Investoren diese Risiken auch

Jahren und führte zur Bankenkrise von 1931[19], ein Ereignis, das nicht ohne weiteres für die Zukunft ausgeschlossen werden kann. Hierauf ist zurückzukommen.

3.3. Die angemeldeten Wettbewerbsbeschränkungen

Über Verträge, Beschlüsse und Empfehlungen, die nach § 102 anmeldefähig sind und deren Meldung Voraussetzung für die Freistellung von § 1 ist, berichtet das Bundeskartellamt laufend in seinen Tätigkeitsberichten. Eine Zusammenstellung für den Zeitraum 1962—1973 enthält der Bericht der Bundesregierung über die Ausnahmebereiche des GWB[20].

3.3.1. Charakterisierung

Greift man aus der Zusammenstellung des Regierungsberichtes die mehr als 50 Anmeldungen der Spitzenverbände der Privatbanken, der Sparkassen mit den Girozentralen sowie des Genossenschaftssektors heraus — auf diese Gruppen konzentriert sich im allgemeinen die Diskussion um den Bankenwettbewerb —, so zeigt sich:

(1) Besonders aktiv sind der Bundesverband des Privaten Bankgewerbes (ab 1968 „Bundesverband deutscher Banken") und der Deutsche Sparkassen- und Giroverband. Diese Bankengruppen haben demnach ein starkes Interesse an der Herstellung eines gleichförmigen Verhaltens der Mitgliedsbanken.

(2) Obwohl festgestellt wird, „eine Reihe von Empfehlungen"[21] sei auf Veranlassung der Aufsichtsbehörde, des zuständigen Bundesministeriums oder der Deutschen Bundesbank ausgesprochen worden, sind nur 6 Fälle angeführt; es bleibt also offen, wieviele es wirklich waren und welchem Zweck sie im einzelnen dienten.

(3) Nach Aufhebung der Zinsverordnung 1967 werden knapp 20 Habenzinsempfehlungen gemeldet, davon etwa 15 mit gleichlautendem Text für jeweils mindestens 2 Spitzenverbände; dies ist ein Ergebnis der Zusammenarbeit der betrachteten Spitzenverbände im Zentralen Kreditausschuß[22], der auch direkt Empfehlungen meldet.

beeinflussen, sei nicht bestritten. Vgl. hierzu den wenig beachteten Aufsatz von *W. Stützel*, Banken, Kapital und Kredit in der zweiten Hälfte des zwanzigsten Jahrhunderts, in: Strukturwandlungen einer wachsenden Wirtschaft, Hrsg.: F. Neumark, Schriften des Vereins für Socialpolitik, N. F., Bd. 30 II, Berlin 1964, insbes. S. 555 ff.

[19] Vgl. *A.-E. Gold; E. Walb*, Die Bankkrise von 1931, in: Zeitschrift für handelswissenschaftliche Forschung, 26. Jg. (1932), S. 1 ff.

[20] Tz. 72—75, S. 21 f. und Anl. 3, S. 58 ff.

[21] *Ebd.*, Tz. 72, S. 21.

Der Regierungsbericht stellt zusammenfassend vorsichtig fest, es habe sich bei den Empfehlungen und Vereinbarungen der Spitzenverbände im wesentlichen um Regelungen des Zahlungsverkehrs und der allgemeinen Geschäftsbedingungen sowie um Habenzinsempfehlungen gehandelt. Beispiele für eine Überprüfung der gemeldeten Tatbestände unter dem Gesichtspunkt der Mißbrauchsaufsicht und über erfolgreiche Interventionen der Aufsichtsbehörden werden genannt[23]. Da Mißbrauchsverfügungen nicht ergangen sind, fehlt bisher eine Klärung der Mißbrauchskriterien durch die Rechtsprechung. Um so wichtiger erscheint deshalb die weiterhin offene Frage der Zulässigkeit von Habenzinsempfehlungen.

Für die Herausarbeitung von Schwerpunkten der angemeldeten Wettbewerbsbeschränkungen kann m. W. nur noch auf eine Typisierung zurückgegriffen werden, die Klaue (Vorsitzender der Mißbrauchsaufsicht des Bundeskartellamtes) vornimmt[24]:

(1) Was den Gegenstand anbelange, kämen alle Wettbewerbsbeschränkungen i. S. des § 1 vor. — Der Freistellungsspielraum wird erwartungsgemäß also von den Banken(verbänden) voll genutzt.

(2) Wettbewerbsbeschränkungen beträfen zu etwa gleichen Teilen die Beziehungen zwischen Banken einerseits und zwischen Banken und Kunden andererseits. Als schwerwiegender seien allerdings kundenbezogene Wettbewerbsbeschränkungen anzusehen.

(3) Unter den Anmeldungen stünden mit etwa 70 bis 80 v. H. die Empfehlungen im Vordergrund, nur der Rest seien Kartellvereinbarungen; jährlich käme es maximal zu 15 bis 20 Anmeldungen. „Dabei ist wiederum interessant, daß die Vereinbarungen ... in der Mehrzahl wettbewerbsbezogen sind und damit überwiegend auf dem Rationalisierungssektor liegen, während die Empfehlungen fast in der Regel kundenbezogen sind, also auf den Preis oder die Beziehungen zwischen Kunden und Institut Einfluß nehmen[25]."

Unterstellt man, daß die wettbewerbsbezogenen 20 bis 30 v. H. der Anmeldungen tatsächlich der Rationalisierung für alle Banken oder der Intensivierung des Wettbewerbs zwischen einzelnen Bankengruppen dienten, dann hätten sie unter polypolistischen Wettbewerbsverhältnissen jeweils zur Senkung der Bankzinsen, -preise oder Verbesserung der

---

[22] Vgl. *A. Kammholz*, S. 649; *S. Klaue*, Die Wettbewerbsbeschränkungen im Kreditgewerbe ..., S. 71: „Der ZKA ist die zentrale Organisation für wettbewerbliche Aktivitäten des Kreditgewerbes."

[23] Vgl. *Bericht der Bundesregierung* über die Ausnahmebereiche ..., Tz. 93, 71 ff., S. 26 und 21 f. Es kann zumindest in diesen Fällen nicht als Indiz für freiwilliges Wohlverhalten der Banken angesehen werden, wenn letzten Endes Mißbräuche nicht beanstandet werden.

[24] *S. Klaue*, Die Wettbewerbsbeschränkungen im Kreditgewerbe ..., S. 65 ff.

[25] *Ebd.*, S. 66 f.

Qualität der erbrachten Bankleistungen[26] führen müssen. Hält man allerdings dagegen, daß die restlichen 70 bis 80 v. H. der Anmeldungen kundenbezogen waren, dann sollte vermutlich — empirisch läßt sich das aus den eingangs genannten Gründen nicht näher belegen — genau diese Wirkung verhindert werden. Infolge der großen Zahl der Banken war eine festere Form der Abstimmung — Kartellverträge und -beschlüsse — nicht realisierbar. Worin liegt nun aber die Bedeutung von Empfehlungen? — Der bereits angeführte Hinweis auf das „traditionelle Zusammengehörigkeitsgefühl", die volkswirtschaftliche Sonderstellung der Banken, „... in der die Probleme nicht gegeneinander, sondern miteinander gelöst werden"[27], verdeckt den relevanten Zusammenhang.

Anzuknüpfen ist an die Diskussion über Kartellsurrogate[28], speziell über Preismeldestellen und später über Marktinformationsverträge, in der die Wirkungen des Orientierungs- und Preisgabeeffekts von Konkurrenzinformationen auf Markttransparenz und Wettbewerbsbeziehungen geklärt werden[29]. Führt nach Gandenberger der Orientierungseffekt zur Dispositionssicherheit, zur Förderung der Koordinationsimpulse und zur Verhaltenssteuerung, so der Preisgabeeffekt zur Verringerung der Reaktionszeit und der Anreize für Wettbewerbsaktionen, ferner zur Transformation polypolistischer in oligopolistische Marktbeziehungen und schließlich zur Festigung der oligopolistischen Koordination: „Alle diese Wirkungen des Preisgabeeffektes laufen darauf hin-

[26] Zur Differenzierung von Bankpreisen und Bankleistungen vgl. ausführlich *H.-J. Krümmel*, Bankzinsen.

[27] Vgl. *Bericht des Bundeskartellamtes* 1961, S. 54.

[28] Vgl. *E. Tuchtfeld*, Kartellsurrogate als Probleme der Wettbewerbspolitik, in: Wirtschaft und Gesellschaft, Festschrift für H.-D. Ortlieb zum 65. Geburtstag, Hrsg.: E. Arndt et al., Tübingen 1975, S. 331 ff.

[29] *O. Gandenberger*, Konkurrenzinformation und Wettbewerb, in: Jahrbücher für Nationalökonomie und Statistik, Bd. 187 (1973), S. 10 ff. Mit Orientierungseffekt wird von Gandenberger die Reaktion der Informierten, mit Preisgabeeffekt die Reaktion derjenigen bezeichnet, über die Informationen bezogen wurden. Der Preisgabeeffekt erfaßt somit Rückkopplungswirkungen im oligopolistischen Wettbewerb; er entfällt tendenziell bei polypolistischem Wettbewerb. Vgl. auch z. B. *E. Hoppmann*, Preismeldestellen und Wettbewerb, in: Wirtschaft und Wettbewerb, 2/1966, S. 97 ff.; *ders.*, Preismeldestellen: Kartelle oder Marktstatistik?, in: Wettbewerb in Recht und Praxis, 9/1966, S. 300 ff. *E. Tuchtfeld*, Organisierte Markttransparenz und Wettbewerb — Bemerkungen zur wettbewerbspolitischen Beurteilung kooperativer Informationssysteme, in: Schweizerische Zeitschrift für Volkswirtschaft und Statistik, 102. Jg. (1966), S. 42 ff. *A. Woll*, Zur wettbewerbspolitischen Bedeutung der Markttransparenz, in: Theoretische und institutionelle Grundlagen der Wirtschaftspolitik, Festschrift für Theodor Wessels zum 65. Geburtstag, Quaestiones Oeconomicae, Bd. 1, Hrsg.: H. Besters, Berlin 1967, S. 199 ff. *W. Kilian*, Marktinformationsverfahren und Wettbewerbsbeschränkung, in: Neue Juristische Wochenschrift, 27. Jg. (1974), S. 289 ff. — Zum Fall Aluminiumhalbzeug vgl. auch *Bericht des Bundeskartellamtes* über seine Tätigkeit im Jahre 1975, BT-Drucksache 7/5390, S. 11 f.

aus, daß der oligopolistische Reaktionszusammenhang verstärkt oder überhaupt erst geschaffen wird[30]."

Es ist also verständlich, wenn das Bundeskartellamt, gestützt auf ein Urteil des Bundesgerichtshofs (Fall Aluminium-Halbzeug), Marktinformationsverträge und — worauf in Abschnitt 3.3.3. gesondert eingegangen wird — Habenzinsempfehlungen der Banken beanstandet. Die auf diesem Wege hergestellte Markttransparenz vermindere — so der BGH im genannten Fall — die Intensität des Wettbewerbs und führe zur Erstarrung des Preisgefüges, gerade weil die Ungewißheit über Konkurrenzpreise beseitigt werde. Preiszugeständnisse, Preisvorstöße hätten deshalb nur kurzfristig Erfolg; Wettbewerbsvorsprünge würden bald aufgeholt. Für diese Beurteilung spreche auch der Gesichtspunkt, die wettbewerbsbeschränkende Erhöhung der Transparenz und Verstärkung des oligopolistischen Reaktionszusammenhangs beeinträchtigten die wirtschaftliche Stellung der Marktgegenseite auch schon dadurch, „... daß die Transparenz von wesentlichen Marktinformationen nur für ... (eine, d. Verf.) Marktseite eröffnet ..."[31] werde. Klaue ist also zu widersprechen, wenn er die Erhöhung der Markttransparenz durch Empfehlungen generell positiv wertet, obwohl er deren Folgen („Vereinheitlichung und damit ... Verlust an Handlungsspielraum und Freiheitsspielraum für den Kunden") durchaus richtig einschätzt[32].

3.3.2. Einfluß der Kartellaufsicht auf angemeldete Wettbewerbsbeschränkungen

Obwohl der Freistellungszweck in der Bereichsausnahmeregelung der Banken strittig ist und eindeutige Kriterien für einen Mißbrauch der eingeräumten Sonderstellung fehlen, gelang es dem Bundeskartellamt, auf den Inhalt einer Reihe der angemeldeten Wettbewerbsbeschränkungen Einfluß zu nehmen, d. h. auf eine Änderung oder vereinzelt auch auf eine Zurücknahme hinzuwirken. Anhand dieser Fälle läßt sich zeigen, daß die Wirksamkeit der Kartellaufsicht faktisch vor allem darin besteht, einen Mißbrauch möglichst nicht erst entstehen zu lassen; Bankenverbände sowie Zentraler Kreditausschuß und Zentraler Wettbewerbsausschuß stellen sich teilweise durch „vorsorgliche" Anmeldungen[33] darauf ein. Bestätigt wird hierdurch allerdings die Notwendigkeit

---

[30] Vgl. *O. Gandenberger*, S. 30. Siehe auch aus bankbetrieblicher Sicht *G. Eilenberger*, Determinanten bankbetrieblichen Wettbewerbs, Diss. München 1974, S. 189.

[31] Vgl. *Bericht des Bundeskartellamtes* 1975, S. 13. Siehe auch *Bericht des Bundeskartellamtes* 1972, S. 17 f. Die Argumentation entspricht derjenigen von *E. Hoppmann*, Preismeldestellen und Wettbewerb, insbes. S. 107 ff.

[32] Vgl. *S. Klaue*, Die Wettbewerbsbeschränkungen ..., S. 69.

[33] *Bericht der Bundesregierung* über die Ausnahmebereiche ..., Tz. 71, S. 21. Der gemeldete Tatbestand wird in diesen Fällen von den Banken(verbänden)

der Kartellaufsicht, nicht jedoch freiwilliges Wohlverhalten der Banken und ihrer Verbandsorganisationen[34].

3.3.2.1. Regelungen zwischen Banken: Ansätze eines Schutzes von Außenseitern sowie kleinen und mittleren Banken

Gruppiert man die wichtigsten Prüfungen und Beanstandungen des Bundeskartellamtes hinsichtlich der angemeldeten Wettbewerbsbeschränkungen, die vornehmlich den Verkehr zwischen Banken betreffen, so galt seine Einflußnahme insbesondere dem Schutz von Außenseitern (z. B. Münemann[35]) und kleinen Banken (z. B. Einlagensicherungsfonds[36]), daneben auch dem Schutz der Inlandsmärkte vor Rückwirkungen von Wettbewerbsabsprachen im Ausland (z. B. Kooperationen[37]).

Sieht man von der Bekräftigung der Gültigkeit des Verbots abgestimmter Verhaltensweisen im Bankenbereich ab, so betrifft die Einflußnahme des Bundeskartellamtes vor allem die Gruppe der Privatbanken. Offensichtlich wird innerhalb dieser Gruppe versucht, den möglicherweise noch bestehenden polypolistischen Wettbewerb wie in

---

nicht für kartellrechtlich relevant gehalten, die Entscheidung darüber der Kartellbehörde überlassen, unter dem Vorbehalt, daß ein Gebührenbescheid durch Anfechtung geprüft werde. Vgl. auch *A. Gleiss* und *Chr. Hootz,* Anm. 19 zu § 102 GWB, S. 349.

[34] So aber *D. Schmidt,* Neues Kartellrecht für das Kreditgewerbe?, in: Sparkasse 6/1970, S. 169; *Th. Hellner,* Die Kartell-Gesetz-Novelle und das Kreditgewerbe, in: Bank-Betrieb, Jg. 10 (1970), S. 180. — D. Schmidt gehört dem Deutschen Sparkassen- und Giroverband, Th. Hellner dem Bundesverband Deutscher Banken an.

[35] Zur Intervention auf Ersuchen des Finanzmaklers Münemann, der eine Boykottaufforderung des Bundesverbandes des privaten Bankgewerbes befürchtete, vgl. *Bericht des Bundeskartellamtes* über seine Tätigkeit im Jahre 1959, BT-Drucksache 3/1795, S. 33.

[36] So hinsichtlich des vom Bundesverband deutscher Banken gegründeten Einlagensicherungsfonds, weil an die Mitgliedschaft zunächst restriktivere Anforderungen gestellt wurden, als nach dem KWG zur Aufnahme von Bankgeschäften allgemein erforderlich sei und weil die Geschäftstätigkeit kleiner Mitgliedsbanken durch Häufigkeit, Umfang und Kosten sowie Auflagen der Verbandsprüfungen beeinträchtigt zu werden drohte. Vgl. *Bericht des Bundeskartellamtes* über seine Tätigkeit im Jahre 1975, BT-Drucksache 7/5390, S. 84; *Bericht des Bundeskartellamtes* 1976, S. 92 ff. Siehe auch *V. Ronge,* S. 185 ff. Zur Rechtfertigung der Prüfungstätigkeit vgl. *H. Günther,* Erweiterte Aufgaben für den Prüfungsverband deutscher Banken, in: Bank-Betrieb, 3/1976, S. 92 ff. Siehe auch den Überblick über ältere Einlagensicherungssysteme und die rechtliche Würdigung des Grundsatzes der Gleichbehandlung bei *E. Schwark,* Einlagensicherung bei Banken, in: Neue Juristische Wochenschrift, 41/1974, S. 1849 ff. Im Tenor ähnlich *Bericht des Bundeskartellamtes* 1974, S. 81.

[37] Vgl. *Bericht des Bundeskartellamtes* über seine Tätigkeit im Jahre 1971, BT-Drucksache 6/3570, S. 89; . . . 1972, BT-Drucksache 7/986, S. 86; . . . 1973, BT-Drucksache 7/2250, S. 106; . . . 1974, S. 81. Siehe auch *S. Klaue,* Kooperationsverträge zwischen deutschen und ausländischen Banken: Arbeitsunterlage 1 und Erläuterungen, in: Wettbewerbsprobleme im Kreditgewerbe, Hrsg.: B. Röper, S. 151 ff. sowie die Diskussion dazu S. 160 ff.

den anderen Bankengruppen zu beschränken, d. h. oligopolistische Verhaltensweisen möglichst zu fördern. Erfahrungsgemäß führen dagegen Regelungen des Marktzutritts und der Prüfungstätigkeit der Verbände innerhalb der Gruppe der Sparkassen oder der Genossenschaftsbanken nicht zu wettbewerbsrechtlichen Beanstandungen durch das Bundeskartellamt; denn das für Sparkassen geltende Regionalprinzip sowie der durch Satzungen und Gesetz örtlich begrenzte Mitgliederkreis der Genossenschaftsbanken werden anerkannt[38].

Berücksichtigt man die Belege über bekannt gewordene Insolvenzen, so ist zu vermuten, daß durch die Mißbrauchsaufsicht des Bundeskartellamtes gerade auch von Insolvenzen bedrohte kleine und mittlere Privatbanken geschützt werden. Inzwischen sind vom Prüfungsverband deutscher Banken, in Zusammenarbeit mit dem Bundeskartellamt und der Fachaufsichtsbehörde, Prüfungsrichtlinien für die Mitgliedsbanken des Einlagensicherungsfonds beschlossen worden, die verdeutlichen sollen, „... daß Diskriminierungen kleiner und mittlerer Institute nicht beabsichtigt sind. Auch die durch Prüfungen entstehenden Kostenbelastungen sind zugunsten der kleinen und mittleren Institute vermindert worden. Das geprüfte Institut wird nur noch mit 25 % der Prüfkosten belastet“[39]. Die Kartellaufsicht nimmt insofern also eine gegenteilige Position zu der der Fachaufsicht ein, wie sie in deren Insolvenzursachentheorie zum Ausdruck kommt.

3.3.2.2. Regelungen zwischen Banken und Publikum: Ansätze eines verbesserten Schutzes von Kunden des Massengeschäfts

Das Bundeskartellamt hat im Zusammenhang mit kundenbezogenen Wettbewerbsbeschränkungen hauptsächlich die Ausgestaltung der Allgemeinen Geschäftsbedingungen (AGB) überprüft[40], wobei Vorschläge einer Arbeitsgruppe beim Bundesjustizministerium zur Verbesserung des Verbraucherschutzes gegenüber AGB und die Grundsätze für einen verstärkten Verbraucherschutz in den §§ 7 und 8 des Entwurfes eines Gesetzes zur Regelung des Rechts der AGB Berücksichtigung fanden[41].

---

[38] Vgl. *Bericht des Bundeskartellamtes* über seine Tätigkeit im Jahre 1963, BT-Drucksache 4/2370, S. 63.

[39] Vgl. *Bericht des Bundeskartellamtes* 1977, S. 82.

[40] Andere kundenbezogene Empfehlungen wurden an die „kundenfreundlicher gestalteten AGB“ angenähert, z. B. die Bedingungen für die Beteiligung von Kunden am beleglosen Datenträgertausch; vgl. *Bericht des Bundeskartellamtes* 1975, S. 85.

[41] Vgl. auch die Literaturhinweise bei *W. Tilmann*, Das AGB-Gesetz und die Einheit des Privatrechts — Zugleich ein Überblick über die zum AGB-Gesetz erschienenen Erläuterungsbücher, in: Zeitschrift für das gesamte Handelsrecht und Wirtschaftsrecht, Bd. 142 (1978), S. 52 ff.

Zu prüfen waren hierbei zwei gegensätzliche Funktionen der AGB: „... nämlich einmal (die) Rationalisierung des massenhaften Abschlusses von inhaltlich gleichförmigen Verträgen, zum anderen der Machtzuwachs, welchen die AGB demjenigen verschaffen, der sie gegenüber seinem Vertragspartner anwendet und ihn dadurch einseitig in seinen Rechten beschneidet." Da die erstere Funktion von der Justiz einfach vorausgesetzt werde, sei vor allem die letztere zu prüfen[42]. Denn der Grundsatz der abstrakt formalen Vertragsfreiheit in der Rechtsordnung garantiere noch nicht die Selbstbestimmung beider Vertragsparteien[43].

So empfahl der Bundesverband deutscher Banken eine Änderung der AGB, weil Rechte des Kunden einseitig beschränkt wurden. Ausgangspunkt war der Ausschluß des Rechts beider Vertragsparteien, nach freiem Ermessen die Geschäftsverbindung insgesamt oder einzelne Geschäftsbeziehungen einseitig aufzuheben; trotz dieser Vereinbarung in den AGB sollte nun dem Kreditinstitut allein das Recht eingeräumt werden, aus wichtigem Grund die Geschäftsverbindung aufzukündigen. „Auf Anregung des Bundeskartellamtes erhielt auch der Kunde dieses Recht[44]." Eine ähnliche Gleichstellung des Kunden, nämlich bei der Wahlbefugnis hinsichtlich des Gerichtsstandes — Erfüllungsort der kontoführenden Stelle *oder* Sitz der Hauptniederlassung der Bank —, wurde im selben Jahr „auf Anregung des Bundeskartellamtes" in eine Empfehlung des Deutschen Genossenschaftsverbandes aufgenommen[45].

---

[42] Vgl. *P. Clever,* Allgemeine Geschäftsbedingungen und der ökonomische Hintergrund der Vertragsfreiheit, in: Jahrbuch für Sozialwissenschaft, Bd. 28 (1977), S. 126 ff., Zitat S. 127. Daß die AGB speziell im Bankensektor „die Entstehung von Massengeschäften überhaupt erst ermöglich(en)", hebt hervor: *Ph. Möhring,* Die gesetzliche Regelung des Rechts der Allgemeinen Geschäftsbedingungen und die AGB der Banken, in: Neue Juristische Wochenschrift, 27. Jg. (1974), S. 1689. Der Verfasser tritt im übrigen dafür ein, die Orientierung am Verbraucherschutz nicht zu weit zu treiben, da sich die Erkenntnis vom öffentlichen Interesse am Inhalt von AGB in der Rechtsprechung durchgesetzt habe. Der Verbraucher könne nicht von Rationalisierungen im Massengeschäft profitieren, ohne sich an den entstehenden Risiken und Gefahren zu beteiligen; in den AGB der Banken fänden sich durchweg keine allgemeinen Freizeichnungsklauseln: „Die Zugrundelegung von AGB durch die Kreditinstitute ist weder Ausdruck einer Machtposition noch Mißbrauch der Privatautonomie zu Lasten des Kunden" (ebd., S. 1691). — Möhring zeichnet hier ein Bild der formal abstrakten Gleichheit der Vertragspartner, das er unzulässigerweise auf die Rechtswirklichkeit überträgt, wie die folgenden Ausführungen zeigen werden.

[43] Vgl. hierzu ausführlicher *P. Clever,* S. 129 ff., der diese Aussage aus einer Kritik am ökonomischen Liberalismus ableitet. Von grundsätzlicher Bedeutung in dieser Frage ist nach wie vor die Abhandlung von *G. Myrdal,* Das politische Element in der nationalökonomischen Doktrinbildung, Berlin 1932. Siehe auch *H. Lau,* Allgemeine Geschäftsbedingungen, Vertrags- und Eigentumsfreiheit, in: Jahrbuch für Sozialwissenschaft, Bd. 28 (1977), S. 141 ff.; in diesem Beitrag wird die Analyse und Kritik Clevers vertieft.

[44] Vgl. *Bericht des Bundeskartellamtes* über seine Tätigkeit 1969, BT-Drucksache VI/950, S. 92.

[45] *Ebd.,* S. 92 f.

1975 wurde die umfassende Prüfung der neuen AGB der drei Spitzenverbände, des Deutschen Sparkassen- und Giroverbandes, des Bundesverbandes der deutschen Banken und der Deutschen Volksbanken und Raiffeisenbanken vorläufig abgeschlossen[46]. „In zahlreichen Besprechungen ... ist den Änderungswünschen des Bundeskartellamtes im wesentlichen Rechnung getragen worden. Einer Mißbrauchsverfügung hat es daher nicht bedurft[47].“ Die AGB wurden „völlig überarbeitet“ und Anfang 1976 von den Verbänden zur Einführung empfohlen. „Im Verfahren sind nicht nur Bedingungen geändert worden, die ihrem Wortlaut nach mit der Weiterentwicklung der Auffassungen über AGB nicht mehr im Einklang standen, sondern auch solche, deren rechtlicher Inhalt zwar unbestritten, deren Wortlaut aber für den rechtsunkundigen Verbraucher nicht genügend klar war[48].“ Die Änderungen beziehen sich stichwortartig auf die Zugangsfiktion, Haftung für Fehlleitung von Aufträgen, für die Ausführung von Daueraufträgen, für Auskünfte über Geschäftspartner und die Führung von Sparbüchern.

Die Arbeitsgruppe beim Justizministerium sah als rechtspolitische Zielsetzung für ihre Vorschläge an, einen „angemessenen Ausgleich der beiderseitigen Interessen“[49] in den AGB zu gewährleisten. Wie die angeführten Belegstellen zeigen, konnte das Bundeskartellamt teilweise einen Machtzuwachs der Banken verhindern, der aus der Gestaltungsfreiheit in der Abfassung der AGB resultiert. Die Vertragsfreiheit der Bankenkunden im Massengeschäft bleibt darüber hinaus jedoch darauf beschränkt, die AGB zu akzeptieren oder nicht (Abschlußfreiheit).

Dies wird vor allem bei Kunden mit geringer Verhandlungsmacht gegenüber der Bank deutlich. In Bezug auf die unterschiedliche Ausgangsverteilung von Verhandlungsmacht, die sich insbesondere auf Einkommen und Vermögen zurückführen läßt, erfolgt durch die AGB kein „Ausgleich beiderseitiger Interessen“[50]; einen Interessenausgleich

[46] Siehe zu weiteren Beanstandungen der AGB *Bericht des Bundeskartellamtes* 1976, S. 92 und 1977, S. 81.

[47] Vgl. hierzu und zum folgenden *Bericht des Bundeskartellamtes* 1975, S. 83. Vgl. auch die Presseinformation des Bundeskartellamtes vom 11. 11. 1975 hierzu: „Überprüfung der Geschäftsbedingungen der Kreditwirtschaft“, in: Wirtschaft und Wettbewerb, Jg. 26 (1976), S. 25 f. Eine z. T. detailliertere Darstellung gibt *Th. Hellner*, Die Änderungen in den Allgemeinen Geschäftsbedingungen der Banken, in: Zeitschrift für das gesamte Kreditwesen, 29. Jg. (1976), S. 132 ff.; *H.-J. Lwowski*, Das AGB-Gesetz und die AGB der Banken, in: Die Bank, 3/1978 und 4/1978.

[48] Vgl. *Bericht des Bundeskartellamtes* 1975.

[49] Zit. nach *P. Clever*, S. 134.

[50] *Ebd.*, S. 137: „Die derzeit bestehende Gestaltungsfreiheit ist die Gestaltungsfreiheit der anbietenden Wirtschaft. Sie ist in einer sozialen Rechtsordnung dort, wo die Interessen der wirtschaftlich Schwächeren auf dem Spiel stehen, durch Gestaltungsvorschriften des Gesetzgebers zu ersetzen, die dem Schutz dieser Interessen (der wirtschaftlich Schwächeren, d. Verf.) dienen.“ —

in diesem Sinne herbeizuführen, war — wie Clever hervorhebt — auch nie die Funktion des Privatrechts[51]. „Es liegt nahe, daß gesetzgeberische Reformen (der AGB, d. Verf.), welche die realen Machtverhältnisse unangetastet lassen, langfristig nicht verändernd wirken können; sie erschweren zunächst die Durchsetzung von Macht, eröffnen aber Umgehungsmöglichkeiten oder setzen sich auf Grund von Rechtsunkenntnis oder Rechtsunsicherheit der Betroffenen nicht durch[52].“ Habenzinsempfehlungen sind, wie zu zeigen ist, eine solche Umgehungsmöglichkeit.

3.3.3. Angemeldete Habenzinsempfehlungen: folgenlose Beanstandungen der Kartellaufsicht

3.3.3.1. Entwicklung nach der Zinsliberalisierung

Mit der Aufhebung der staatlichen Zinsverordnungen Anfang 1967 wurde seitens der Bundesregierung die Erwartung verbunden, die Zinsbildung in der Kreditwirtschaft werde künftig unter den Bedingungen eines „wirksamen“ Wettbewerbs erfolgen[53]. Diese Liberalisierungsmaßnahme sahen dennoch die Verbände der privaten und genossenschaftlichen Banken eher als unbefriedigend unter wettbewerbs- und währungspolitischen Gesichtspunkten an, während sie vom Deutschen Sparkassen- und Giroverband eher als begründet hingenommen wurde[54].

Betrachtet man die vormals unterschiedliche Auswirkung der Soll- und Habenzinsverordnung, speziell im Wettbewerb um Großkunden, so hob die Liberalisierung vor allem Restriktionen im Passivgeschäft auf[55]: Die vorgeschriebenen „Normalzinsen“ im Aktivgeschäft (praktisch handelte es sich um Höchstsätze) konnten bei bevorzugten Großkunden

Wirtschaftliche Schwäche ließe sich allerdings nur unter Rückgriff auf die Stellung in der Produktion und im Markt (Arbeits-, Konsum-, Finanzmarkt) herleiten; Gestaltungsvorschriften des Gesetzgebers oder der Rechtsprechung, wie sie in die AGB eingebracht werden, erhalten insoweit lediglich den status quo. Vgl. zur gesellschafts- und rechtstheoretischen Problematik von AGB *H. Lau,* S. 142 ff.

[51] Vgl. *P. Clever,* S. 137.

[52] Vgl. *H. Lau,* S. 146. Lau führt auch alternative gesetzgeberische Reformen an.

[53] Vgl. *Bericht des Bundeskartellamtes* über seine Tätigkeit im Jahre 1967, BT-Drucksache V/2841, S. 3 f.

[54] Vgl. Belege bei *R. Loof,* S. 9 f. Zur Situation vor der Zinsliberalisierung vgl. auch *G. Buschmann; H. Schreihage,* Wettbewerb und Wettbewerbsbeschränkungen im Kreditgewerbe, in: Zeitschrift für das gesamte Kreditwesen, 1/1960, S. 17 f. Zu den Bemühungen gerade des Sparkassen- und Giroverbandes um die Zinsliberalisierung vgl. *W. Geiger,* Vor 10 Jahren: Aufhebung der Zinsbindung, in: Sparkasse, 94. Jg. (1977), S. 162.

[55] Vgl. hierzu und zum folgenden ausführlicher *R. Loof,* S. 17 ff. und 85 ff.; *G. Buschmann,* S. 56 ff., 84 ff., 126 ff.

durchaus unterschritten werden; eine Habenzinsregelung, die ebenfalls Höchstzinssätze vorsah, bedeutete aber, daß diese zu Normalkonditionen wurden[56]. Demzufolge entwickelten sich — je nach Marktlage — verschiedene Praktiken zur Umgehung vor allem der Habenzinsverordnung bei bevorzugten Kunden: Koppelgeschäfte (Einräumung günstigerer Kreditkonditionen und unentgeltlicher Dienstleistungen); Hereinnahme von Einlagen unter Zwischenschaltung anderer Banken als Nostroverpflichtungen mit frei auszuhandelnden Zinssätzen; Hereinnahme von Einlagen zwischen Unternehmen des Nichtbankenbereichs („Industrieclearing"). Trotz detaillierter Vorschriften zur Verhinderung überhöhter Einlagenkonditionen konnten sogen. „graue" Habenzinsen nicht unterbunden werden, da es hierzu eines aufwendigen Kontrollapparates bedurft hätte.

Die Aufhebung der Zinsverordnungen 1967 legalisierte also einerseits Umgehungspraktiken, deren wirksame Kontrolle ohnehin nicht gewährleistet war oder wegen der damit verbundenen Opportunitätskosten nicht als lohnend angesehen wurde; sie hatte jedoch andererseits Zinsempfehlungen der Spitzenverbände für solche Einlagen zur Folge, bei denen es — aufgrund der Standardisierung dieser Forderungen und der relativ hohen Markttransparenz für die Einleger — kaum „graue" Habenzinsen gegeben haben dürfte und bei denen die Banken offensichtlich an einem weiterhin gleichförmigen Verhalten interessiert waren. Mit dem Hinweis auf notwendige „Orientierungshilfen" für eine Übergangszeit wurden deshalb „von vier Spitzenverbänden im wesentlichen gleichlautende Habenzinsempfehlungen angemeldet, die sich mit den Sätzen vor Aufhebung der Zinsverordnung deckten"[57].

Das Bundeskartellamt verneinte zunächst einen Mißbrauch, obwohl die Bundesregierung mit der Aufhebung der Zinsverordnung ausdrücklich den Zinswettbewerb verstärken wollte. Möglicherweise vertraute es darauf, die Übergangszeit würde bald beendet, weil die einzelnen Bankengruppen wegen ihrer ursprünglich unterschiedlichen Geschäftsschwerpunkte schließlich doch eigene Interessen verfolgten oder einzelne Banken verstärkt von den Zinsempfehlungen abwichen. Beispiele dieser Art werden in den beiden folgenden Jahren jedenfalls angeführt[58].

---

[56] Eine Ausnahmeregelung bestand für Genossenschafts- sowie kleinere Privatbanken, die — als Nachteilsausgleich gegenüber anderen Banken — einen bis zu 0,5 v. H. höheren Habenzins einräumen konnten (sogen. „Zinsvoraus").

[57] Vgl. *Bericht des Bundeskartellamtes* 1967, S. 81 f. Der Wissenschaftliche Beirat hatte vor wettbewerbsbeschränkenden Zinsempfehlungen der Verbände gewarnt; siehe *R. Loof*, S. 90.

[58] Vgl. *Bericht des Bundeskartellamtes* 1969, S. 92.

Wie die Zusammenstellung im Bericht der Bundesregierung über die Ausnahmebereiche und die Berichte des Bundeskartellamtes zeigen, wurden aber Habenzinsempfehlungen der Spitzenverbände durchgängig und nur mit Ausnahme der Jahre 1968[59] und 1973 bis 1974 herausgegeben. Der von Loof durchgeführte Vergleich dieser Empfehlungen mit den von der Deutschen Bundesbank mitgeteilten durchschnittlichen Marktsätzen zeigt außerdem für 1967 bis Mitte 1970:

(1) Die Zinsempfehlungen für Termineinlagen lagen durchweg um bis zu knapp 1 v. H. unter den Marktsätzen; sie wurden ab Mitte 1969 fallen gelassen.

(2) Die Marktsätze für Spareinlagen stimmten mit den Zinsempfehlungen fast ausnahmslos überein. Der allgemeine Zinsanstieg ab Mitte 1969 veranlaßte die Bankenverbände erstmalig auch zu Zinsempfehlungen für Einlagen mit 48monatiger Kündigungsfrist.

(3) Die Zahl der Banken, die sich nach den Empfehlungen richteten und gleich hohe Zinssätze anboten, stieg nach der Zinsliberalisierung auf rd. 90 v. H. Diese Tendenz läßt sich besonders deutlich bei den Empfehlungen für Einlagen mit 48monatiger Kündigungsfrist nachweisen.

(4) Empfehlungen, die Sparzinsen den Diskontsatzänderungen nicht anzupassen, hatten ein ähnlich gleichförmiges Verhalten zur Folge[60].

Für die Zeit nach Mitte 1970 belegen die Monatsberichte der Deutschen Bundesbank und die Berichte des Bundeskartellamtes:

(1) 1971, 1972 und ab 1975 verlaufen die Marktsätze für Spareinlagen mit gesetzlicher Kündigungsfrist und die Zinsempfehlungen der Spitzenverbände oder des Zentralen Kreditausschusses ebenfalls gleich; das gilt für Anfang 1972 auch für Spareinlagen mit 12monatiger Kündigungsfrist, für die (ebenso wie für längerfristige Anlagen) in den übrigen Jahren keine Empfehlungen herausgegeben werden.

(2) 1973 und 1974 unterbleiben Empfehlungen, da das Bundeskartellamt seine bis dahin abwartende und passive Haltung[61] aufgab und ein Mißbrauchsverfahren einleitete.

---

59 Die durchschnittlichen (Markt-)Zinssätze für Spareinlagen mit gesetzlicher und 12monatiger Kündigungsfrist änderten sich in diesem Jahr nicht, diejenigen für Termineinlagen und für solche mit 48monatiger Kündigungsfrist nur wenig; vgl. die Übersicht bei *R. Loof*, S. 122. Grundlage der Übersicht sind die Monatsberichte der Deutschen Bundesbank.

60 Vgl. *R. Loof*, S. 122 ff.; siehe auch als Bestätigung *P. Duerer*, Der Wettbewerb ausgewählter westdeutscher Universalbanken nach Aufhebung der Zinsverordnung, Freie wissenschaftliche Diplom-Arbeit, Göttingen 1970.

61 Die Beurteilungen des Bundeskartellamtes in den Berichten lauten in den einzelnen Jahren:

Wiederum zeigt sich — diesmal speziell anhand der Habenzinsempfehlungen —, daß Banken bzw. deren Verbände den Freistellungsspielraum voll ausnutzen, den ihnen § 102 selbst und das für das Eingreifen des Kartellamtes geltende Opportunitätsprinzip eröffnen. Wenn in diesem Zusammenhang M. Schneider (Bundesaufsichtsamt für das Kreditwesen) hervorhebt, die Zinsliberalisierung habe den Wettbewerb zwar verschärft, man könne aber nicht von ruinösen Marktprozessen sprechen, so daß auch niemand mehr offen für die Wiedereinführung der Zinsbindung eintrete[62], dann kann man nur fragen: Warum sollten die Verbände auch dafür eintreten, nachdem die Zinsempfehlungen einerseits überwiegend und übereinstimmend befolgt, andererseits von der Kartellaufsicht geduldet wurden?

Offen bliebe die Frage, was die Verbände der privaten und genossenschaftlichen Banken veranlaßte, ihre zunächst ablehnende Haltung gegenüber der Zinsliberalisierung aufzugeben. Möglicherweise wird von diesen Verbänden die Bedeutung des Sparkassensektors als potentieller Preisführer anerkannt, der nicht in jedem Fall die Zinsbewegung dominiert und das Verhalten der anderen Bankengruppen auch berücksichtigen muß[63], mit dem sich gleichförmig zu verhalten, jedoch gerade bei Spareinlagen mit gesetzlicher Kündigungsfrist lohnend erscheint. Auf diese Einlagen konzentrieren sich die Empfehlungen augenscheinlich mehr und mehr.

3.3.3.2. Blockierung der Mißbrauchsaufsicht

Das Bundeskartellamt beanstandete erstmals 1973 die im Zentralen Kreditausschuß abgestimmten und daher — wie bereits angeführt — überwiegend gleichlautenden Habenzinsempfehlungen als Mißbrauch, da „... die sonstige interne Publikationsarbeit der Verbände sowie die umfangreichen sonstigen Informationsmöglichkeiten ... diese wettbewerbsbeschränkende Empfehlungspraxis seit langem unnötig (ma-

1967: Als Orientierungshilfen für eine Übergangszeit wird ein Mißbrauch verneint. BT-Drucksache V/2841, S. 81 f.

1968: Keine Stellungnahme (Empfehlungen wie Marktzinssätze unverändert). BT-Drucksache V/4236, S. 82.

1969: Auflistung der gemeldeten Empfehlungen ohne Stellungnahme. BT-Drucksache VI/950, S. 92.

1970: Die Empfehlungen seien teilweise durchbrochen worden. BT-Drucksache VI/2380, S. 87 f.

1971: Knappe Auflistung der Empfehlungen: „Mißbrauchsgesichtspunkte sind nicht erkennbar geworden.“ BT-Drucksache VI/3570, S. 89.

1972: Knappe Mitteilung über gemeldete Empfehlungen: „Die Mißbrauchsaufsicht hat keinen Anlaß zu Eingriffen gegen diese ... gemeldeten Verbandsempfehlungen ergeben.“ BT-Drucksache 7/986, S. 86.

[62] Vgl. *M. Schneider*, Zehn Jahre Erfahrungen ..., S. 105 f.

[63] Zur Frage der Zinsführerschaft im Passivgeschäft vgl. *R. Loof*, S. 124 ff.

chen)"[64]. Galten Empfehlungen nach 1967 noch als notwendige Orientierungshilfen für eine Übergangszeit, so wurde die Abstimmung im Zentralen Kreditausschuß nunmehr als mißbräuchlicher Versuch angesehen, die aufgehobene staatliche Zinsverordnung durch eine „privatwirtschaftliche Marktordnung" zu ersetzen[65].

Der Begriff „privatwirtschaftliche Marktordnung" wird nicht näher erläutert. Zieht man die Literatur zu Preismeldestellen und Marktinformationsverträgen heran, so handelt es sich um eine kartellähnliche Organisation des Wettbewerbs[66]. Hierzu heißt es bereits 1926 bei Metzner: „Um zu großen internen Kartellschwierigkeiten und Angriffen von außen rechtzeitig vorzubeugen, seien folgende Auswege empfohlen: Zunächst eine Beschränkung auf Richtpreise in der Form von Verbandsempfehlungen ... Ferner käme gegebenenfalls die Errichtung von Preismeldestellen in Frage ...[67]." Es handele sich hierbei um Umgehungen des Kartellverbots, wie sie in den USA praktiziert würden.

Eines direkten Meinungsaustausches bedarf es dazu nicht: „Entscheidend ist unter wettbewerbspolitischen Aspekten, daß die Wirkungen einer solchen Willensübereinstimmung eintreten und damit der Tatbestand der Kollusion erfüllt ist. Das ‚agreement to agree' kann bereits wirksam werden, wenn etwa der Preisführer seinen Konkurrenten eine mündliche oder schriftliche Absichtserklärung gibt. In ähnlicher Richtung tendieren Empfehlungen, wobei ein branchenüblicher Verhaltenskodex verstärkend wirken kann ... Die Erfahrung, die schon Grundlage des spontanen Parallelverhaltens ist, erhält durch derartige Einrichtungen künstlich einen höheren Sicherheitsgrad; sie wird gewissermaßen organisiert[68]." Da Kartellsurrogate schwierig nachzuweisen seien, habe man häufig als flankierende wettbewerbspolitische Gegenmaßnahme eine Mißbrauchsaufsicht eingeführt, die sich auf Indizienbeweise stützen müsse.

Das Bundesaufsichtsamt für das Kreditwesen verweigerte jedoch dem Bundeskartellamt nach Abstimmung mit dem Bundesministerium der Finanzen das erforderliche Einvernehmen (§ 102 Abs. 2), mit der alleinigen Begründung, daß Habenzinsempfehlungen nicht schlechthin kartell-

[64] Vgl. *Bericht des Bundeskartellamtes* 1973, S. 106. Demgegenüber wird von interessierter Seite weiterhin von „Trendempfehlungen", der „Markierung der Marktsituation" u. dgl. gesprochen; vgl. *W. Geiger*, Vor zehn Jahren ..., S. 164. Siehe auch *D. Schmidt*, Kreditwirtschaft und Kartellpolitik, II, S. 842; *F. H. Ulrich*, Wird die Wettbewerbsordnung durch wirtschaftliche Macht der Banken gefährdet?, in: Wettbewerb im Wandel, Hrsg.: H. Gutzler et al., S. 198.

[65] *Bericht des Bundeskartellamtes* 1973, S. 106.

[66] Vgl. *E. Tuchtfeld*, Kartellsurrogate ...

[67] Dies ist eine vielzitierte Belegstelle, hier zit. nach *E. Hoppmann*, Preismeldestellen: Kartelle oder Marktstatistik?, S. 301.

[68] Vgl. *E. Tuchtfeld*, Kartellsurrogate ..., S. 337 f.

rechtlich als Mißbrauch anzusehen seien. Nachdem das Bundeskartellamt das Bundesministerium für Wirtschaft um Ersetzung des Einvernehmens (§ 102 Abs. 4) bat, kam es zu einem „einvernehmlich geführten Verfahren“ zwischen beiden Ministerien, in dessen Verlauf die Spitzenverbände der Banken die Aufhebung der seinerzeit geltenden Habenzinsempfehlungen erklärten und sich — etwa für die Dauer des Mißbrauchsverfahrens — daran hielten; eine Entscheidung (nach § 102 Abs. 4) unterblieb[69].

Auf die Gründe für die Beurteilungen der Ministerien wird in den Stellungnahmen der Bundesregierung zu den Berichten des Bundeskartellamtes für 1973 und für spätere Jahre mit keinem Wort eingegangen. Es mag so scheinen, als hielte die Bundesregierung insgesamt — trotz Zinsliberalisierung — an ihrer ursprünglichen, 1956 gebildeten Meinung fest: „Vom Wettbewerb auf dem Zinsgebiet ist insbesondere zu verlangen, daß er die im Hinblick auf die Stabilerhaltung des Geldes ergriffenen Maßnahmen der Währungspolitik nicht nur nicht hemmt, sondern daß er darüber hinaus diese Maßnahmen unterstützt. Ferner ist dieser Wettbewerb so zu dosieren, daß ein wirksamer Schutz der Bankkunden ohne Preisgabe der Bankenrentabilität erreicht wird[70].“ Auf die Fragwürdigkeit dieser Position wurde bereits hingewiesen.

Nach diesen Erfahrungen verzichtete das Bundeskartellamt 1975 auf die Einholung des Einvernehmens, als erneut Habenzinsempfehlungen der Spitzenverbände erfolgten. Das Bundesfinanzministerium hatte angedeutet, es erhoffe sich von diesen Empfehlungen eine — nicht näher bezeichnete — Unterstützung der Bundesbankpolitik[71]. Trotzdem — so die abweichende Meinung im Bericht des Bundeskartellamtes 1975 — würden Zinsempfehlungen nach wie vor grundsätzlich als mißbräuchlich angesehen[72]. In den folgenden Jahren wird lediglich wiederholt, die Bedenken gegen Zinsempfehlungen bestünden fort[73]; 1978 böten diese allerdings keinen Anlaß zur Mißbrauchsaufsicht, da sie den Kreditinstituten Spielraum ließen und „... eine erhebliche Beeinträchtigung des Wettbewerbs nicht zu befürchten (war)“[74].

---

[69] Vgl. *Bericht der Bundesregierung* über die Ausnahmebereiche ..., Tz. 75. Zur Blockierung der Mißbrauchsaufsicht über Habenzinsempfehlungen auf Ministerebene vgl. auch *W. Möschel*, Bankenrecht und Wirtschaftsordnung, in: Betriebs-Berater, 23/1975, S. 1026 f.

[70] Versicherungs- und Kreditwirtschaft in der Wettbewerbsordnung, S. 560. Hierzu kritisch seinerzeit bereits *H. Linhardt*, Kreditinstitute im Wettbewerb.

[71] Vgl. *A. Kammholz*, S. 651. Daraus wird von interessierter Seite sogleich gefolgert, die Spitzenverbände hätten Zinsempfehlungen „herausgeben ‚müssen‘ und gemeldet“; vgl. *D. Schmidt*, „Abgestimmtes Verhalten“: Rechtsfrage oder Politikum?, S. 424.

[72] Vgl. *Bericht des Bundeskartellamtes* 1975, S. 84.

[73] Vgl. *Bericht des Bundeskartellamtes* 1976, S. 92; ... 1977, S. 82.

Angesichts jener Blockierung der Mißbrauchsaufsicht zu behaupten, das Bundesaufsichtsamt für das Kreditwesen sei keine Hürde für das Bundeskartellamt, es sei bisher kein Mißbrauchsverfahren eingeleitet worden, „... so daß auch nicht das Ergebnis eines solchen Verfahrens durch unseren Einspruch hätte scheitern können“[75], ist zumindest irreführend. Die Frage der kartellrechtlichen Beurteilung von Habenzinsempfehlungen — so dagegen ein Mitglied des Bundeskartellamtes — „hatte sich bereits vor 2 Jahren (1973, d. Verf.) an der geltenden Fassung des § 102 Abs. 2 und Abs. 4 des GWB festgefahren“. Und weiter: Um die Unzulänglichkeit der Einvernehmensregelung erneut aufzuzeigen, sei deshalb zu empfehlen, „... dies nicht durch Wiederholung eines Beispiels zu dokumentieren, sondern durch Aufzeigen einer Reihe weiterer Beispiele“[76].

Wenn nur diese Strategie zur Vermeidung einer mißbräuchlichen Ausnutzung der Freistellung vom Kartellverbot verbleibt, sind die Aussichten für den Schutz der Marktgegenseite der Banken nicht sehr ermutigend. Der Handlungsspielraum der Kartellbehörde findet jedoch seine Grenze in der Weisungsgebundenheit gegenüber dem Bundeswirtschaftsministerium; sie hat nämlich keinen eigenen Rechtsanspruch auf Ersetzung des Einvernehmens mit der Fachaufsichtsbehörde. Auch der betroffenen Marktgegenseite — hier: den Inhabern von Spareinlagen — dürften entsprechende Rechtsschutzmöglichkeiten, d. h. Ansprüche auf Mitwirkung der Fachaufsicht oder des übergeordneten Fachministeriums, nicht zur Verfügung stehen, da sie auf privatrechtliche Klagemöglichkeiten verwiesen wird[77].

3.3.3.3. Privatwirtschaftliche Marktordnung anstatt staatlicher Zinsverordnung

Die skizzierte, aus der in Abschnitt 2.2. dargestellten Rechtslage herzuleitende Blockierung der Mißbrauchsaufsicht demonstriert die Dominanz der Fachaufsichts- über die Kartellaufsichtsbehörde, d. h. die Dominanz der Zielsetzung Rentabilitätssicherung der Banken, die m. E. unzulässigerweise mit Einlegerschutzinteressen und der Unterstützung der Bundesbankpolitik motiviert wird, über die Zielsetzung, den Wettbewerb zwischen Banken aufrechtzuerhalten. Mit herkömmlichen ökonomischen Argumenten ist, wie in Abschnitt 2.3. gezeigt wurde, die

[74] Vgl. *Bericht des Bundeskartellamtes* 1978, BT-Drucksache 8/2980, S. 90. — Dieser neuerliche Wechsel in der Beurteilung wird nicht weiter begründet.

[75] So *M. Schneider*, Diskussionsbeitrag, in: Wettbewerbsprobleme im Kreditgewerbe, S. 97.

[76] *A. Kammholz*, S. 649 und 651.

[77] Vgl. *W. Möschel*, Das Wirtschaftsrecht der Banken ..., S. 456 ff.

Dominanz nicht hinreichend zu begründen. Wie sind vor diesem Hintergrund Habenzinsempfehlungen zu beurteilen?

Habenzinsempfehlungen fördern, wie bereits ausgeführt wurde, die Orientierung der Banken, deren Dispositionssicherheit und tragen zur Verhaltenssteuerung bei; sie verringern ferner die Reaktionszeit, die Anreize für einen vorstoßenden Wettbewerb; sie transformieren schließlich noch bestehende polypolistische in oligopolistische Marktbeziehungen und verstärken so oligopolistisches Verhalten („oligopolistischer Reaktionszusammenhang"). Die mit der Zinsliberalisierung verknüpften Erwartungen, der Zinswettbewerb werde „wirksamer", zumal bei entsprechenden geldpolitischen Maßnahmen, diese Erwartungen erweisen sich als übertrieben. Denn die vormals staatliche Zinsverordnung wird lediglich durch eine privatwirtschaftliche Marktordnung ersetzt, d. h. durch kundenbezogene Wettbewerbsbeschränkungen im Einlagengeschäft. Es handelt sich hierbei keinesfalls um eine besondere Entwicklung eines Wirtschaftszweiges, sondern nur um eine spezifische Konkretisierung allgemeiner Bestrebungen zur „Selbstverwaltung der Wirtschaft"[78]. In dieser Sicht führt die Bankenregulierung zum angeblichen Zwecke des Einlegerschutzes und der Unterstützung der Bundesbankpolitik dazu, daß vor allem kleine Einleger und — so ist hinzuzufügen — kleine Kreditnehmer, also Kunden im Massengeschäft ohne Verhandlungsmacht, die Opportunitätskosten des Einlegerschutzes sowie der Geldpolitik (entgangene Zinserträge bzw. höhere Sollzinssätze) tragen. Das ist näher zu begründen, weil damit erste Belege für die Vermutung gewonnen würden, die Bankenregulierung bezwecke — entgegen allen amtlichen und den üblichen ökonomischen Begründungen — Einkommenstransfers zugunsten der Regulierten und auf Kosten der Kreise der Bevölkerung, deren Schutzwürdigkeit scheinbar anerkannt wird.

Bankenzinsen sind — wie Krümmel[79] zeigt — wichtigster Bestandteil des Geschäftserfolges der Universalbanken[80]. Der Substitution preispoli-

---

[78] Vgl. *E.-J. Mestmäcker*, An den Grenzen der Wettbewerbspolitik, in: Wettbewerb im Wandel, Hrsg.: H. Gutzler et al., S. 61 f.: „Die große Versuchung der Industrie ist die ‚Selbstverwaltung der Wirtschaft'; schrittweise und mit wechselnden Begründungen haben die Regierungen solchen Forderungen im Rahmen kooperativer Industriepolitik nachgegeben. Ausdruck dieser Politik sind Selbstbeschränkungsabkommen und ähnliche ‚wettbewerbspolitische Gratwanderungen'. In diesen Zusammenhang gehört auch die Unfähigkeit, die oft angekündigte rechtliche Neuordnung der Bereichsausnahmen für die Energiewirtschaft oder für Banken und Versicherungen in Angriff zu nehmen."

[79] Vgl. *H.-J. Krümmel*, Bankzinsen, S. 165 ff. und 252 ff.

[80] Vgl. auch zur Diskussion entsprechender Ergebnisse der Bundesbank über die Jahresabschlüsse der Banken 1968 bis 1976 *K. Mertin*, Ergebnisstrukturen des Kreditgewerbes, in: Die Bank, 2/1977, S. 7 ff.; *F. Schaperjahn*, Betrachtungen zur Entwicklung der Ertragsstrukturen in der Kreditwirtschaft, in: Sparkasse, 95. Jg. (1978), S. 40 ff.

tischer durch andere absatzpolitische Instrumente (Sortimentspolitik, Variation der Bonitäts- und Besicherungsanforderungen) seien relativ enge Grenzen gesetzt. Während die Skala der Sollzinssätze für einzelne Kreditarten sich nach der branchenüblichen Abtretbarkeit der Kreditforderung im Bankenbereich richte, die Reihenfolge der Zinssätze für einzelne Kreditarten also relativ stabil sei, werde der Abstand der einzelnen Zinssätze manipuliert: Der Gesamterlös gegenüber Kunden ohne Verhandlungsmacht werde — je nach dem Umfang des gesamten Engagements — maximiert, im übrigen aber Spielraum für Zinsabschläge auf jeder Stufe der Skala für Kunden mit Verhandlungsmacht gelassen.

Demgegenüber richteten sich die Habenzinssätze nach der vereinbarten Laufzeit bzw. Kündigungsfrist und den konkurrierenden Zinssätzen für vergleichbare, alternative Anlagen: „Je mehr es sich bei bestimmten Einlagenarten um Masseneinlagen (viele kleine Einlagebeträge) handelt, und je mehr solche Einlagen traditionsgemäß bei Universalbanken gehalten werden, so daß sie nicht sehr auf Änderung(en) von Wertpapierrenditen oder anderen substitutiven Renditen hin fluktuieren (wie etwa große Teile der Spareinlagen), desto größer ist die Spannweite der Manipulierbarkeit ihrer Zinssätze[81].“ Diese Aussage Krümmels wird empirisch zwar nicht belegt; für sie lassen sich aber weitere theoretische Argumente anführen[82].

Loof konstatiert für die Zeit nach der Zinsliberalisierung ebenfalls, daß Kreditnehmer im Massengeschäft — durch Immobilität und geringe Marktübersicht an die lokal meist übereinstimmenden Zinssätze gebunden[83] — allenfalls als neue Kunden bevorzugte Konditionen erhielten, später aber anderen Kunden des Massengeschäfts gleichgestellt würden; im Passivgeschäft biete die inzwischen breiter aufgefächerte Anlagenstruktur zwar Zinsvorteile für längerfristige Anlagen, über die Höhe der Habenzinssätze zu verhandeln, setze allerdings Einlagen voraus, die wesentlich höher seien als die durchschnittliche Sparsumme im Massengeschäft[84].

Betrachtet man die bisherigen Zinsempfehlungen der Spitzenverbände der Banken, so bestanden diese mit Ausnahme der Jahre 1968 und 1973/1974 vor allem für Spareinlagen mit gesetzlicher und 12monatiger Kün-

---

81 Vgl. *H.-J. Krümmel,* Bankzinsen, S. 261.

82 Vgl. *V. Chick,* The Theory of Monetary Policy, London 1973, S. 91 ff.; *J. A. Kregel,* The Reconstruction of Political Economy — An Introduction to Post-Keynesian Economics, 2. Aufl., London und Basingstoke 1975, S. 167: „Access to financial markets and information are associated with the level of income. Thus savings from low incomes will be held primarily in cash or fixed interest earning assets such as desposit accounts or national savings schemes ...“

83 Vgl. hierzu auch *Bericht des Bundeskartellamtes* 1976, S. 91.

84 Vgl. *R. Loof,* S. 127 ff.

digungsfrist; die jüngsten Empfehlungen seit 1975 betreffen allein Spareinlagen mit gesetzlicher Kündigungsfrist. Vor allem also Kunden des Massengeschäfts — Kreditnehmer und Sparer — gewährleisten eine große Zinsmarge. Die Kunden, deren Schutz durch die Bankenregulierung erklärtermaßen bezweckt ist, haben wesentlichen Anteil an der Rentabilitätssicherung der Banken, vor deren Insolvenz sie geschützt werden sollen. Der Schutz durch Einlagensicherungsfonds ist insofern keine Kompensation für die mit großen Zinsmargen verbundenen distributiven Wirkungen, wie Banken auch die ihnen infolge der Sicherung von Einlagen bis zu einem bestimmten Limit entstehenden Kosten wiederum — wie dargelegt — über die Zinsmarge überwälzen.

Die Blockierung des Mißbrauchsverfahrens bei Habenzinsempfehlungen wird seitens der Fachministerien auch damit gerechtfertigt, daß durch Habenzinsempfehlungen eine Unterstützung der Bundesbankpolitik[85] zu erwarten sei. Diese Argumentation ist jedoch, um dies nochmals zu betonen, aus grundsätzlichen ordnungspolitischen Erwägungen fragwürdig, weil die Beteiligung einer Branche, als Medium und Träger wirtschaftspolitischer Maßnahmen, nur durch Einräumung irgendwelcher Privilegien sicherzustellen ist, welche notwendigerweise irgendwen, also vermutlich Außenseiter und/oder die Marktgegenseite diskriminieren. Eine Branche dürfte nämlich nur dann wirtschaftspolitische Aufgaben übernehmen wollen, wenn *gleichzeitig* privatwirtschaftliche Zielsetzungen erfüllt werden können. Offene Kompensationszahlungen für eine Unterstützung der Bundesbankpolitik mit Kosten für die Banken wären m. E. vorzuziehen, weil sie exakt quantifiziert werden müssen und eher die Offenlegung der Bemessungsgrundlage erzwingen als unbestimmte Privilegien. Über etwaige Kosten der Kreditwirtschaft infolge geldpolitischer Maßnahmen ist indes bisher empirisch nichts bekannt, so daß man vorläufig folgern muß, ihre privatwirtschaftlichen Zielsetzungen könnten — trotz derartiger Maßnahmen und möglicherweise wegen bestehender Privilegien — im wesentlichen uneingeschränkt realisiert werden.

---

[85] Zur geldpolitischen Konzeption der Bundesbank, in der der Instrumentvariable (Soll-)Zinssatz immer noch eine große Wirkung zugeschrieben wird, vgl. vor allem die laufenden Geschäftsberichte, insbesondere für die Jahre 1973, 1975 und 1976. Aus diesen Berichten geht im vorliegenden Zusammenhang jedoch nur hervor, daß die Bundesbank den Kosten der Geldbeschaffung der Banken einige Bedeutung beimißt, ferner die Zentralbankgeldmenge, als monetären Indikator, anderen Geldmengenabgrenzungen (M 1, M 2, M 3; vgl. *Deutsche Bundesbank*, Geschäftsbericht für das Jahr 1975, S. 12) vorzieht. Vgl. auch als Selbstdarstellung der geänderten geldpolitischen Konzeption der Bundesbank *H. Schlesinger*, Die Geldpolitik der Deutschen Bundesbank 1967—1977, in: Kredit und Kapital, 11. Jg. (1978), S. 22 ff.; *ders.*, Neuere Erfahrungen der Geldpolitik in der Bundesrepublik Deutschland, ebd., 9. Jg. (1976), S. 443 ff.

Konkret ging es 1975 geldpolitisch um eine Senkung der Habenzinssätze. Wie dieselbe wirken sollte, kann man nur vermuten. Die zinstheoretischen Grundlagen einer so betriebenen Geldpolitik sind jedenfalls umstritten[86]. Wollte die Bundesbank ihre Politik der wiederholten Senkung des Diskont- und Lombardzinses dadurch erleichtern, daß die Geldbeschaffungskosten der Banken abnahmen? In diesem Fall hätten Habenzinsempfehlungen vor allem für Spareinlagen mit gesetzlicher Kündigungsfrist eine distributive Wirkung, die einseitig Sparer mit diesen Einlagen, also in der Regel Bezieher kleiner Einkommen, durch entgangene Zinserträge, d. h. durch Einkommenstransfers zugunsten der Banken, belastet. Derartige Wirkungen der Geldpolitik auf die Einkommensverteilung werden allerdings gewöhnlich nicht berücksichtigt[87].

3.4. Zusammenfassung

Mit der Konkretisierung, Spezifizierung und Interpretation der Handlungsbeschränkungen und -möglichkeiten der relevanten Akteure — Banken(verbände), Kunden, regulierender Staat — ist die Bestandsaufnahme der gesetzlichen Bestimmungen, institutionellen Ausgestaltung und herkömmlichen ökonomischen Begründungen des Regelungskomplexes Kartell- und Fachaufsicht abgeschlossen und der Rahmen für positiv-analytische Erklärungen abgesteckt. Auf die Skizze der in dieser Arbeit interessierenden ungelösten Probleme der Geldverfassung sei als Charakterisierung dieses Rahmens rückverwiesen (Abschnitt 2.4.); inwiefern läßt sie sich vor dem Hintergrund des vorstehenden Abschnittes 3. ergänzen?

Die in Abschnitt 2.2.4. als Folge der Zinsliberalisierung und der faktischen Bedeutungslosigkeit des § 23 KWG vermutete Aufwertung des Kartellprivilegs der Banken im Rahmen der Ausnahmebereichsregelung bestätigt sich tendenziell, auch wenn das Kartell nicht durch Verträge oder Beschlüsse, sondern in einer weniger straffen Form durch Verbandsempfehlungen organisiert ist. Der Übergang von der staatlichen Zinsverordnung zur privatwirtschaftlichen Marktordnung erweist sich — trotz aller gegenteiligen Beteuerungen der dadurch bedingten Wettbewerbsverschärfungen und trotz aller guten Absichten der Kartellaufsicht — im nachhinein als so unproblematisch, daß staatliche Regulie-

[86] Vgl. z. B. *V. Chick*, S. 15 ff.; *E. L. Furness*, An Introduction to Financial Economics, London 1972, S. 169 ff.

[87] Vgl. *J. A. Kregel*, S. 167: „It is one of the great deficiencies of the analysis of the effects of monetary policy that it seldom looks at how monetary policy may effect income distribution, usually assuming that all individuals are affected equally and the distribution of income not at all.“ Davon könne jedoch wegen unterschiedlicher Anlagen, die von der Einkommenshöhe abhängen, nicht ausgegangen werden. Siehe auch *V. Chick*, S. 145 ff.

rung (Zinsverordnung) und Selbstverwaltung der Wirtschaft als äquifunktional bezeichnet werden könnten.

Typisches Erscheinungsbild der Ausnahmebereiche wäre dann nicht so sehr die Parallelität hoheitlicher und privatrechtlicher Wettbewerbsbeschränkungen — so Immenga[88] —, sondern eher die Austauschbarkeit derselben. Hierfür gibt es einen weiteren Beleg: die Ablösung der privatrechtlichen Bankenkartelle der 20er Jahre durch die Einführung der hoheitlichen Bankenregulierung durch Notverordnungen und das KWG von 1934. Diese „Substitutionsvorgänge" in der Organisationsform des Wettbewerbs der Banken sind, wie es scheint, das Besondere des Bankenwettbewerbs, auf das in traditionellen ökonomischen Begründungen zur Sonderstellung der Banken nicht Bezug genommen wird. Bankenkonzentration, Bankenkartelle, Bankenregulierungen, privatwirtschaftliche Marktordnung durch Verbandsempfehlungen sind aber, systemtheoretisch ausgedrückt, alternative Ergebnisse von Interaktionen zwischen den Banken, als einem offenen System, und Veränderungen in der Umgebung dieses Systems, mithin organisationsmäßige Anpassungen der Banken an Veränderungen, die aus langfristig zunehmend komplexen System-Umgebungsbeziehungen zu erklären sind.

Vor allem diese These soll im folgenden, zusammen mit den angedeuteten distributiven Wirkungen der Bankenregulierung bzw. des dadurch eröffneten Freistellungsspielraumes für Banken und deren Verbände, näher untersucht werden, weil sich zeigen wird, daß allgemeine wettbewerbstheoretische Begründungen von Ausnahmebereichsregelungen nicht zu überzeugenden Ereignissen führen.

---

[88] Vgl. *U. Immenga*, Die wettbewerbspolitischen Ausnahmebereiche ..., S. 155.

4. Wettbewerbstheorie, Neue politische Ökonomie, Systemtheorie: alternative Ansätze einer Erklärung von Bankenverhalten und Bankenregulierung

4.1. Einführung

Versucht man ein vorläufiges Fazit aus den bisherigen Ausführungen zu ziehen, so kommt man zu scheinbar widersprüchlichen Feststellungen: (1) Die Sonderstellung der Banken beruht auf einem vagen Gesetzeskompromiß, der zwar von der herrschenden Rechtsauffassung akzeptiert, von einer Minderheit aber bestritten wird und für den sich in der einschlägigen ökonomischen Literatur allenfalls ad hoc Begründungen finden lassen, die nicht verallgemeinert werden können oder die einer näheren Überprüfung nicht standhalten; (2) die Sonderstellung der Banken eröffnet diesen aufgrund jenes Gesetzeskompromisses Handlungsspielräume für Wettbewerbs- und Marktbeschränkungen, durch die ihre Rentabilität erhöht und gesichert und — soweit feststellbar — tendenziell kleine und mittlere Privatbanken sowie Kunden ohne Verhandlungsmacht im Massengeschäft diskriminiert werden. So unklar m. a. W. die Rechtslage und deren üblicherweise angeführte ökonomische Begründungen sein mögen, so klar scheint das daraus resultierende Verhaltensmuster der Banken zu sein.

Die bisherigen Ergebnisse legen es nahe, die Sonderstellung der Banken nicht als vermeintlich selbstverständliche Prämisse zu akzeptieren, mit der bestimmte „außerökonomische" Rechtsnormen für bankenregulierende Maßnahmen korrespondieren, sondern statt dessen zu fragen, warum gerade Banken „... eine volkswirtschaftliche Sonderstellung *für sich* in Anspruch (nehmen), in der die Probleme nicht gegeneinander, sondern miteinander gelöst werden"[1]. Als nämlich die Banken, als Reaktion auf die Weltwirtschaftskrise, einer Fachaufsicht unterworfen wurden, die an die Stelle des Kartells der Privatbanken und der Vereinbarungen zwischen diesen sowie denen des Genossenschafts- und Sparkassensektors trat und die in ihren Grundzügen bis heute erhalten blieb, gab es rund 2000 weitere Kartelle in anderen Wirtschaftszweigen, für die offensichtlich keine Fachaufsicht eingeführt wurde[2]. Warum später

[1] Vgl. *Bericht der Bundesregierung* über die Ausnahmebereiche ..., Tz. 69, S. 21; Hervorhebung nicht im Original, d. Verf.

dann, im Gefolge der ordoliberalen „Grundsatzentscheidung“ für eine Soziale Marktwirtschaft[3], gerade auch Banken in eine der Ausnahmebereichsregelungen des GWB einbezogen wurden, wird in der Literatur, wie gesagt, nicht geklärt.

Mit der angedeuteten Erweiterung der Fragestellung wird zum einen der Blick stärker auf die von der Regulierung direkt betroffenen Akteure gelenkt, zum anderen eine Lücke zu schließen versucht, die in der einschlägigen ökonomischen Literatur zum Bankenwettbewerb — aber auch in der herrschenden ökonomischen Theorie ganz allgemein — kaum beachtet wird. Hierzu formuliert Rothschild: „Statt die Macht- und Einflußrelationen zu untersuchen, die zwischen dem Staatsapparat und anderen Machtzentren bestehen und die den Bewegungsspielraum für staatliche Eingriffe in das ökonomische Geschehen abstecken, wird der Staat als eine über Interessen und Klassen schwebende Instanz gesehen, der man beliebige Instrumente und Strategien zur Bereinigung ‚rein ökonomischer Sachprobleme‘ vorschlagen kann[4].“ Der Bewegungsspielraum für bankenregulierende Eingriffe etwa — so ließ sich zeigen — ist nicht vorgegeben, sondern wird im tagespolitischen Geschehen zwischen den Fach- und Kartellaufsichtsbehörden, den übergeordneten Bundesministerien sowie den Spitzenverbänden der Banken festgelegt; auch der Erlaß der gesetzlichen Normen für die Bankenregulierung selbst entspringt nur vordergründig dem Vorschlag von Instrumenten und Strategien zur Lösung „rein ökonomischer Sachprobleme“[5].

Die Auflösung der vermeintlichen Prämisse „Sonderstellung der Banken“ und die Endogenisierung von „Macht- und Einflußrelationen ... zwischen dem Staatsapparat und anderen Machtzentren“ (Rothschild) erscheint notwendig, will man eine allgemein gültige Erklärung für Regulierungen finden. Denn, wie Loevinger mit Recht meint: „Above

[2] Die Zahl der Kartelle stieg 1905 bis 1930 von 395 auf über 2000. Vgl. die Übersicht von *U. K. Reuter*, Erfahrungen mit staatlicher Kartellpolitik in Deutschland von 1900 bis 1964, Diss. St. Gallen 1966, Zürich 1967, S. 139.

[3] Vgl. hierzu ausführlicher *H. Riese*, Ordnungsidee und Ordnungspolitik ..., S. 24 ff. Obwohl sich der Ordoliberalismus u. a. auch richtete „... gegen den punktuellen Interventionismus des kapitalistischen Staates, der in der Weltwirtschaftskrise und in den faschistischen Diktaturen seinen Höhepunkt erreichte ...“ (ebd., S. 27), knüpft die Ausnahmebereichsregelung eng an Regelungen der Fachaufsicht aus dieser Zeit an, die im wesentlichen beibehalten wurden.

[4] Vgl. *K. W. Rothschild*, Macht: Die Lücke in der Preistheorie, in: Macht und ökonomisches Gesetz, Hrsg.: H. K. Schneider und Chr. Watrin, Schriften des Vereins für Socialpolitik, N. F., Bd. 74 II, Berlin 1973, S. 1102. Rothschilds Beitrag blieb, wie die Diskussion (ebd., S. 1112 ff.) zeigt, nicht ohne Widerspruch. Siehe auch als repräsentativ für die von Rothschild angegriffene, herrschende ökonomische Theorie *E. Sohmen*, Machttheorie oder Preistheorie, in: Macht und ökonomisches Gesetz, S. 1137 ff. (Diskussion S. 1154 ff.).

[5] Vgl. zu dieser Problematik auch bereits *G. Myrdal*, Das Zweck-Mittel-Denken in der Nationalökonomie, in Zeitschrift für Nationalökonomie, Bd. 4 (1933), S. 326 f.

all, we lack any standard or means for making even an intuitive judgement as to whether or not regulation in a particular area is wise or unwise, or as to whether there will be greater public harm done by leaving an economic area to the imperfections of the market rather than to the inadequacies of the regulatory process[6]." Während es für das Konstrukt „Wettbewerb" einen ausgefeilten theoretischen Kontext gebe, innerhalb dessen es seine Bedeutung gewinnt, fehle für das Konstrukt „Regulierung" ein solcher. Einigkeit bestehe lediglich darüber, daß „Regulation ... usually implies control of an economic area through orders directed to named or specified enterprises by an administrative agency with limited delegated authority"[7]. Eine allgemeine Erklärung für Regulierungen sei zudem erforderlich, weil — übereinstimmend mit den Befunden der voranstehenden Kapitel: „The regulative administrative agencies have been largely *ad hoc* responses to economic problems and political pressures. They all have fundamental similarities in structure and mandate. But there is no evident underlying concept or theory[8]."

In den folgenden Ausführungen werden alternative Ansätze zur Erklärung von Bankenverhalten und Bankenregulierung vorgestellt und überprüft. Die wichtigsten Ergebnisse sind:

— Die an frühere amerikanische wettbewerbstheoretische Beiträge anknüpfende Kontroverse zwischen Hoppmann und Tolksdorf um die Begründung von Ausnahmebereichen führt zu keiner Einigung; es werden unterschiedliche Kriterien nur für die Identifikation von Ausnahmebereichen vorgeschlagen, unterschiedliche Testverfahren (Mustervoraussage bzw. Performance-Test), denen jeweils bestreitbare Annahmen zugrundeliegen. Der theoretische Kontext des Konstrukts Regulierung (deren Durchsetzung, Umfang, Ausgestaltung, Wirkung) wird nicht weiter behandelt, so daß die Kontroverse auch keine übertragbaren Aussagen über Bankenverhalten und Bankenregulierung liefert.

— Als Variante der Neuen politischen Ökonomie ist die Theorie der Regulierung anzusehen, deren zentrale Hypothese, die Produzentenschutz-Hypothese, zutreffend Bankenregulierung sowie dadurch zugelassene Markt- und Wettbewerbsbeschränkungen der Banken(verbände) beschreibt. Die Einführung hoheitlicher neben privaten Eingriffen in die Gewerbefreiheit der Banken (s. Abschnitte 2. und 3.) bedingt zwar zusätzliche Beschränkungen der Gewinnmöglichkeiten der Banken, läßt aber die Einflußlosigkeit der Bankenkunden ohne

[6] Vgl. *L. Loevinger*, Regulation and Competition as Alternatives, in: The Antitrust Bulletin, Vol. 11 (1966), S. 116.

[7] *Ebd.*, S. 105.

[8] *Ebd.*, S. 111.

Verhandlungsmacht bestehen. Reformen der Bankenregulierung zur Verbesserung der Position kleinerer Banken und der der Marktgegenseite sind aus der Theorie der Regulierung nicht abzuleiten: Diese beschreibt den status quo und begründet, welche Distributionswirkungen bestehende und neue Regulierungsmaßnahmen haben.

— Mit Hilfe der Theorie offener Systeme lassen sich Bankenkonzentration, -kartellierung, -krise und -regulierung als ein *Kontinuum von Anpassungen* des Verhaltens der Banken und ihrer Verbände an eine zunehmend komplexe Umgebung interpretieren. Im Rahmen dieser Theorie ist — als Umkehrung und Erweiterung der bisher in diesem Kapitel vorgestellten Erklärungsansätze — der theoretische Kontext des Konstrukts Regulierung zu entwickeln: als — gegenüber früheren gruppenspezifischen Absprachen der Sparkassen und Genossenschaftsbanken und Kartellen der Privatbanken — umfassendere Möglichkeit für Banken und deren Verbände, sich der unpersönlichen Autorität des Marktes zu entziehen und dadurch die Unsicherheit zu reduzieren, die aus Reaktionen von Mittbewerbern und Außenseitern sowie aus dynamischen Entwicklungen in der Umgebung resultiert. Die Lösung, die Institutionalisierung komplexer Organisationsmechanismen in Form der Bankenregulierung, ist gleichwohl weiterhin — wie zuvor die Lösung durch Absprachen und Kartelle — labil, so daß Bankenkrisen wie die von 1931 für die Zukunft nicht ohne weiteres auszuschließen sind.

4.2. Wettbewerbstheoretische Begründung von Ausnahmebereichen: Ergebnisse der Kontroverse zwischen Hoppmann und Tolksdorf

In der deutschsprachigen Literatur kam es zu einer Kontroverse zwischen Hoppmann und Tolksdorf um die allgemeine Begründung von Ausnahmebereichen, die an Arbeiten von Hoppmann aus den 60er Jahren anknüpft und von Tolksdorf 1969 eröffnet wird. Hoppmann seinerseits beruft sich auf Arbeiten von Edwards, Kaysen und Turner[9]. Eine Auseinandersetzung mit den tatsächlichen Regelungen der Ausnahmebereiche des GWB erfolgt nicht, so daß die Kontroverse nicht von vornherein Gefahr läuft, ad hoc Begründungen, irgendwelche „Besonderheiten“ eines Wirtschaftszweiges, umstandslos zu übernehmen.

Trotz mehrerer Durchgänge führt die Diskussion zu keiner Einigung. Methodologische Aspekte werden in den späteren Beiträgen vor allem

---

[9] Es handelt sich um *C. D. Edwards*, Maintaining Competition — Requisites of a Government Policy, New York usw. 1949, insbes. S. 249 ff. sowie um *C. Kaysen* und *D. F. Turner*, Antitrust Policy — An Economic and Legal Analysis (1959), 2. Aufl., Cambridge (Mass.) 1965, insbes. S. 189 ff.

von Hoppmann zunehmend in den Vordergrund gerückt, das Ausgangsproblem, die allgemeine ökonomische Begründung von Ausnahmebereichen, bleibt ungelöst.

4.2.1. Voraussage eines allgemeinen Musters vs. Ergebnistest

Hoppmann tritt in seinen Schriften, das ist vorauszuschicken, für einen i. S. der klassischen Nationalökonomen freien, durch Marktmacht nicht beschränkten Wettbewerb auf beiden Marktseiten ein. Ziel der Wettbewerbspolitik sei deshalb die weitestgehende Beseitigung von Wettbewerbsbeschränkungen[10]. Dieses Ziel könne nicht erreicht werden, wenn natürliche und politische Wettbewerbsbeschränkungen vorlägen. Erstere konstituierten: (a) einen „echten Ausnahmebereich", wenn z. B. die optimale Betriebsgröße ein Monopol erfordere, der Wettbewerb grundsätzlich also nicht funktionsfähig (nicht möglich) sei; (b) einen „unechten Ausnahmebereich", wenn der Wettbewerb zwar grundsätzlich funktionsfähig sei, aber wegen nicht erkannter Interessenargumente „Ausnahmeregelungen ohne wettbewerbspolitisch zureichende Gründe eingerichtet" würden. Letztere konstituierten einen politischen Ausnahmebereich, wenn aus politischen Gründen die Auswirkungen des an sich funktionsfähigen Wettbewerbs durch eine Ausnahmebereichsregelung vermieden würden[11].

Vehement betont Hoppmann immer wieder die Überlegenheit von Marktprozeß-Definitionen des funktionsfähigen Wettbewerbs; konsequenterweise fordert er daher Tests, die sich aus Marktstruktur- und Marktverhaltensnormen zusammensetzen[12]. Marktergebnistests (Performance-Tests) dagegen lehnt er strikt ab, da mit ihnen Wettbewerb für beliebige interventionistische Ziele instrumentalisiert werden könne[13].

---

[10] Vgl. *E. Hoppmann*, Wettbewerb als Norm der Wettbewerbspolitik, in: Ordo, Bd. 18 (1967), S. 83 f.

[11] *Ders.*, Workable Competition als wettbewerbspolitisches Konzept, S. 172 ff. und 195; *ders.*, Zum Schutzobjekt des GWB. Zur Abgrenzung der Wettbewerbsbeschränkungen von Marktunvollkommenheiten s. auch *ders.*, Marktmacht und Wettbewerb, Recht und Staat in Geschichte und Gegenwart, Vorträge, H. 471, Tübingen 1977, S. 13 f.

[12] Vgl. z. B. *ders.*, Workable Competition als wettbewerbspolitisches Konzept, S. 166 f.

[13] Vgl. *ders.*, „Neue Wettbewerbspolitik" ... Außer den bereits angeführten grundlegenden Arbeiten von Myrdal und Riese vgl. als kritische Auseinandersetzung mit Hoppmanns „altliberaler" Grundposition *J. Gotthold*, Kritische Anmerkungen zum heutigen neoliberalen Konzept von Wettbewerbsfreiheit und Fusionsverbot, in: Wettbewerb in Recht und Praxis, 11/1974, S. 602 ff. *E. Hoppmann* (—, Zum Schutzobjekt des GWB, S. 77) zitiert zwar Myrdal, aber bezeichnenderweise nicht dessen Kritik an der Ausblendung bzw. allenfalls impliziten Behandlung von Distributionsfragen; vgl. *G. Myrdal*, Das politische Element..., S. 177.

Um naheliegenden und zutreffenden Einwänden[14] gegen eine statische Interpretation des von Hoppmann gemeinten Marktprozesses zuvorzukommen, sei angemerkt, was er immer wieder betont und im Verlauf der Kontroverse mit Tolksdorf auch bekräftigt: „Weil Marktstruktur, Marktverhalten und Marktperformance zirkulär miteinander verknüpft sind, bewegt sich der Komplex aus Struktur-, Verhaltens- und Performance-Phänomenen, die zusammen ein Muster bilden, als gesamtheitlicher Marktprozeß durch die historische Zeit." Diese Gesamtheit sei ein „komplexes Phänomen" (i. S. Hayeks), so daß Performance-Normen gar nicht isoliert betrachtet werden könnten. Und daher: „Zur Begründung oder Motivierung einer politischen Entscheidung über die Zuweisung eines Bereichs an ‚Ausnahmebereiche' genügt eine Mustervoraussage, sei es über ökonomische oder nicht-ökonomische Sachverhalte[15]." Mustervoraussagen betreffen demnach den gesamten Markt*prozeß*, Performance-Tests allein dessen *Ergebnis*.

Die Kontroverse selbst wird von Tolksdorf 1969 eröffnet, indem er Hoppmanns „neoklassische Wettbewerbskonzeption" mit „dem" Workable-Competition-Konzept konfrontiert und der Frage nachgeht, welche Entscheidungskriterien — speziell welcher Test der Marktstruktur, des Marktverhaltens oder Marktergebnisses — für eine wettbewerbspolitische Ausnahmebereichsregelung heranzuziehen seien[16].

Bezüglich der echten Ausnahmebereiche stellt Tolksdorf zunächst heraus, „... daß nicht eine (von Hoppmann nicht präzisierte) ‚Unmöglichkeit' des Wettbewerbs ein ‚natürliches Monopol' schuf und damit Wettbewerbsverzicht erzwang, sondern das mehr oder weniger schlechte Marktergebnis, das sich bei freiem Wettbewerb einstellt bzw. das man in der Vergangenheit beobachtet hatte und auch zukünftig erwartete. Somit ist die Kluft zwischen Workable-Competition-Konzept und neoklassischer Wettbewerbstheorie gar nicht mehr so unüberbrückbar weit ..."[17].

Hoppmann definiere aber von vornherein die Dilemmathese (Konflikt zwischen Wettbewerbsfreiheit und guten ökonomischen Ergeb-

---

[14] Vgl. zu diesen auch *E. Kaufer*.

[15] Vgl. *E. Hoppmann*, Noch einmal zur ökonomischen Begründung von Ausnahmebereichen — Eine Bemerkung über konkurrierende Ansätze der Wettbewerbspolitik, in: Jahrbücher für Nationalökonomie und Statistik, Bd. 188 (1974), S. 263 und 265. Der Untertitel dieses Beitrages deutet auf den Kern der Kontroverse hin, für die die Frage der Begründung von Ausnahmebereichen anscheinend ein Aufhänger ist.

[16] Vgl. *M. Tolksdorf*, Hoppmanns neoklassische Wettbewerbstheorie als Grundlage der Wettbewerbspolitik, in: Jahrbücher für Nationalökonomie und Statistik, Bd. 183 (1969), S. 61 ff. — Daß man von „dem" Workable-Competition-Konzept nicht sprechen kann, wird z. B. belegt durch die Aufsätze in: Das Konzept der „Workable Competition" in der angelsächsischen Literatur. Es handelt sich durchweg um beinahe klassische, ältere Beiträge.

[17] Vgl. *M. Tolksdorf*, Hoppmanns ..., S. 67.

nissen) durch folgende Tautologie weg: „Der freie Wettbewerb bringt ein gutes Ergebnis im Wettbewerbsbereich, weil er ein gutes Ergebnis bringt (wenn nicht, dann wäre es ja ein Ausnahmebereich). Im Ausnahmebereich dagegen bringt der freie Wettbewerb ein schlechtes Ergebnis, und weil er ein schlechtes Ergebnis bringt, ist es ein Ausnahmebereich[18]." Hoppmanns Verzicht auf den Marktergebnistest, der allein ökonomische Kriterien liefere, berge die Gefahr einer „Inflationierung der Ausnahmebereichsbesetzung", so daß die neoklassische Wettbewerbstheorie „Grundlage einer ‚Antiwettbewerbspolitik' werden" könne[19]. Schließlich blieben Hoppmanns Klassifizierungen der Ausnahmebereiche (speziell das Verhältnis zwischen natürlichen und politischen) sowie die These von der „Unmöglichkeit des Wettbewerbs" bei natürlichen (echten) Wettbewerbsbeschränkungen unklar[20].

Hoppmann präzisiert seinen Standpunkt erst 1973 und weist zugleich Tolksdorfs Kritik zurück, insbesondere den geäußerten Tautologieverdacht[21]. Ausführlich wird auf die Frage des für Ausnahmebereiche adäquaten Tests eingegangen und im Ergebnis postuliert: „Die zur Entscheidung der Frage, ob ein bestimmter Bereich ‚Ausnahmebereich' sein soll, anzuwendende Prüfung erfordert ... keinen ‚konkreten Performance-Test' in jedem Einzelfall. Sie benötigt eine ‚allgemeine Voraussage' aufgrund allgemeiner Bedingungen des betreffenden Bereichs (Voraussage eines allgemeinen Musters)[22]."

---

18 *Ebd.*, S. 68.

19 *Ebd.*, S. 70.

20 *Ebd.*, S. 64 f.

21 Vgl. *E. Hoppmann*, Zur ökonomischen Begründung von Ausnahmebereichen — Zugleich eine Bemerkung zum Diskussionsbeitrag von M. Tolksdorf „Hoppmanns neoklassische Wettbewerbstheorie als Grundlage der Wettbewerbspolitik", in: Jahrbücher für Nationalökonomie und Statistik, Bd. 187 (1973), S. 161 ff. — Um den Tautologieverdacht geht es auch *D. Schmittchen*, Wider den Vorwurf, das neoklassische Wettbewerbskonzept sei tautologisch: Eine Antikritik aus wissenschaftslogischer und markttheoretischer Sicht, in: Jahrbücher für Nationalökonomie und Statistik, Vol. 191 (1977), S. 428 ff. Der Verfasser konstatiert ebenfalls die „Resultatlosigkeit" der Kontroverse zwischen Hoppmann und Tolksdorf, klammert die Frage des relevanten Tests (ebd., S. 430) aber aus: „Diese von Hoppmann in die Kontroverse eingebrachte Unterscheidung dürfte in dieser mehr Probleme aufwerfen als lösen. Es spricht nämlich einiges dafür, daß auch die von ihm als ‚allgemeine Voraussage eines Musters' bezeichnete Voraussage eine ‚Einzel-Voraussage' darstellt ... lediglich auf einem höheren Abstraktionsniveau, als es gemeinhin Einzel-Voraussagen anstreben."

22 Vgl. *E. Hoppmann*, Zur ökonomischen Begründung ..., S. 163. Der Rekurs auf Edwards sowie Kaysen und Turner (ebd., S. 164 f.) ist nichtssagend, sofern das Zustandekommen der Gesetze für Ausnahmebereichsregelungen nicht erklärt wird.

4.2.2. Kritik der Operationalität und Heuristik des von Hoppmann übernommenen Forschungsansatzes Hayeks

Die Unterscheidung jener Voraussagen durch Hoppmann fußt auf Hayeks Arbeit „The Theory of Complex Phenomena" (ursprünglich 1961)[23]. Über den erwähnten Einwand Schmittchens hinaus ist die Operationalität und Heuristik von Muster-Voraussagen — so wie sie Hayek und Hoppmann verwenden — allerdings durchaus in Frage zu stellen. Graf[24] charakterisiert v. Hayeks Forschungsansatz damit, dieser wolle „... zu solchen Modellen oder ‚ready made patterns of significant relationships' ... kommen, die mit *tatsächlichen* ‚Ganzheiten' korrespondieren, solchen, die *tatsächliche* Strukturen wiedergeben, die ‚als ein Ganzes gewisse allgemeine oder abstrakte Züge besitz(en), die unabhängig von den speziellen Daten immer wieder erscheinen ...'"[25].

Problematisch an derartigen Modellen ist die Anforderung, sie sollten für Strukturen gelten, die *invariant* über die Zeit bestehen und daher ein allgemeines Verursachungsmuster haben: „Der Sachverhalt ist der, daß bei der Erforschung komplexer Phänomene die allgemeinen Muster alles sind, was für solche *dauerhaften* Ganzheiten charakteristisch ist, die den Hauptgegenstand unseres Interesses bilden, denn

[23] Vgl. *F. A. Hayek,* Die Theorie komplexer Phänomene, Walter-Eucken-Institut, Vorträge und Aufsätze, Nr. 36, Tübingen 1972. Bei *E. Hoppmann* (Zur ökonomischen Begründung ..., S. 163) ist eine Muster-Voraussage: „Die Voraussage eines allgemeinen ‚Musters', das sich unter gewissen allgemeinen Bedingungen einstellt (pattern prediction). Es handelt sich um eine ‚allgemeine Aussage' über das Auftreten ökonomischer bzw. sozialer Strukturen. Derartige Voraussagen sind falsifizierbar, es handelt sich um die Anwendung echter theoretischer Sätze im erfahrungswissenschaftlichen Sinn." In der zweiten Erwiderung auf Tolksdorf (*E. Hoppmann,* Noch einmal ..., S. 259 f.) geht Hoppmann weiter und spricht von „Aussagen mit empirisch-informativem Gehalt ..., die aus erfahrungswissenschaftlichen Gesetzen oder Gesetzmäßigkeiten, d. h. aus nomologischen Hypothesen abgeleitet werden und empirisch, d. h. intersubjektiv überprüfbar sind". — *F. A. Hayek* (—, Die Theorie ..., S. 17) ist bei Muster-Voraussagen in Strukturen mit hohem Komplexitätsgrad, z. B. also in gesellschaftlichen Strukturen, dagegen wesentlich vorsichtiger und räumt ein, daß der empirische Gehalt gering und somit die Möglichkeit der Falsifikation eben auch gering sei. — Zur Frage der Konditionierung nomologischer Hypothesen sowie zur Prüfungs- und Bewährungsproblematik vgl. im übrigen z. B. *H. Albert,* Der Gesetzesbegriff im ökonomischen Denken, in: Macht und ökonomisches Gesetz, Hrsg.: H.-K. Schneider und Chr. Watrin, Schriften des Vereins für Socialpolitik, N. F., Bd. 74/I, Berlin 1973, S. 135 f.; *J. Frank,* Kritische Ökonomie — Einführung in Grundsätze und Kontroversen wirtschaftswissenschaftlicher Theoriebildung, Reinbek bei Hamburg 1976, insbes. S. 40 ff. Siehe auch als lesenswerten neueren, u. a. Hayek rezipierenden Beitrag *J. Röpke,* Die Strategie der Innovation — Eine systemtheoretische Untersuchung der Interaktion von Individuum, Organisation und Markt im Neuerungsprozeß, Tübingen 1977.

[24] Vgl. *H.-G. Graf,* „Muster-Voraussagen" und „Erklärungen des Prinzips" bei F. A. von Hayek — Eine methodologische Analyse, Walter-Eucken-Institut, Vorträge und Aufsätze, H. 65, Tübingen 1978.

[25] Vgl. *H.-G. Graf,* S. 101.

es gibt eine Anzahl *beständiger* Strukturen, die lediglich das allgemeine Muster gemeinsam haben und sonst nichts[26]." Es ist nun aber fraglich, ob invariante Strukturen und damit invariante Verursachungsmuster für komplexe sozialwissenschaftliche Phänomene existieren.

Das Marktsystem etwa, als ein solches komplexes Phänomen, das in seinen „abstraktere(n) Charakteristika" ein allgemeines Muster aufweise[27], müßte irgendwelche Mechanismen besitzen, die die Invarianz der Struktur und des Verursachungsmusters erhalten. So stellt Graf denn auch fest, es liege nahe, „... solche Erklärungsmuster zu konstruieren und zu prüfen, die Aussagen über mögliche homöostatische Mechanismen enthalten"[28]. Das homöostatische Prinzip würde — durch negative Rückkoppelungseffekte — zwar die Invarianz der Struktur und des Verursachungsmusters bewahren; aber es ist nicht ausgeschlossen, daß auch positive Rückkopplungseffekte auftreten. Aus dem Zusammenspiel beider Arten von Effekten ergibt sich die tatsächliche Entwicklung des Marktsystems, der Struktur und des Verursachungsmusters, — und diese Entwicklung kann die Struktur des Marktsystems verändern und damit ein anderes Verursachungsmuster entstehen lassen[29]. Die Interdependenzen (input-output-Beziehungen) zwischen sozialwissenschaftlich relevanten Systemen und deren Umgebung werden — wie solche zwischen biologischen Systemen und deren Umgebung[30] — eben nicht beständig durch negative Rückkopplungseffekte gebremst; positive Rückkopplungseffekte mögen *kumulative* Prozesse auslösen, die auch der Gleichgewichtsidee klassischer ökonomischer Modelle widersprechen, von denen Hayek und — daran anknüpfend — Hoppmann ausgehen. — Was ein Markt ist, läßt sich somit nicht einfach definitorisch setzen; wie sich die Akteure auf einem Markt verhalten, hängt von den jeweiligen Umgebungsvoraussetzungen ab.

---

26 Vgl. *F. A. v. Hayek*, Die Theorie ..., S. 28 f. und 14 f. Hervorhebung nicht im Original, d. Verf.

27 So *H.-G. Graf*, S. 102.

28 *Ebd.*, S. 106. Vgl. auch *D. Katz* und *R. L. Kahn*, Common Characteristics of Open Systems (1966), in: Systems Thinking, Hrsg.: F. E. Emery, Penguin Modern Management Readings, 6. Aufl., Harmondsworth 1976, S. 96. Zu homöostatischen Prozessen wird angeführt: „The general principle here is that of Le Chatelier ... who maintains that any internal or external factor making for disruption of the system is countered by forces which restore the system as closely as possible to its previous state."

29 Vgl. hierzu *A. Rapoport*, Conflict in Man-made Environment, Harmondsworth 1974, Kap. 7, insbes. S. 74: „The principle of mutually reinforcing interactions (of cultural items: of material, behavioral, ‚mental' items; d. Verf.) is the direct *antithesis* of the steady-state-preserving principle of homeostasis" (Hervorhebung nicht im Original, d. Verf.).

30 Die Analogie zwischen biologischen und sozialwissenschaftlichen, evolutorischen Prozessen — so anscheinend *F. A. v. Hayek*, Die Theorie ..., S. 21 ff. — ist zwar bis zu einem bestimmten Grad zulässig (vgl. hierzu *A. Rapoport*, S. 64 ff.); aber in *beiden* Prozessen mögen positive Rückkopplungseffekte auftreten, die eben zu berücksichtigen wären.

Die Operationalität und Heuristik von Muster-Voraussagen soll hier also nicht grundsätzlich bestritten werden, sondern nur der reduktionistische Gebrauch, den Hayek und Hoppmann davon machen. Hayeks Forschungsansatz, auf den sich Hoppmann beruft, ist der Theorie offener Systeme zuzuordnen. Sofern diese alternative Umgebungen mit zunehmender Komplexität analysiert, können die „Kontaktstellen" zwischen dem System und dessen Umgebung nicht ohne weiteres als „Daten" behandelt werden[31]; die input-output-Beziehungen zwischen System und Umgebung sind dann nicht ohne weiteres invariant, was wiederum Veränderungen im System, etwa im Verhalten der verschiedenen Akteure auf einem Markt, hervorruft. Deren Handlungsbeschränkungen und -möglichkeiten sind unter diesen — m. E. realistischen — Annahmen eben nicht konstant und grundsätzlich gleich, Wettbewerb mithin nicht ohne weiteres ein „nicht autoritär organisiertes Kontroll- bzw. Koordinationssystem"[32]. — Hierauf ist zurückzukommen.

4.2.3. Politische Entscheidung vs. ökonomische Begründung dynamisches vs. statisches Wettbewerbskonzept

Weil sich nun aber Hoppmann von Zweifeln über Voraussetzungen und Heuristik der Muster-Voraussagen, wie sie bei Graf anklingen und von Rapoport bestätigt werden, nicht irritieren läßt, überrascht es, wenn er in seiner Erwiderung auf Tolksdorf zur Klassifizierung der Ausnahmebereiche umstandslos feststellt: „Ausnahmebereiche sind immer Ergebnis politischer Entscheidung. — Ob ein Gesetzgeber, wenn er einen Bereich unter Ausnahmeregelung stellt, sich an ökonomischen Kriterien orientiert, betrifft lediglich die Motivation, sagt aber nichts über den von ihm angelegten Maßstab (Test; d. Verf.) aus. Die Bezeichnung ,wirtschaftspolitische Naturschutzgebiete' (E. Tuchtfeld) deutet allerdings darauf hin, daß ökonomische Motivationen sich nicht am Maßstab ,besserer' Performance zu orientieren pflegen[33]." — Politische Entscheidungen über „wirtschaftspolitische Naturschutzgebiete" dürften sich gewöhnlich allerdings auch nicht an den Ergebnissen von Muster-Voraussagen orientieren.

---

[31] Vgl. dagegen *F. A. v. Hayek*, Die Theorie . . ., S. 14.

[32] Vgl. *E. Hoppmann*, Zum Schutzobjekt . . ., S. 94. Als Kritik sei nochmals hingewiesen auf die Arbeiten Myrdals und Rieses. *J. Röpke* (insbes. S. 355 ff. und S. 359 f.) ist zwar in seiner Kritik an der Neoklassik zuzustimmen, jedoch überschätzt er die Leistungsfähigkeit des Markt-, Geld- und Preissystems in der Herstellung und Erhaltung „einer sozialen Homöostase", d. h. eines gesamtwirtschaftlichen Systemzustandes, den bei A. Smith die „unsichtbare Hand" herstellt und erhält. Hierauf ist zurückzukommen (siehe Abschnitt 4.4. und 5.3.).

[33] Vgl. *E. Hoppmann*, Zur ökonomischen Begründung von Ausnahmebereichen . . ., S. 166.

Sieht man von nachgeschobenen methodologischen Feinheiten ab[34], so geht es Hoppmann letztlich um die Frage, „... wie ein systemkonformes Wettbewerbskonzept formuliert werden kann, nicht jedoch politische Argumente für Wirtschaftszweige zu liefern, die unter Naturschutz gestellt werden möchten“[35]. Dabei handele es sich um ein Wettbewerbskonzept im Sinne der Klassiker, um einen dynamischen und historischen Prozeß („neoklassisches Konzept des funktionsfähigen Wettbewerbs“), nicht aber — wie bei Tolksdorf — um die Verwendung von „Ceteris-Paribus-Reduktionsmodellen“ (i. S. der neoklassischen Preistheorie), die wegen ihrer statischen Betrachtungsweise gar keine wettbewerbstheoretischen Aussagen zuließen. Hoppmann ist in der Betonung dynamischer und historischer Aspekte des Wettbewerbsprozesses durchaus zuzustimmen[36]. Er führt zur Charakterisierung der kontroversen Positionen weiter an: Während das „neoklassische Konzept des funktionsfähigen Wettbewerbs“ ein normatives Wettbewerbskonzept darstelle, liefere die neoklassische Preistheorie „ein normatives Konzept staatlicher Mikro-Steuerung“ (Vorgabe von Performance-Normen für eine Politik des „Marktformeninterventionismus“)[37].

Derartige Präzisierungen mögen wechselseitige Mißverständnisse in der Kontroverse beseitigen; sie helfen in der Ausgangsfrage, der allgemeinen Begründung von Ausnahmebereichen, aber nicht weiter, weil sie nur innerhalb des jeweiligen Wettbewerbskonzepts verständlich bleiben und auf zirkulären Argumentationen beruhen. Da anscheinend außerdem die formale Anwendung des jeweiligen Wettbewerbskonzepts Vorrang vor der sozialökonomischen Relevanz des implizierten Forschungsansatzes hat, weist die Kontroverse zwischen Hoppmann und Tolksdorf darüber hinaus auch scholastische Züge auf[38]. Was an Fragestellungen und Erklärungen fehlt, wird indes deutlicher.

Die Kontroverse endet wie das Hornberger Schießen. Niemand hätte Grund, Hoppmanns Betonung der Prozeßhaftigkeit des Wettbewerbs zu widersprechen[39]. Ob sich politische Entscheidungen über Ausnahmebereiche aber überhaupt nach Muster-Voraussagen richten können, ist zu bestreiten; ob politische Entscheidungen über die Einrichtung von

---

[34] Vgl. auch *ders.*, Noch einmal ..., S. 259.

[35] *Ders.*, Zur ökonomischen Begründung ..., S. 167.

[36] Siehe auch *E. Kaufer.*

[37] Vgl. *E. Hoppmann,* Zur ökonomischen Begründung ..., S. 168; *ders.*, „Neue Wettbewerbspolitik“ ..., S. 397 ff.

[38] Vgl. zur Scholastizierung der ökonomischen Theorie *H. Riese,* Politische Ökonomie oder mathematische Scholastik?, in: Zeitschrift für Wirtschafts- und Sozialwissenschaften, 3/1975, S. 195.

[39] Siehe auch *E. Kaufer.* Zur Verengung der Fragestellung und „Denkmethodik“ der klassischen Nationalökonomen durch die neoklassische Theorie vgl. auch *W. Hofmann,* Das Elend der Nationalökonomie, in: ders., Universität, Ideologie, Gesellschaft — Beiträge zur Wissenschaftssoziologie (1968), 6. Aufl., Frankfurt/M. 1972, S. 117 ff.

Ausnahmebereichen, als „wirtschaftspolitische Naturschutzgebiete" (Tuchtfeld), nicht weiter ökonomisch zu untersuchen sind, ist ebenfalls zu bestreiten. Tolksdorf ist durchaus darin zuzustimmen, ein Verzicht auf *jegliche* ökonomische Begründung führe dazu, daß bereits bloße Vermutungen genügten, um einen Wettbewerbsbereich in einen Ausnahmebereich zu überführen[40]. Nur sind die von ihm vorgeschlagenen Ergebnistests nicht wertfrei, da — abgesehen von den bereits geäußerten Bedenken Hoppmanns — die Festlegung der zu messenden Größe bereits Werturteile impliziert, die auf das Meßergebnis durchschlagen[41].

4.2.4. Folgerungen für Bankenverhalten und Bankenregulierung

Beiden Autoren ist vorzuhalten, daß sowohl eine Muster-Voraussage als auch ein Ergebnis-Test invariante Verursachungszusammenhänge voraussetzen, soll die Entscheidung über die Einrichtung eines Ausnahmebereiches auch unverändert gelten. Wie aber wäre ein Ausnahmebereich weiter zu begründen, wenn sich infolge irgendwelcher Einflüsse die betreffenden Märkte (Marktstruktur, -verhalten, -ergebnis) selbst und/oder die Rahmenbedingungen derselben verändern[42]? In welchen zeitlichen Abständen sollen — wenn überhaupt — jene Voraussetzungen oder Tests wiederholt werden? Können Ausnahmebereiche auch wieder in Wettbewerbsbereiche umgewandelt werden? — Diese Fragen bleiben bei Hoppmann und Tolksdorf offen; sie mögen rhetorisch klingen, belegen jedoch die Resultatlosigkeit der Kontroverse.

Beiden Autoren ist ferner vorzuhalten, daß sie „Macht- und Einflußrelationen ... zwischen dem Staatsapparat und anderen Machtzentren" (Rothschild) nicht näher untersuchen und ihre Argumentation insoweit eine Lücke aufweist. Sowohl bei Hoppmann als auch Tolksdorf wird eben nicht berücksichtigt, für wen die Organisation von Ausnahmebereichen von Vorteil ist (der Verbleib des betreffenden Wirtschafts-

---

[40] *M. Tolksdorf*, Zur ökonomischen Begründung von Ausnahmebereichen — Bemerkungen zu E. Hoppmanns Erwiderung, in: Jahrbücher für Nationalökonomie und Statistik, Bd. 187 (1973), S. 547.

[41] Vgl. *W. J. Samuels*, Normative Premises in Regulatory Theory, in: Journal of Post-Keynesian Economics, 1/1978, S. 102: „A key point is that the definition of output is inherently normative; it gives effect to certain interests and not others and foreshadows the conduct and results of efficiency analysis. Output refers to a wide range of possible performance categories and may be defined from a number of different points of view — say, social, consumptive, and productive (or, alternatively, from the viewpoint of the national treasury, the national income accounts, and various immediate participants)." Ähnlich bereits *G. Myrdal*, Das politische ...

[42] Vgl. *K. W. Rothschild*, Introduction, S. 16. Daß sich durch Markt- und Wettbewerbsbeschränkungen der Banken(verbände) die Rahmenbedingungen ändern können, wurde in Abschnitt 3.3.1. bereits angeführt.

zweiges im „Wettbewerbsbereich“ also mit zu hohen Alternativkosten verbunden wäre) und für wen sie möglicherweise von Nachteil ist, d. h. wer letztlich Nachfrage nach Ausnahmebereichsregelungen entfaltet und ein entsprechendes Angebot seitens des gesetzgebenden und regulierenden Staates hervorrufen kann, obwohl mit dem Widerstand der Benachteiligten zu rechnen ist[43].

Angenommen aber, beide Autoren kämen, wenn auch aus verschiedenen Gründen zu dem Ergebnis, für Banken sei eine Ausnahmebereichsregelung vertretbar, so wird dennoch die in den voranstehenden Kapiteln dargelegte Problematik nicht gelöst, die sich aus dem ungeklärten Nebeneinander notwendiger hoheitlicher Eingriffe in die Gewerbefreiheit der Banken und daneben möglicher privatautonomer Markt- und Wettbewerbsbeschränkungen ergibt. Beide Autoren leiten nämlich — aus bestimmten Konstrukten des Wettbewerbs — nur Kriterien für die Identifikation von Ausnahmebereichen ab, nicht aber solche für eine Regulierung des Bankenverhaltens in einer modernen Geldwirtschaft, konkret: des Verhaltens der hierzulande vorherrschenden Universalbanken, die u. a. die Geldversorgung beeinflussen. Weiterhin fehlt eine auch auf Banken in einer modernen Geldwirtschaft anwendbare Theorie der Regulierung, eine Theorie der Durchsetzung, des Umfangs, der Ausgestaltung und der Wirkung der Regulierung. — Beide Autoren versperren sich mit ihrem jeweiligen Konstrukt des Wettbewerbs somit den Zugang zur Analyse alternativer Markt- und Wettbewerbsbeschränkungen, alternativer Organisationsformen eines Ausnahmebereiches, alternativer Wirkungen desselben usw., allgemein also zur Analyse alternativer — je Akteur bzw. Gruppe von Akteuren unterschiedlicher und variabler — Handlungsbeschränkungen und -möglichkeiten der Banken(verbände), Kunden und des regulierenden Staates.

4.3. Eine Variante der Neuen politischen Ökonomie: Theorie der ökonomischen Regulierung

Unter der Bezeichnung „theory of regulation“ oder auch „theory of economic regulation“ werden seit Beginn der 70er Jahre in der amerikanischen Literatur Erklärungsansätze diskutiert, die nach einem Übersichtsartikel von Posner in sehr allgemeiner Weise staatliche Inter-

[43] Vgl. *W. J. Samuels,* Interrelations between Legal and Economic Processes, in: Journal of Law and Economics, Vol. 14 (1971), S. 442: „The legal system (Government law) is not something given and external to the economic-making process. Rather, since government is a mode through which relative rights and therefore relative market (income securing) status is given effect, the critical question is *who* uses government for *what* ends.“

ventionen und Regulierungen behandeln[44]. Daß unter diese Erklärungsansätze ein sehr breites Spektrum staatlicher Interventionen und Regulierungen subsumiert werden kann, ist vorerst als Vorzug anzusehen, wenn man daneben die vielfältigen ad-hoc-Hypothesen betrachtet, die in der deutschen und der herkömmlichen englischsprachigen Literatur speziell für die hier interessierenden Maßnahmen im Rahmen der Fachaufsicht und für Ausnahmebereichsregelungen vorgebracht werden. Wegen der breiten Fragestellung in den Theorien der Regulierung ist eine Antwort darauf zu erwarten, warum ein Wirtschaftszweig *gegenüber anderen* durch Fachaufsicht und Ausnahmebereichsregelung eine Sonderstellung erhält.

Die Theorien der Regulierung verbinden das Instrumentarium der Neuen politischen Ökonomie des kollektiven Handelns (auch Ökonomische Theorie der Politik, „Public Choice“[45]) mit Beiträgen zur Antitrustpolitik ebenso wie mit solchen zur Bereitstellung bestimmter öffentlicher Güter und zur konkreten Ausgestaltung der Regulierung von Marktstruktur, -verhalten und -ergebnis in verschiedenen Branchen. In diesen Theorien wird also — wie in der Neuen politischen Ökonomie — das Datum Politik aufzulösen und insofern eine für Distributionswirkungen wichtige Lücke in der herrschenden ökonomischen Theorie bzw. deren Kernstück, der Preistheorie, zu schließen versucht[46]; in ihnen werden — wie in einigen Beiträgen zur Neuen politischen Ökonomie und entgegen der herrschenden ökonomischen Theorie — auch ansatzweise institutionelle Aspekte berücksichtigt.

---

[44] Vgl. *R. A. Posner*, Theories of Economic Regulation, in: The Bell Journal of Economics and Management Science, Vol. 5 (1974), S. 335 ff. Posner kommt zu dem Ergebnis, keine der von ihm vorgestellten Theorien enthalte bereits hinreichend spezifizierte und empirisch testbare Hypothesen (ebd., S. 356). *S. Peltzman* (—, Toward a More General Theory of Regulation, in: Journal of Law and Economics, Vol. 19/1976, S. 240) spricht von seinem Beitrag als Entwurf einer Forschungsstrategie, deren Implementation noch ausstehe. Hierzulande werden diese Erklärungsansätze vereinzelt, wenn auch mit Vorbehalten aufgegriffen: Vgl. *I. Vogelsang*, Ein Erklärungsansatz für staatliche Eingriffe in die Energiewirtschaft mit Hilfe einer positiven Theorie der Regulierung, Referat zur Arbeitstagung der Gesellschaft für Wirtschafts- und Sozialwissenschaften (Verein für Socialpolitik), Arbeitstagung Hamburg 1978. Siehe als erste umfassende Monographie auch *J. Müller* und *I. Vogelsang*, Staatliche Regulierung, Baden-Baden 1979.

[45] Vgl. *B. S. Frey*, Entwicklung und Stand der Neuen Politischen Ökonomie, in: Politische Ökonomie des Wohlfahrtsstaates — Eine kritische Darstellung der Neuen Politischen Ökonomie, Hrsg.: H. P. Widmaier, Frankfurt 1974, S. 30. Dieser Band enthält eine repräsentative Auswahl von Beiträgen. Siehe auch *P. Bernholz*, Grundlagen der Politischen Ökonomie, Bd. 1 und 2, Tübingen 1972 und 1975.

[46] Vgl. ausführlicher Politische Ökonomie des Wohlfahrtsstaates . . .; *P. Bernholz*, Bd. 1, S. 2. und 14 ff. Siehe auch *K. W. Rothschild*, Macht: Die Lücke in der Preistheorie, S. 1100.

Die Theorie der Regulierung umfaßt mehrere Ansätze (Hypothesen). Jordan[47] unterscheidet insbesondere zwei, die zur Erklärung von staatlichen Interventionen und Regulierungen herangezogen werden: Die Konsumentenschutz-Hypothese (bei Posner allgemeiner gefaßt als Gemeinwohl-Hypothese[48]) und die Produzentenschutz-Hypothese. Besondere Beachtung fand stets die erstgenannte Hypothese; sie wurde häufig — eben auch hierzulande in den amtlichen Begründungen zur Bankenregulierung — angeführt; dennoch wird inzwischen die letztgenannte Hypothese als überlegen angesehen, wie im folgenden zu zeigen ist.

4.3.1. Die Gemeinwohl- oder Konsumentenschutz-Hypothese

Nach der Konsumentenschutz-Hypothese beschränken — so z. B. Jordan — die mit der Regulierung eines Wirtschaftszweiges betrauten Behörden den Markteinfluß solcher Unternehmen, die das Gemeinwohl im paretianischen Sinn verringern. Die Eingriffe erfolgen also mit dem Ziel, Preisdiskriminierungen, Qualitätsverschlechterungen, überhöhte Gewinne usw. zu vermeiden, um so Marktergebnisse durchzusetzen, die denen des vollständigen Wettbewerbs entsprechen[49]. Die Konsumentenschutz- oder Gemeinwohl-Hypothese unterstellt also „inefficient or inequitable market practices"[50] als ausreichende Begründung für Interventionen und Regulierungen, die Marktversagen mit allokativen und distributiven Wirkungen im Interesse der Allgemeinheit oder zumindest der Konsumenten korrigieren[51]. Eingriffe erfolgen gleichsam automa-

[47] Vgl. *W. A. Jordan,* Producer Protection, Prior Market Structure and the Effects of Government Regulation, in: Journal of Law and Economics, Vol. 15 (1972), S. 152 f.

[48] Vgl. *R. A. Posner,* S. 335 f.

[49] Vgl. *W. A. Jordan,* S. 152. Entsprechend verlangt *C. D. Edwards,* S. 258: „... that restrictive regulation of any particular group should originate in a desire by the community to make that group serve the public interest, not in the group's desire to use the power of the community (durch Regulierungen, d. Verf.) to serve that group's own interest at the expense of others ..." Edwards (S. 251) warnt zugleich davor, eine Ausdehnung der staatlichen Interventionen und Regulierungen könne dazu führen, daß „... government will become the agent of controlled groups und cease to speak consistently for the public". Wo die Grenze liegt oder wie der Staat instrumentalisiert wird, beschäftigt Edwards nicht. — *E. Hoppmann* (—, Zur Begründung ..., S. 166) bemerkt sehr richtig, daß die „rein ökonomische Perspektive" der unterstellten Wettbewerbsmodelle eine meistens wohlfahrtsökonomisch begründete Gemeinwohlauffassung impliziere. Siehe auch *J. Müller* und *I. Vogelsang,* S. 31 ff.

[50] Vgl. *S. Peltzman,* S. 212; *R. A. Posner,* S. 336.

[51] Vgl. auch *C. Kaysen* und *D. F. Turner,* S. 189 ff.; *A. Phillips,* Introduction, S. 2 ff. Phillips bezieht sich auf die grundlegende Arbeit von *F. M. Bator,* The Anatomy of Market Failure (1958), in: Readings in Microeconomics, Hrsg.: W. Breit und H. M. Hochman, 2. Aufl., Hinsdale (Ill.) 1971, S. 518 ff. Bator betont allerdings, was eben nicht beachtet wird, daß er innerhalb eines (axiomatisch und methodisch beschränkten) stationären Modells argumentiert:

tisch und vor allem kostenlos. Interventionen und Regulierungen erscheinen so als freies Gut.

In zweierlei Hinsicht liegen empirische Belege zur Regulierung von Wirtschaftszweigen in den USA vor, die der Gemeinwohl- oder Konsumentenschutz-Hypothese widersprechen: (1) Es wurde gezeigt, daß Regulierungen nicht klar auf externe Ersparnisse oder Kosten oder auf monopoloide Marktstrukturen in den betroffenen Branchen, d. h. auf Marktversagensphänomene zurückführbar sind; (2) Fallstudien führten ferner zu dem Ergebnis, daß eine Reihe von Regulierungen nicht dadurch zu erklären sind, daß „... they increase the wealth or, by any widely accepted standard of equity or fairness, the justice of the society“[52].

Angesichts dieses Diskussionsstandes können solche Gesetzesmaterialien, offiziellen Begründungen und Gesetzesnormen nicht ohne weiteres akzeptiert werden, in denen Formulierungen i. S. der Gemeinwohl- oder Konsumentenschutz-Hypothese Verwendung finden. So stellt Jordan durchaus nicht ohne Anlaß fest: „Those who point to the wording of legislation as ample evidence of the role of regulation in the economy should be careful to differentiate between the *avowed* purpose and the *actual effects* of regulation. Obviously, while the avowed aim of such legislation may be to cause an industry to perform in a manner more closely approaching the competitive ideal, its actual result may be to organize or maintain a cartel through the use of the procedures and power of the regulatory commission, and by providing exemptions from antitrust laws[53].“

Im übrigen wird von Vertretern der Gemeinwohl- oder Konsumentenschutz-Hypothese kein Mechanismus angegeben, der die „Nachfrage“ der Allgemeinheit oder der Konsumenten nach staatlichen Interventionen und Regulierungen in Gesetzesmaßnahmen transformiert bzw. dafür sorgt, daß derartige Gesetze dann — annahmegemäß von Sachwaltern überindividueller Interessen (uneigennützigen Regulierungsbehörden mit ihren Spezialisten) — i. S. dieser Hypothese durchgeführt werden[54].

„Many things in the real world violate such correspondence (zwischen den strengen Annahmen und der Lösung i. S. von Pareto-Effizienz, d. Verf.): imperfect information, inertia and resistance to change, the infeasability of costless lump-sum taxes, businessmen's desire for a ‚quiet life‘, uncertainty and inconsistent expectations, the vagaries of aggregate demand, etc.“ (ebd., S. 518 f.).

[52] Vgl. *R. A. Posner*, S. 337. Siehe auch *G. J. Stigler*, The Citizen and the State — Essays on Regulation, Chicago und London 1975; *J. Müller* und *I. Vogelsang*, S. 101 f. und für eine Zusammenstellung der Belege S. 121 ff. sowie *W. A. Jordan*. Indes sind empirische Belege dieser Art oft durch implizite Werturteile vorstrukturiert; vgl. *W. J. Samuels*, Normative Premises in Regulatory Theory, S. 100 ff.

[53] Vgl. *W. A. Jordan*, S. 155.

4.3.2. Die Produzentenschutz-Hypothese

Als einfachste Version der Produzentenschutz-Hypothese wird in der Theorie der Regulierung vertreten[55], die regulierte Branche instrumentalisiere („capture") die eingreifende Behörde für ihre eigenen Ziele, realisiere dadurch höhere Preise, setze Preisdiskriminierungen, Beschränkungen des Marktzutritts durch usw., vor allem dann, wenn es sich um Branchen mit mächtigen Unternehmen handelt. Gegen diese Version läßt sich u. a. einwenden, es werde nicht begründet: (1) Warum die Marktgegenseite der betreffenden Branche die Regulierung nicht unterbindet; (2) warum mehrere Branchen der gleichen Regulierung unterworfen sein können bzw. warum sich eine Gruppe (ein Unternehmen) einer Branche durchsetzen kann, wenn sich innerhalb dieser Branche mehrere Gruppen (Unternehmen) mit heterogenen Interessen befinden; (3) warum schließlich auch Branchen mit vielen kleinen und mittleren Unternehmen (z. B. Landwirtschaft) einer Regulierung unterworfen werden. — Die Produzentenschutz-Hypothese ist demnach differenzierter zu formulieren. Beiträge hierzu gehen auf einen Aufsatz Stiglers[56] zurück, der im folgenden zunächst behandelt wird, weil sich das verallgemeinernde Modell Peltzmans[57] eng darauf bezieht.

4.3.2.1. Politische Koalitionen und staatliche Regulierung I — Stiglers Grundmodell

Stiglers Version der Produzentenschutz-Hypothese läßt sich als eine Theorie der optimalen Größe erfolgreicher politischer Koalitionen bezeichnen, die in ein allgemeines Modell des politischen Entscheidungsprozesses eingefügt ist. Die Optimierung hängt wesentlich von dem Verhältnis zwischen der Koalitionsgröße und den Kosten der Instrumentalisierung des politischen Entscheidungsprozesses für die Koalitionsziele ab[58]. Diese Charakterisierung ist zu erläutern.

Stigler geht davon aus, ein Staat verfüge hauptsächlich über vier regulierende Instrumente („resources", „commodities"), um deren Einsatz Koalitionen konkurrieren, weil dadurch ihre Gewinne steigen[59]:

---

[54] Vgl. *R. A. Posner*, S. 340; *S. Peltzman*, S. 212; *G. J. Stigler*, Can Regulatory Agencies Protect the Consumer? (1971), in: ders., The Citizen and the State . . ., S. 187.

[55] Vgl. hierzu und zum folgenden die Belege bei *R. A. Posner*, S. 341 f.

[56] Vgl. *G. J. Stigler*, The Theory of Economic Regulation, in: The Bell Journal of Economics and Management Science, Vol. 2 (1971), S. 3 ff.

[57] Vgl. *S. Peltzman*.

[58] *Ebd.*, S. 212. Um Verwechslungen zu vermeiden, wird im folgenden mit Koalition die Interessengruppe bezeichnet, die aus der Regulierung Vorteile (Vermögenstransfer) zieht, und mit Opposition jene, die durch Steuerabgaben diese Vorteile ermöglicht.

(1) Direkte Geldsubventionen

Allerdings werde dieses Instrument nur eingesetzt, wenn — je nach Bemessungsgrundlage — der Marktzutritt für neue Anbieter oder für Tochterunternehmen begrenzt sowie die Angebotselastizität der Branche klein bleibt.

(2) Einfluß auf den Marktzutritt

Gegenüber den vielfältigen, wenn auch schwierig durchzuführenden und zu kontrollierenden Maßnahmen, durch bestimmte Preise, vertikale Absprachen, Parallelverhalten usw. neue Konkurrenten von oligopolistischen Märkten fernzuhalten[60], sei es wesentlich wirkungsvoller, den Marktzutritt von einer Bedürfnisprüfung abhängig zu machen. Stigler spricht sogar von der allgemeinen Hypothese, daß „... every industry or occupation that has enough political power to utilize the state will seek to control entry. In addition, the regulatory policy will often be so fashioned as to retard the rate of growth of new firms“[61].

(3) Einfluß auf Substitutions- und Komplementärgüter

(4) Einfluß auf Preise

Der Einsatz dieses Instruments werde im Falle zahlreicher Unternehmen einer Branche verstärkt „nachgefragt“; das gelte auch für die Aufrechterhaltung von Marktspaltungen und Preisdiskriminierungen.

Sieht man von den direkten — aber nach Stigler unwahrscheinlichen[62] — Geldsubventionen ab, so handelt es sich bei den übrigen Instrumenten um solche, die auch von Kartellen selbst, d. h. ohne staatliche Unterstützung, eingesetzt werden könnten. Wird statt dessen eine staatliche Regulierung gefordert, dann — so Stigler — deshalb, weil: „The State has one basic resource which in pure principle is not shared with even the mightiest of its citizens: the power to coerce[63].“ Stiglers Revision

[59] Vgl. *G. J. Stigler*, The Theory of Economic Regulation, S. 4 ff. Erfolgreiche Koalitionen haben somit implizit das Recht, Nicht-Mitglieder zu besteuern.

[60] *S. Peltzman* (S. 223 f.) verallgemeinert deshalb: „*Either* naturally monopolistic or naturally competitive industries are more politically attractive to regulate than an oligopolistic hybrid.“ — Zu vermuten ist allerdings, daß die Außenseiterproblematik oder aber Organisationskosten bei den beiden zuerst genannten Marktformen die Produzenten zur Einschaltung des Staates veranlassen und dieser in der zuletzt genannten Marktform nicht eingeschaltet wird, weil bereits private Markt- und Wettbewerbsbeschränkungen realisiert werden.

[61] Vgl. *G. J. Stigler*, The Theory of Economic Regulation, S. 5.

[62] So auch *S. Peltzman*, S. 213 f. Vgl. aber auch *J.-L. Migué*, Controls versus Subsidies in the Economic Theory of Regulation, in: Journal of Law and Economics, Vol. 20 (1977), S. 213 ff.

[63] Vgl. *G. J. Stigler*, The Theory of Economic Regulation, S. 4.

der Gemeinwohl- oder Konsumentenschutz-Hypothese weist insofern in eine Richtung, wie sie Begriffe wie Produzentensouveränität (Galbraith) oder Mythos der Konsumentensouveränität (Mishan)[64] andeuten. Kartelltheoretische Überlegungen werden auf politische Koalitionen *von Produzenten* übertragen, wobei die Kontrollen zur Sicherung des wirtschaftlichen Erfolges, also der Koalitionsdisziplin und des Schutzes vor Außenseiter- und Substitutionskonkurrenz, durch Einschaltung der staatlichen Zwangsgewalt externalisiert sind.

Stigler interessiert sich nun hauptsächlich für die Frage, welche Koalition sich Vorteile verschaffen kann (bzw. welche Opposition dadurch implizit besteuert wird). Entsprechend den Ergebnissen der Neuen politischen Ökonomie dominiert bei Stigler, thesenartig formuliert, die kleine Koalition mit homogenen über die große mit heterogenen Interessen[65].

Die Gruppengröße, bei Stigler die ungewichtete Zahl der Koalitionsmitglieder, wird begrenzt durch ein Kalkül, in dem die erzielbaren Vorteile verglichen werden mit den Informationskosten der Koalition hinsichtlich der zur Abstimmung stehenden Sachverhalte, ferner mit den Kosten der Organisation von Interessen (der Koalition selbst und weiterer, diese unterstützender Stimmen), schließlich den Kosten ihrer repräsentativen Vertretung und der Ausschaltung von Außenseitern[66]. Da die Vorteile je Koalitionsmitglied mit der Koalitionsgröße tendenziell sinken, die verschiedenen Kosten aber tendenziell steigen, läßt sich — so Peltzman — zusammenfassend feststellen: „... Stigler is asserting a law of diminishing returns to group size in politics: beyond some point it becomes counterproductive to dilute the per capita transfer. Since the total transfer is endogenous, there is a corrollary that dimishing returns apply to the transfer as well, due both to the opposition provoked by the transfer and to the demand this opposition exerts on resources to quiet it“[67].

So ähnlich das Kalkül zur Bestimmung der Koalitionsgröße der Kartelltheorie auch ist, gibt es doch Unterschiede; denn Kartelle mögen zwar als politische Koalitionen Regulierungen erlangen, aber nicht alle regulierten Branchen weisen Merkmale auf, die Kartellierungen begünstigen oder überhaupt zuließen. Es gibt also regulierte Branchen, in denen eine Kartellierung der Produzenten als alternative Organisations-

[64] Vgl. hierzu *H. P. Widmaier*, S. 12 ff.

[65] Vgl. zur Charakterisierung auch *S. Peltzman*, S. 212.

[66] Die Analogie dieses Kalküls zur Kartelltheorie betont *R. A. Posner*, S. 344: „Since the effect of typical regulatory devices (entry control, minimum rates, exemption from the antitrust laws) is the same as that of cartelization — to raise prices above competitive levels — the benefit side of cartel theory is clearly relevant. The cost side also seems relevant.“

[67] Vgl. *S. Peltzman*, S. 213.

form nicht gewählt werden kann, weil die Zahl der Koalitionsmitglieder zu groß ist oder die Informations-, Organisations- und Kontrollkosten gegenüber Außenseitern zu hoch sind[68].

Um genau zu klären, in welchen Fällen Regulierungen an Stelle eines Kartells gewählt werden, genügt es allerdings nicht, Kosten-Nutzen-Kalküle unter Berücksichtigung der Gruppengröße und der Verteilung der Interessen anzustellen. Daneben spielen die Zahlen der Beschäftigten in den regulierten Branchen und politisch einflußreiche Konsumenten eine wichtige Rolle. In der vorliegenden Version — so Posner — ist die Theorie der Regulierung nicht so weit entwickelt, daß die ihr zugrundeliegenden Hypothesen ohne weiteres empirisch testbar und spezifische Regulierungen prognostizierbar wären. Aus diesem Diskussionsstand ist jedoch nicht zu folgern, die Revision der Gemeinwohl- oder Konsumentenschutz-Hypothese sei grundsätzlich verfehlt. So stellt Jordan fest[69]: „It is probably incorrect to conclude that the producer-protection hypothesis is the most predictive of all possible hypotheses ... While it does explain much of what is observed, there are aspects of regulation that it appears not to encompass. It does seem correct to conclude, however, that this is a much more useful hypothesis than the consumer-protection hypothesis.“ Allerdings bestehen mannigfaltige Schwierigkeiten, die empirischen Arbeiten zur Erhärtung der Produzentenschutz-Hypothese im Wege stehen. Da Posner diese ausführlich diskutiert, kann hier darauf verzichtet werden[70]. Festzuhalten bleibt als Ergebnis Stiglers, daß er Weiterentwicklungen der Theorie der Regulierung für erforderlich hält, um so auch *Reformen* bestehender Regulierungen erklären und durchsetzen zu können[71].

Kehrt man die Kernaussage der Produzentenschutz-Hypothese Stiglers — „the essential commodity being transacted in the political market is a transfer of wealth, with constituents on the demand side and their political representatives on the supply side“[72] — kritisch gegen diese selbst, so ist zu bezweifeln, ob Reformen tatsächlich zur Disposition stehen (etwa zur Verbesserung des Konsumentenschutzes). A fortiori ist zu bezweifeln, ob Reformen die interpersonellen Vermögenstransfers (die implizite Besteuerung) aufheben. Die Theorie der Regulierung leitet sowohl Vermögenstransfers als auch mit diesen implizit korrespon-

[68] Zu weiteren Annahmen vgl. *G. J. Stigler,* Free Riders and Collective Actions: An Appendix to Theories of Economic Regulation, in: The Bell Journal of Economics and Management Science, Vol. 5 (1974), S. 359 ff.

[69] Vgl. *W. A. Jordan,* S. 176. Siehe auch *J. Müller* und *I. Vogelsang,* S. 113 f. und 119 f.

[70] *R. A. Posner,* S. 350 ff.

[71] Vgl. *G. J. Stigler,* The Theory of Economic Regulation, S. 18; *ders.,* Can Regulatory Agencies Protect the Consumer?

[72] So *S. Peltzman,* S. 212.

dierende Steuern aus rationalem Verhalten ab, das bestimmten Beschränkungen unterliegt: bei Stigler vor allem durch die Kosten der Beeinflussung politischer Entscheidungen. Reformen würden demnach voraussetzen, daß nun die Opposition diejenigen Kosten zur Beeinflussung politischer Entscheidungen aufbringen kann und will, die vormals die Koalition aufwendete — et vice versa. — Bevor dieser Gedanke weiter verfolgt wird, soll jedoch Peltzmans Verallgemeinerung der Produzentenschutz-Hypothese vorgestellt werden.

4.3.2.2. Politische Koalitionen und staatliche Regulierung II — Peltzmans verallgemeinertes Modell

Steht bei Stigler die Frage im Vordergrund, wie die Kosten der Instrumentalisierung politischer Entscheidungen i. S. der Produzentenschutz-Hypothese die Größe der Koalition begrenzen, so leitet Peltzman aus einer vereinfachten und formalisierten Fassung dieses Modells zunächst ab, wie die Einschaltung in den politischen Entscheidungsprozeß auch die Vorteile für die Koalition von Produzenten begrenzt. Hieraus ergeben sich wichtige Implikationen für den Zutritt zum Markt für Regulierungen und für den Einfluß derselben auf die Struktur von Preisen und Mengen[73].

In Peltzmans verallgemeinertem Modell, das im Grunde jeglichen, durch die Steuerhoheit ermöglichten Vermögenstransfer infolge staatlicher Interventionen oder Regulierungen beschreibt, wird die Analogie zum stimmenmaximierenden Politiker i. S. der Neuen politischen Ökonomie besonders deutlich: „The regulator, taken as an equivalent to an elected politician, arbitrates among the interest groups in seeking to maximize his majority — that is, his probability of election or reelection. All the results obtained derive from these simple assumptions. It is remarkable how far they carry us[74].“ Die mit dieser Analogie übernommene Annahme des stimmenmaximierenden Verhaltens ist für konkrete Regulierungen zumindest restriktiv, wenn nicht gar unrealistisch[75].

Die maximale, begünstigte und daher staatliche Interventionen oder Regulierungen unterstützende Koalition ergibt sich aus einem ein-

[73] Vgl. *S. Peltzman,* S. 213. Die Terminologie der neoklassischen Preistheorie wird von Peltzman durchweg verwendet.

[74] So *J. Hirshleifer,* Comment, in: The Journal of Law and Economics, Vol. 19 (1976), S. 241.

[75] Hirshleifer (*ebd.,* S. 242) merkt hierzu berechtigterweise an, daß „... agents on the political scene — bureaucrats, judges, legislators, and elected executives — each bring distinct motivations, authorities, and constraints into the process of political exchange that leads to the final regulatory outcome“. Diese Vielfalt führe eben auch zu Konkurrenz der verschiedenen „regulatory agencies“ untereinander.

fachen Gleichungsansatz, der das wahrscheinliche Abstimmungsverhalten dieser Koalition und der Opposition beschreibt. Determinanten des wahrscheinlichen Abstimmungsverhaltens sind für die Koalition die Nettovorteile aus der Intervention oder Regulierung (Vermögenstransfer minus Kosten der Information, Organisation der Koalition und der Kontrolle oder Ausschaltung von Außenseitern und Teilen der Opposition) und für die Opposition der Steuersatz zur Aufbringung des Vermögenstransfers sowie Kompensationszahlungen („voter education expenditures") seitens der Koalition. Der Steuersatz — bei Peltzman explizit eingeführt — mag einem regulierten Preis, die Besteuerungsgrundlage dem Vermögen oder „typischerweise" einer Konsumentenrente entsprechen. Die Koalition wird durch Abgabe ihrer Stimme und durch Zahlungen an die Opposition tätig. Oppositionelles Abstimmungsverhalten wird durch die Besteuerung hervorgerufen und durch Kompensationszahlungen ausgeschaltet[76].

Aus den notwendigen Bedingungen für eine maximale, die Regierung unterstützende Koalition ergibt sich ein „politisches Gleichgewicht", bei dem der politische Grenzvorteil eines Vermögenstransfers den politischen Grenzkosten der damit verbundenen Besteuerung gleich wird. Da in diesem Gleichgewicht der Steuersatz geringer ist, als es den Interessen der begünstigten Koalition entspräche (der Grenzsteuerertrag ist im Gleichgewicht notwendigerweise *positiv*), folgt — so Peltzman — als „... an important first principle of regulation: even if a single economic interest gets all the benefits of regulation, these must be less than a perfect broker for the group would obtain. The best organized cartel will yield less to the membership if the government organizes it than if it were (could be) organized privately"[77]. Staatliche Regulierungen haben eben ihren Preis in Form zusätzlicher Beschränkungen gegenüber einem privatwirtschaftlichen Kartell, das im Gleichgewicht einen — im Kontext des vorliegenden Modells — Grenzsteuerertrag von null realisieren könnte. Trotz dieser Beschränkung sind die realisierbaren Vorteile durch eine Regulierung größer als die Vorteile eines bloß fiktiven Kartells, dessen Organisation auf privatwirtschaftlicher Basis nicht gelingt; denn hierzu bedarf es der Staatsgewalt.

Aus jenem Prinzip, das unabhängig von der Höhe des Vermögenstransfers und der verschiedenen Kosten gilt, ist die Öffnung des Marktes für Regulierungen, insbesondere die Einbeziehung potenter Mitglieder der Opposition, als wichtige Modifikation gegenüber Stigler, herzu-

[76] Vgl. *S. Peltzman*, S. 215 f.

[77] *Ebd.*, S. 217. *J. Hirshleifer* (S. 244) spricht hier von „... paternalistic regulation! By rounding off some of the rough edges of social interaction, regulation induces ‚altruistic' behavior on the part of the regulated. Perhaps this explains why members of regulated industries always seem to be such awfully nice folks".

leiten[78]. Unter der Annahme, daß sich die Opposition (z. B. infolge heterogener Interessen) dauerhaft spalten läßt, ergibt sich ferner die Möglichkeit, durch Wahl geeigneter, d. h. gespaltener Steuersätze die Opposition weiter zu verringern. Die Steuersätze können im Extremfall dann sogar für einige Mitglieder der Opposition negativ werden, diese also subventionieren. Entsprechend können Mitglieder der begünstigten Koalition im Extremfall auch besteuert werden. Sowohl die begünstigte Koalition als auch die Opposition enthält demnach Gewinner und Verlierer. Veränderungen in der Aufteilung zwischen diesen Gruppen resultieren aus einer „more effective support technology" oder aus einer „more effective opposition technology"; sie werden zusätzlich informationstheoretisch begründet[79].

Peltzman faßt die Formalisierung des Grundmodells von Stigler folgendermaßen zusammen:

„1. With a few ambiguities, the thrust of imperfect information about both the gains and losses of regulatory decisions and of costs of organizing for political favors is to restrict the size of the winning group.

2. But this winning group will not obtain even a gross gain through political action as great as is within the power of the political process to grant it.

3. Moreover, even if groups organize according to an economic interest (producers vs. consumers), political entrepreneurship will produce a coalition which admits members of the losing group into the charmed circle[80]."

Diese Ergebnisse entsprechen durchaus denen der Neuen politischen Ökonomie. Gegenüber Stiglers Grundmodell wird bei Peltzman die Grenze zwischen der begünstigten Koalition und der besteuerten Opposition in beiden Richtungen durchlässiger, wenngleich dieses Ergebnis — partielle Beteiligung an Gewinnen und Kosten — nicht darüber hinwegtäuschen darf, daß die begünstigte Koalition notwendigerweise sehr klein, die besteuerte Opposition notwendigerweise sehr groß ist — und bleibt. Um aus der Opposition in die Koalition überzuwechseln (Extremfall der Steuersatzdiskriminierung), müßten sich die Vermögensverteilung, die Nachfrageelastizität und Steuerreagibilität ändern[81]. Die Einflußlosigkeit der besteuerten Opposition perpetuiert sich also, sofern u. a. die Vermögensverteilung bleibt, wie sie ist.

---

[78] Vgl. *S. Peltzman,* S. 217.

[79] Die informationstheoretische Argumentation läßt darauf schließen, daß Peltzman wesentliche Beiträge der Neuen politischen Ökonomie kennt, wenn er sie auch nicht erwähnt. Vgl. insbesondere *A. Downs.* Vgl. als anscheinend gegensätzliche Einschätzung aber auch *J. Hirshleifer,* S. 241: „... Petzman's analysis seems entirely independent of the literature in the ‚public choice' tradition that has grown from the pioneering work by Downs and by Buchanan and Tullock."

[80] Vgl. *S. Peltzman,* S. 221 f.

[81] Vgl. *ebd.,* S. 219.

4.3.3. Kritische Anmerkungen

Vor dem Hintergrund der Produzentenschutz-Hypothese der Theorie der Regulierung mag die Kontroverse zwischen Hoppmann und Tolksdorf um die Begründung von Ausnahmebereichen als veraltet erscheinen, so als habe der „Revisionismus" in der Analyse staatlicher Regulierungen keinerlei Spuren hinterlassen[82]. Die Kontroverse mag auch deshalb als veraltet erscheinen, weil Ergebnisse der Theorie der Eigentumsrechte nicht einbezogen wurden, innerhalb derer die Theorie der Regulierung einen Spezialfall darstellt[83]. — Wie „neu" ist nun aber die Theorie der Regulierung selbst, wenn man sie auf ihre axiomatischen und methodischen Beschränkungen hin untersucht?

Als Einschränkung der Relevanz der Theorie der Regulierung — wie der der Neuen politischen Ökonomie — ist zunächst anzumerken, daß am neoklassischen Tauschparadigma — ungeachtet der hierzu vorliegenden grundsätzlichen und zutreffenden Kritik — festgehalten wird[84].

Die axiomatischen und methodischen Beschränkungen der herrschenden, neoklassischen ökonomischen Theorie werden in der Theorie der Regulierung nicht revidiert. Peltzmans verallgemeinertes Modell ist hierfür ein deutliches Beispiel. Somit reicht die u. a. von ihm der Theo-

---

[82] Vgl. *S. Peltzman*, S. 211: „The revisionism had its genesis in a growing disenchantment with the usefulness of the traditional role of regulation in economic analysis as a *deus ex machina* which eliminated one or another unfortunate allocative consequence of market failure."

[83] Vgl. *W. J. Samuels*, Normative Premises in Regulatory Theory, S. 105 f.: „To conceive of legal regulation as a technical operation alone only makes implicit the choices that inform and channel regulatory analysis ... But regulation is a functional equivalent of rights; regulation is one mode of the ongoing process of rights articulation and (re)definition; and rights determination is normative both per se and with regard to distributive considerations." Zur Theorie der Eigentumsrechte siehe auch *S. Pejovich*, The Capitalist Corporation and the Socialist Firm — A Study of Comparative Efficiency, in: Schweizerische Zeitschrift für Volkswirtschaft und Statistik, 112. Jg. (1976), S. 1 ff.; *E. G. Furubotn* und *S. Pejovich* (Hrsg.), The Economics of Property Rights, Cambridge (Mass.) 1974; *dies.*, Property Rights and Economic Theory: A Survey of Recent Literature, in: Journal of Economic Literature, Vol. 10 (1972), S. 1137 ff.

[84] Vgl. *J. Frank*, Neue Politische Ökonomie als Kritik der herrschenden Wirtschaftstheorie?, in: Politische Ökonomie des Wohlfahrtsstaates ..., S. 316. Siehe auch *H. P. Widmaier*, Politische Ökonomie des Wohlfahrtsstaates, in: Politische Ökonomie des Wohlfahrtsstaates ..., S. 9 ff. Zur grundsätzlichen Kritik an der Neoklassik vgl. die Beiträge: Seminar Politische Ökonomie — Zur Kritik der herrschenden Nationalökonomie, Hrsg.: W. Vogt, Frankfurt/Main 1973. Siehe auch zur Angemessenheit des neoklassischen Paradigmas *H. Riese*, Politische Ökonomie oder mathematische Scholastik. In neueren wirtschaftshistorischen Arbeiten wird kritisch angemerkt, die neoklassische Theorie vernachlässige es, fundamentale langfristige Veränderungen der Beschränkungen ökonomischer Entscheidungen zur Kenntnis zu nehmen; vgl. als Überblick *D. C. North*, Structure and Performance: The Task of Economic History, in: Journal of Economic Literature, Vol. 16 (1978), S. 963 ff. — Gerade der letztere Einwand ist bedeutsam für die weiteren Überlegungen.

rie der Regulierung zugeschriebene Revision in der Behandlung staatlicher Interventionen und Regulierungen auch nur so weit wie die Revision der Theorie der Wirtschaftspolitik durch die Neue politische Ökonomie: Die Wohlfahrtsfunktion ist nicht mehr vorgegeben; staatliche Aktivitäten erscheinen nicht als deus ex machina, sondern werden aus ökonomischem Kalkül hergeleitet, vor allem dann, wenn „privates" und „öffentliches Interesse" nicht übereinstimmen[85], neben den Allokations- auch Distributionseffekte auftreten usw. Revidiert werden vor allem die Vorstellungen, Interventionen und staatliche Regulierungen erfolgten im Interesse des Gemeinwohls (wie auch immer dieses definiert worden ist) oder zumindest im Interesse der Konsumenten und sie seien wie ein freies Gut zu behandeln.

Die Theorie der ökonomischen Regulierung zeigt also vor allem, daß bei bestimmten Marktformen, beim Monopol oder der Konkurrenz vieler Anbieter, Anreize bestehen und in politische Aktionen umgesetzt werden, um staatlich kontrollierte Wettbewerbs- und Marktbeschränkungen durchzusetzen, die andernfalls, infolge von Außenseitern oder hohen Organisationskosten bei privatwirtschaftlicher Kontrolle, mit höheren Alternativkosten verbunden wären. Das Datum „Politik" wird in der ökonomischen Theorie der Regulierung — wie in der Neuen politischen Ökonomie[86] — jedoch nur sehr begrenzt endogenisiert, weil nur einmalige Entscheidungen bei konstanten Präferenzen analysiert werden; das konzediert auch Peltzman: „This sort of result can hardly illuminate the nature of the underlying power relationships, but that shortcoming is purposeful. In the way I have chosen to model the regulatory process, these power relationships play a role analogous to tastes in consumer choice theory[87]."

Der Erklärungswert der Theorie der Regulierung liegt also vor allem darin, daß der status quo beschrieben wird *und* im Rahmen dieser Theorie erhalten bleibt. Eine Bemerkung Stiglers beleuchtet diesen Punkt sehr deutlich: „The superiority of the traditional defences of the individual — reliance upon his own effort and the power of competition — lie precisely in the characteristics which distinguish them from public regulation. Each of the traditional defences is available and working at all times — self-interest and competition are never passing fads ... *It is of regulation that the consumer must beware*[88]." Denn um einmal ein-

[85] Vgl. zur Abgrenzungsproblematik W. J. *Samuels*, Normative Premises in Regulatory Theory, S. 107 f.

[86] Vgl. J. *Frank*, Neue politische Ökonomie ..., S. 331 ff.

[87] Vgl. S. *Peltzman*, S. 240. Peltzmans Plädoyer dafür, im Rahmen der traditionellen Theorie zu bleiben, wird kritisch aufgenommen von D. C. *North*, S. 965: „But what happens when the regulator's utility function is being altered by rapidly changing power relationships? ... What is missing is any systematic explanation of the direction and rate of change in constraints."

geführte Regulierungen zu ändern, bedürfe es einer politischen Kampagne, deren Durchführung einzelne Konsumenten mit prohibitiven Kosten belaste und deren Erfolg für einzelne Konsumenten keine spürbaren Verbesserungen erbrächte. Darüber hinaus fehlt die explizite Einbeziehung der Kontrolle über regulierende Behörden, damit diese etwaige Änderungen, die für Ziele, Instrumente und Erfolge der Regulierung relevant werden können, wahrnehmen und in ihre Aktivitäten einbeziehen — und nicht nur am status quo festhalten und diesen unter allen Umständen verteidigen.

Die Theorie der Regulierung ist eine neoklassische Variante von Wettbewerbskonzepten, wie sie in klassischer Ausprägung Hoppmann und von Hayek vertreten: Es ist im Grunde eine Theorie gegen *weitere* staatliche Regulierungen. Diese Interpretation der ökonomischen Theorie der Regulierung deutet im übrigen auf ein darin implizit enthaltenes Werturteil hin, das sich im Rahmen dieser Theorie nicht begründen läßt: „Regulation involves choices between alternative rules of the game and between alternative assignments that are *logically prior* to economic analysis. Economics can no more tell us what rules and rights structures should be than what technology and tastes should exist. Thus for the economist to assert the substance of ‚optimal' regulation ... is to assert covertly the rules and right structures and to reach beyond economic analysis to antecedent normative premises as to whose interests should count. The point applies to both regulation and deregution[89]." — Vor diesem Hintergrund erscheint der Anspruch, den die Vertreter der Theorie der Regulierung erheben, nämlich eine „allgemeine" und „positive" Erklärung distributiver und allokativer Wirkungen regulierender Maßnahmen zu liefern[90], nur dann als haltbar, wenn auch die axiomatischen und methodischen Beschränkungen des ihm zugrunde liegenden Tauschparadigmas allgemein akzeptiert und diese zudem als verbindlich für Entscheidungen über jene „rules of the game" (Samuels) angesehen würden. Davon kann grundsätzlich jedoch nicht ausgegangen werden[91].

Trotz dieser, z. T. schwerwiegenden Einwendungen bleibt festzuhalten, was auch als ein Hauptergebnis der Neuen politischen Ökonomie anzusehen ist: Produzenteninteressen haben eine größere Chance auf Durch-

---

[88] Vgl. *G. J. Stigler*, Can Regulatory Agencies Protect the Consumer?, S. 188. Hervorhebung nicht im Original, d. Verf.

[89] Vgl. *W. J. Samuels*, Normative Premises in Regulatory Theory, S. 105.

[90] Vgl. *G. J. Stigler*, The Theory of Economic Regulation, S. 3; *S. Peltzman*, S. 211 f.; siehe auch die kritischen Einwendungen bei *R. A. Posner*.

[91] Vgl. *G. Myrdal*, Das politische Element ..., S. 197 ff.; *J. Hirshleifer*, S. 244. Siehe auch *W. Vogt*, Das ökonomische Gesetz als Macht, in: Macht und ökonomisches Gesetz, Hrsg.: H. K. Schneider und Chr. Watrin, Schriften des Vereins für Socialpolitik, N. F., Bd. 74 II, Berlin 1973, S. 947 ff.

setzung im Prozeß der politischen Meinungsbildung als Konsumenteninteressen; insofern werden Annahmen von Chancengleichheit, wie sie in Wettbewerbskonzepten von Lutz, Hoppmann und v. Hayek gemacht werden, zurecht korrigiert[92].

4.3.4. Folgerungen für Bankenverhalten und Bankenregulierung

Trotz der erwähnten axiomatischen und methodischen Beschränkungen liefert die Theorie der Regulierung einige Ergebnisse, die für die Diskussion der Bankenregulierung hierzulande neue Akzente setzen könnten.

Die Bankenregulierung ist kein freies Gut; ihre Einführung läßt sich ebenso wie ihre Wirkung besser mit der Produzentenschutz- als mit der Konsumentenschutz- bzw. Gemeinwohl-Hypothese beschreiben; die exemplarisch anhand der Habenzinsempfehlungen der Bankenverbände aufgezeigten Wirkungen der Regulierung, d. h. der hierdurch ermöglichte Freistellungsspielraum für privatautonome Markt- und Wettbewerbsbeschränkungen (Abschnitt 3.3.3.) bestätigen diese Beschreibung.

Die Beeinflussung politischer Entscheidungen zur Durchsetzung bankenregulierender Maßnahmen ist mit zusätzlichen Beschränkungen für die Gewinnmöglichkeiten der Banken verbunden: Sie müssen auch Maßnahmen zustimmen, die von der Marktgegenseite und kleineren Wettbewerbsteilnehmern in einem privat organisierten Kartell nicht durchzusetzen sein dürften (z. B. Einschränkung der Gestaltungsfreiheit der Allgemeinen Geschäftsbedingungen; Schutz kleiner und mittlerer Banken); im übrigen werden aber durch regulierende Maßnahmen Gewinnmöglichkeiten erschlossen, die ohne sie infolge der hohen Organisationskosten eines Kartells mit vielen Mitgliedern, d. h. eines Kartells aller Banken, nicht realisierbar wären; insofern lohnt sich die Benutzung der Staatsgewalt durchaus.

Die Einflußlosigkeit vor allem der Bankenkunden ohne Verhandlungsmacht wird von der Bankenregulierung nicht aufgehoben. Etwaige Reformen (s. Abschnitt 2.2.1.) hinsichtlich einer stärkeren Kontrolle der von Banken(verbänden) eingeführten Markt- und Wettbewerbsbeschränkungen sowie einer verbesserten Position der Marktgegenseite wurden in der Tat wirksam verhindert, was sich unter den gemachten Annahmen mit der Produzentenschutz-Hypothese gut interpretieren läßt.

---

[92] Vgl. *A. Downs*, S. 258; siehe außer den in Abschnitt 4.2. angeführten Arbeiten auch *F. A. Hayek*, Die Sprachverwirrung im politischen Denken, in: ders., Freiburger Studien, Tübingen 1969, S. 206 ff.

Es bestehen Anreize, im Schutze der Bankenregulierung solche Markt- und Wettbewerbsbeschränkungen durchzusetzen, die ohne diesen Schutz nicht aufrechtzuerhalten wären: z. B. Marktzutrittsbeschränkungen (hierzulande Bedürfnisprüfung bis 1958; neuerdings der Einlagensicherungsfonds der Privatbanken als faktisches Marktzugangskartell, das von der Fachaufsicht mit Prüfungsunterlagen versorgt wird); Einfluß auf Preise (Zinsverordnungen bis 1967, danach „privatwirtschaftliche Marktordnung" durch Habenzinsempfehlungen).

Die Theorie der Regulierung verbleibt allerdings im theoretischen Kontext des Konstrukts Wettbewerb, auch wenn je Akteur bzw. Gruppe von Akteuren unterschiedliche — im übrigen aber konstante — Handlungsmöglichkeiten und -beschränkungen analysiert werden. Warum hierzulande die Bankenregulierung und nicht die Regulierung anderer seinerzeit bestehender Kartelle eingeführt wurde und was dieses Ereignis mit der Bankenkrise zu tun hat, ist weiter zu untersuchen; dabei werden zunächst Erklärungen aus der Theorie offener Systeme, sodann aus der Geldtheorie herangezogen.

4.4. Eine systemtheoretische Interpretation der Bankenkonzentration, -kartellierung, -krise und -regulierung

4.4.1. Umkehrung und Erweiterung der Fragestellung

Die in den voranstehenden Abschnitten skizzierten und diskutierten Ansätze zu einer allgemeinen Theorie der Regulierung sind in ihrer Axiomatik und Methodik sämtlich vom theoretischen Kontext des klassischen oder neoklassischen Konstrukts „Wettbewerb" her entwickelt worden. Mit diesem Ausgangspunkt, der einseitig bestimmte erklärende *und* normative Züge des Konkurrenzmodells betont, werden von vornherein Fragen von der Behandlung ausgeschlossen, die für die vorliegende Arbeit wichtig sind, wie die Bestandsaufnahme der Abschnitte 2. und 3. zeigt.

War das Konkurrenzmodell zu Zeiten der Klassiker noch „... eine einigermaßen realistische Abstraktion, insbesondere da es darum ging, die bis dahin wissenschaftlich vernachlässigten und in der Realität rasch an Bedeutung gewinnenden ökonomischen Kräfte und Zwänge der Märkte zu analysieren"[93], so ist heutzutage dieses Konkurrenzmodell nur von begrenztem heuristischen Wert, und zwar aus folgendem Grund: „The relevant historical change to which there must now be accomodation is in the nature of the industrial market. The market,

[93] Vgl. *K. W. Rothschild,* Macht: Die Lücke in der Preistheorie, S. 1105.

with the maturing of industrial society and associated political institutions, loses and loses radically its authority as a regulatory force[94]." Man müsse deshalb langfristige Veränderungen in den Beschränkungen ökonomischen Handelns berücksichtigen. Es werde nämlich die unpersönliche Autorität des Marktes durch internalisierte bzw. stabilisierte oder institutionalisierte Spielregeln ersetzt, durch Organisationsmechanismen, um zunehmend Einfluß auf die Höhe und Stabilität der Einkommen zu gewinnen: „By such means (people) *escape from the impersonal authority of the market or, at a minimum, reduce the authority of the market*[95]." Bestimmte Marktformen überleben nur unter der Annahme, daß *prohibitive* Kosten anfallen, um Marktstrukturen durch Einfluß auf das politische System (z. B. legalisierte Marktzutrittsbeschränkungen) zu verändern[96].

Spielregeln oder Organisationsmechanismen sind, dies sei als knappe Erläuterung eingeschoben, Mittel der Verhaltens- und Erwartungsabstimmung zur „Mediatisierung" von Konflikten, die sich generell aus der Knappheit verfügbarer Ressourcen jeglicher Art (natürliche, menschliche, technologische) ergeben[97]. Konflikte resultieren darüber hinaus aus dem Einfluß von Entscheidungsträgern, die durch Organisationsmechanismen „verbunden" sind, auf deren physikalisch-natürliche *und* symbolische Umgebung[98]. Spielregeln oder Organisationsmechanismen reduzieren die „Komplexität" und „Kontingenz" der Beziehungen der Entscheidungsträger untereinander sowie zwischen diesen und deren

---

[94] Vgl. *J. K. Galbraith,* On Post Keynesian Economics, in: Journal of Post Keynesian Economics, 1/1978, S. 8. Vgl. auch *H. K. Schneider,* Beeinflussung der Konzentration als Ziel und Mittel der Wirtschaftspolitik, in: Die Konzentration in der Wirtschaft, Hrsg.: H. Arndt, 2., völlig neu bearb. Aufl., Schriften des Vereins für Socialpolitik, N. F., Bd. 20/I, Berlin 1971, S. 437: „Das marktwirtschaftliche System entwickelt keine ihm immanente Kräfte zur Erhaltung des Wettbewerbs, mithin der entscheidenden Voraussetzung für seine wirtschaftliche und soziale Funktionstüchtigkeit." Schneider hält daher geeignete Eingriffe zur Vermeidung einer weiteren Konzentration für erforderlich; ungeachtet der Erfolgsaussichten einer derartigen Politik, die hier nicht zu untersuchen sind, wird die zitierte Tendenzaussage für die Vergangenheit von Schneider anscheinend akzeptiert.

[95] Vgl. *J. K. Galbraith,* S. 9; Hervorhebung nicht im Original, d. Verf. Siehe auch *A. Rapoport,* S. 198: „Institutionalization is to a social group what internalization is to the individual."

[96] Vgl. *D. C. North,* S. 971.

[97] Vgl. *K. J. Arrow,* The Limits of Organization, The Fels Lectures on Public Policy Analysis, New York 1974, S. 18 f.: Infolge der Knappheit der Ressourcen und des sich daraus ergebenden Wettbewerbs im allgemeinsten Sinne „... we need to have a system which will mediate this competition, whether it be a market or an authoritative allocation system ... We need, in any case, a social system of some complexity and of some degree of organization in order to regulate the competition for resources ... Further, interpersonal organization is needed to secure the gains that accrue from cooperation". Siehe auch zu dieser erweiterten mikroökonomischen Fragestellung *P. Weise* et al., Neue Mikroökonomie, Würzburg — Wien 1979.

[98] Vgl. *A. Rapoport,* S. 7.

Umgebung[99]; es bestehen also, wenn auch interpersonell verschieden ausgeprägte und nutzbare ökonomische Anreize, Organisationsmechanismen zu stabilisieren oder zu institutionalisieren. Wettbewerb i. S. des klassischen oder neoklassischen Konkurrenzmodells ist deshalb nur einer von zahlreichen denkbaren volkswirtschaftlichen Organisationsmechanismen, derer sich Entscheidungsträger in kompetitiver oder kooperativer Stellung zueinander bedienen, „... um die Funktionen der Allokation, Distribution, Information und Kommunikation, Motivation und Sanktion sowie der Koordination und Kontrolle zu erfüllen“[100].

Versagt — so z. B. Arrow — das Markt-Preissystem, dann treten andere Organisationsmechanismen mit anderen Anreizen, Sanktionen (Alternativkosten) und Transaktionskosten an dessen Stelle[101]. Marktversagen ist nun aber nicht nur Ursache, sondern bereits Ergebnis von Aktivitäten „... to escape from the impersonal authority of the market...“ (Galbraith); in diesem Punkt ist Arrow in seinen Ausführungen nicht konsequent genug[102], da man sich kaum einen Markt vorstellen kann, auf dem nicht auch die von Galbraith angesprochenen Aktivitäten zum Marktversagen i. S. Arrows beitragen. Deshalb sind die Handlungsbeschränkungen und -möglichkeiten der Akteure auf einem Markt genau zu spezifizieren — wie z. B. in Abschnitt 3. w. o. —, weil ein Markt stets auch eine Institution, ohne Spezifizierung dieser oft auch rechtlich abgesicherten Beschränkungen und Möglichkeiten aber ein realitätsfremdes Konstrukt ist. Sich der unpersönlichen Autorität des Marktes zu entziehen, heißt eben, eigene Eigentums- und Verfügungsrechte spezifizieren und/oder die anderer Marktteilnehmer abschwächen. Spezifizierte bzw. abgeschwächte Eigentums- und Verfügungsrechte zeigen, welche Ressourcen — neben den natürlichen, menschlichen, technologischen — auch knapp sind und kompetitiv oder kooperativ „bewirtschaftet“ werden: „Consequently, the content of

[99] Vgl. hierzu aus rechtssoziologischer Sicht auch *N. Luhmann*, Rechtssoziologie, Bd. 1, rororo studium, Rechtswissenschaften, Reinbek bei Hamburg 1972, S. 31. Zum Unsicherheitsbegriff in der ökonomischen Literatur vgl. ausführlicher Abschnitt 5.3.3.

[100] Vgl. *P. Weise*, Ziele, Normen, Werte und quantitative und qualitative Systemvergleiche, in: Wertwandel und gesellschaftlicher Wandel, Hrsg.: H. Klages und P. Kmieciak, Frankfurt/M. 1979, S. 122 ff., Zitat S. 130.

[101] Vgl. *K. J. Arrow*, The Limits of Organization, S. 22 ff. und 72. Arrow handelt als Alternativen Organisationen mit internalisierten Transaktionen (wie z. B. Unternehmen) ab. Zur Unbestimmtheit des Organisationsbegriffs vgl. aus soziologischer Sicht *G. Büschges*, Organisation und Herrschaft — Einige einführende Bemerkungen, in: ders. (Hrsg.), Organisation und Herrschaft, Reinbek bei Hamburg 1976, S. 16 ff. Transaktionskosten sind solche der Information und Kontrolle sowie i. S. der Theorie der Eigentumsrechte Kontrakt-, Rechtsübertragungs- und Rechtsdurchsetzungskosten. Vgl. ausführlicher *A. M. Ulph* und *D. T. Ulph*, Transaction Costs in General Equilibrium Theory — A Survey, in: Economica, Vol. 42 (1975), S. 355 ff.

[102] Vgl. insbesondere *K. J. Arrow*, The Limits of Organization, S. 63 ff.

property rights assignments affects the allocation of resources, the output mix and the distribution of income[103]."

Geht man nun, um den obigen Gedankengang wieder aufzunehmen, davon aus, daß staatliche Regulierungen oder privatwirtschaftliche Wettbewerbs- und Marktbeschränkungen — dies wären alternative Organisationsmechanismen mit tendenziell gleichgerichteten Anreizen, Sanktionen, Transaktionskosten und Funktionen — heutzutage eher die Regel, Wettbewerb im klassischen oder neoklassischen Sinne dagegen eher die Ausnahme darstellen, so fehlt der theoretische Rahmen, innerhalb dessen zum einen diese Umkehrung und entsprechende Erweiterung der Fragestellung zum Ausdruck kommt, zum anderen die künstliche Unterscheidung zwischen regulierten und unregulierten Branchen verschwindet[104].

Ein solcher theoretischer Rahmen wäre m. E. aus der Überlegung herzuleiten, daß im Wettbewerbsprozeß tatsächlich schon immer Vorsprünge nicht nur durch eigene Leistungen, sondern auch durch Beschränkungen der Leistungen der Mitwettbewerber oder durch Beschränkungen der Handlungsspielräume der Marktgegenseite, d. h. allgemein durch diskriminierende Wettbewerbs- und Marktbeschränkungen, erzielt werden konnten. Diese beiden Aspekte des Wettbewerbsprozesses betont auch Rapoport: „ Competition usually takes the form of legitimized conflict, regulated by rules ... In business competition, the situation is ambivalent. Business ‚ethics' usually requires competition to be conducted as a pure contest, and the philosophy of free enterprise pictures it as such. In practice, however, business competition is frequently conducted as a game of strategy, where actions are undertaken not merely with a view of facilitating one's own efforts but also of inhibiting those of others[105]."

---

[103] Vgl. *S. Pejovich,* S. 6. Die Theorie der Eigentumsrechte präzisiert demnach den von Rothschild hervorgehobenen und bereits w. o. angeführten Aspekt, daß ökonomische Macht eben auch die Rahmenbedingungen von Marktprozessen verändern kann und damit deren Verlauf und Ergebnis. Siehe auch *W. C. Peterson,* Institutionalism, Keynes and the Real World, in: Challenge, May—June 1977, insbes. S. 26 ff.

[104] Vgl. zum letzteren *A. Phillips,* Introduction, S. 1: „... there are no industries that are totally unregulated." Dies gilt a fortiori, wenn staatliche und privatwirtschaftliche Wettbewerbs- und Marktbeschränkungen als Alternativen mit tendenziell gleichen Funktionen angesehen werden.

[105] Vgl. *A. Rapoport,* S. 179 f. Vgl. zu dem Grundwiderspruch, Wettbewerbsvorsprünge auf Kosten der Mitbewerber zu realisieren und „... to maintain (one's) profits and sales position against the encroachments of rivals and thus to assure (one's) own stability": *A. Stone,* Economic Regulation and the Public Interest — The Federal Trade Commission in Theory and Practice, Ithaca und London 1977, S. 15. Siehe darüber hinaus auch *S. Bowles* und *H. Gintis,* The Invisible Fist: Have Capitalism and Democracy Reached a Parting of the Ways?, in: The American Economic Review, Papers and Proceedings, Vol. 68 (1978), S. 359 ff.

Es käme nun darauf an, einen theoretischen Rahmen zu entwickeln, innerhalb dessen die ganze Spannweite möglicher Verhaltensweisen im tatsächlichen Wettbewerbsprozeß erklärt wird, d. h. sowohl ein Verhalten i. S. von „pure contest" als auch von alternativen Strategien der Wettbewerbs- und Marktbeschränkung bis hin zur Stabilisierung oder Institutionalisierung von Organisationsmechanismen im obigen Sinne. Im Unterschied beispielsweise zu Heuss[106] sollen all diese Verhaltensweisen nicht als von gegebenen Unternehmertypen abhängig begriffen werden, da sie so einer Erklärung entzogen würden; vielmehr ist zu versuchen, sie zu endogenisieren. Dies könnte mit Hilfe der Theorie offener Systeme gelingen: Die Verhaltensweisen wären dann Anpassungen eines offenen Systems an dessen Umgebung oder auch — bei zunehmender Komplexität der Umgebung — Resultat von Interaktionen zwischen System und Umgebung[107]. Was hiermit gemeint wird, ist näher zu erläutern.

Für sozio-ökonomische Fragestellungen interessieren zunächst einzelne Entscheidungsträger (Organismen) oder Aggregate derselben. „What we fix our attention on is the system. What is left over is the environment. It is important to note, therefore, that what is a system and what is environment is a matter of subjective preference, depending on what interests us most[108]." Je nach Fragestellung ist etwa eine einzelne Bank ein System oder alle in einem Kartell oder durch staatliche Regulierungen (durch stabilisierte oder institutionalisierte Organisationsmechanismen) zusammengefaßten Banken, — der jeweilige „Rest der Welt" ist die Umgebung. System und Umgebung stehen in Input-Output-Beziehungen, genauer: sie weisen über die Zeit Interaktionen auf, deren Ergebnis sich aus dem Zusammenwirken positiver und negativer Rückkopplungseffekte ergibt[109].

---

[106] Vgl. *E. Heuss*, Allgemeine Markttheorie, Tübingen und Zürich 1965, S. 6 ff. und 105 ff. Siehe als neueren Beitrag auch *I. M. Kirzner*, Wettbewerb und Unternehmertum (1973), Walter-Eucken-Institut, Wirtschaftswissenschaftliche und wirtschaftsrechtliche Untersuchungen, Bd. 14, Tübingen 1978.

[107] Vgl. zur Anwendbarkeit in den Sozialwissenschaften und zur Überlegenheit gegenüber dem Funktionalismus in der Version von Parson *L. v. Bertalanffy*, General System Theory, Harmondsworth 1968, S. 206 ff. Siehe mit gleichem Anspruch, wenn auch z. T. anderen methodologischen Konsequenzen *N. Elias*, Über den Prozeß der Zivilisation, Bd. I und II, 6. Aufl., Frankfurt 1979 (gut vergleichbar mit den Ausführungen im folgenden Abschnitt ist speziell die Passage in Bd. II, S. 142 ff.). Siehe auch *J. Röpke*, insbes. S. 253 ff. So sehr dessen Ansatz den folgenden Ausführungen auch ähnelt, es bleiben doch gewichtige Unterschiede: Systemregeln können m. E. kollabieren (siehe indes ebd., S. 53 ff.); Turbulenzen ergeben sich m. E. auch aus *systematischen* Disfunktionalitäten des Markt-, Geld-, Preissystems (siehe indes ebd., S. 355 ff.). Siehe auch Abschnitt 5.3.

[108] Vgl. *A. Rapoport*, S. 15.

[109] *Ebd.*, S. 74 f.; vgl. auch *D. Katz* und *R. L. Kahn*, S. 89 und 103.

Für sozio-ökonomische Fragestellungen von großer Bedeutung ist ferner: „Unlike any other biological type, man modifies his environment *cumulatively* so that now his environment is mostly of his own making. This man-made environment includes not only the technical artifacts, on which men have become dependent for survival, but also less tangible features, which we shall subsume under ‚symbolic environment'[110]." Bloße Anpassungen an eine kumulativ veränderte physikalisch-natürliche *und* symbolische Umgebung durch taktisch-adaptives Verhalten werden zunehmend schwieriger, so daß die Entwicklung von überlegeneren Verhaltensstrategien, die Stabilisierung oder Institutionalisierung von Organisationsmechanismen, dem System, das selbst quantitativ und qualitativ zunehmende Komplexität aufweist, eine höhere Überlebenswahrscheinlichkeit geben[111]. — Dieser Gedanke wird sogleich weiter entwickelt.

Ein weiterer Punkt ist schließlich von Bedeutung. Der unbehinderte Zugang zu und Gebrauch von Institutionen (z. B. Märkte), anders ausgedrückt, die Spezifizierung von Eigentumsrechten erweitern, die Beschränkung des Zugangs und Gebrauchs von Institutionen bzw. eine Abschwächung der Eigentumsrechte verringern individuelle Handlungsspielräume oder solche von Aggregaten von Individuen, was entsprechende Auswirkungen auf Anreize, Sanktionen, Transaktionskosten und auf die Erfüllung der angeführten Funktionen von Organisationsmechanismen hat. Auf diese Weise, etwa durch privatwirtschaftliche Wettbewerbs- und Marktbeschränkungen, könnten, wenn die ökonomischen Anreize dafür ausreichen und genutzt werden, Institutionen auch gleichsam reprivatisiert werden. Die unpersönliche Autorität eines institutionalisierten Organisationsmechanismus schlägt dann tendenziell in eine personengebundene, aber — was hervorzuheben ist — nicht notwendigerweise stabile um.

Die Verhaltens- und Erwartungsabstimmung gelingt Aggregaten von Entscheidungsträgern sozusagen nur auf Zeit und ist abhängig von Umgebungseinflüssen. Hierzu bemerkt Arrow: „Ultimately, it seems to me, authority is viable to the extent that it is the focus of convergent expectations." Und weiter: „The emphasis on convergent expectations as the source of authority implies its *fragility*. Indeed, one can point to startling changes where the *collapse of long-established authority* swiftly followed recognition that it was no longer authoritative. But there is a countervailing force. The expectations that authority will be obeyed are not only of value to the maintenance of authority, but

---

110 Vgl. *A. Rapoport*, S. 7 (und 52 ff.).

111 Vgl. *F. E. Emery* und *E. L. Trist*, The Causal Texture of Organizational Environments (1965), in: Systems Thinking, Hrsg.: F. E. Emery, 6. Aufl., Harmondsworth 1976, S. 246 ff.

they also reduce uncertainty for those subject to the authority. The pressure to restore authority or create new authority is very strong indeed[112]."

Die Frage ist nur, wem dies in komplexen System-Umgebungs-Konstellationen gelingt, nachdem ein Organisationsmechanismus „kollabiert" ist, nachdem also eine Organisationskrise („organizational crisis"[113]) stattgefunden hat. Es bedarf im übrigen eines langwierigen Prozesses, um Organisationsmechanismen erneut zu stabilisieren oder zu institutionalisieren[114].

Staatliche Regulierungen, etwa die Fachaufsicht oder Ausnahmebereichsregelungen, bedingen — wie aus der Bestandsaufnahme der Abschnitte 2. und 3. ersichtlich wurde — Wettbewerbs- und Marktbeschränkungen, d. h. in bestimmter Weise spezifizierte bzw. abgeschwächte Eigentumsrechte; sie verändern wie gleichgerichtete private Aktionen die Anreize, Sanktionen und Transaktionskosten sowie die Erfüllung der genannten Funktionen von Organisationsmechanismen. Im folgenden soll der Frage nachgegangen werden, welche Unterschiede zwischen verschiedenen Wettbewerbs- und Marktbeschränkungen bestehen, die für Banken nachweisbar sind, und inwieweit die Bankenregulierung etwa auf eine Organisationskrise zurückzuführen ist. — Als eine solche läßt sich möglicherweise die deutsche Bankenkrise von 1931 interpretieren, mithin eine vorläufige Antwort darauf finden, warum Banken und nicht andere, seinerzeit bestehende Kartelle in eine staatliche Regulierung einbezogen wurden. Eine endgültige Erklärung des Zusammenhangs zwischen Bankenverhalten, Bankenregulierung und Bankenkrise erfolgt im geldtheoretischen Abschnitt 5. am Schluß dieser Arbeit.

4.4.2. Umgebungsvoraussetzungen für Bankenkonzentration und -kartellierung

4.4.2.1. Taktisch-adaptives Verhalten

Nimmt man als Ausgangspunkt der Überlegungen eine Bank als Organisation (System[115]), so hängt deren Überlebensfähigkeit i. S. der Theorie offener Systeme von dem Grad der Anpassung an die Umge-

---

[112] Vgl. *K. J. Arrow*, The Limits of Organization, S. 72 f.; Hervorhebung nicht im Original, d. Verf. Siehe auch *F. M. Bator*, S. 518 f.

[113] Vgl. *F. E. Emery* und *E. L. Trist*, S. 251.

[114] *Ebd.*, S. 254 f.; s. auch *N. Luhmann*, S. 64 ff.

[115] Organisation und System werden im folgenden synonym gebraucht. Vgl. zur genaueren Abgrenzung *F. E. Kast* und *J. E. Rosenzweig*, The modern view: a systems approach, in: Systems Behaviour, Hrsg.: J. Beishon und G. Peters, 2. Aufl., London usw. 1976, S. 18 ff.

bung ab. Im einfachsten Fall ist die Umgebung ruhig, die für die Geschäftstätigkeit relevanten Anreize und Sanktionen sind zufällig und gleichmäßig verteilt („placid, randomized environment“[116]). Die betrachtete Bank (und mit ihr alle anderen Banken in jeweils gleich strukturierter Umgebung) — so läßt sich tendenziell zumindest, wenn auch nicht streng deterministisch folgern — entwickelt (bzw. entwickeln) allenfalls ein taktisch adaptives Verhalten: „‚... attempting to do one's best on a purely local basis‘. The best tactic, moreover, can be learnt only by trial and error and only for a particular class of local environmental variances[117].“ — Die Bank (Banken) verhält (verhalten) sich also in einer Weise, wie es das klassische oder neoklassische Konkurrenzmodell beschreibt[118].

Aber die gemachten Annahmen über die Umgebung und das daraus abzuleitende Verhalten stellen eine Abstraktion dar, die in Deutschland nur etwa bis zur Industrialisierung realistisch ist. Diese Feststellung relativiert Wettbewerbskonzepte, die z. B. von Hoppmann, v. Hayek, Lutz u. a. vertreten werden, ebenso wie damit begründete wettbewerbspolitische Konzeptionen (Leitbilder).

4.4.2.2. Strategisches Verhalten

Mit der Industrialisierung treten die für das Bankgeschäft relevanten Anreize und Sanktionen konzentrierter auf; die Umgebung ist zwar noch ruhig, aber ungleichmäßig strukturiert („placid, clustered environment“[119]). Der Standort der Bank wird bedeutsam. Strategisches Verhalten gewährleistet gegenüber bloß taktisch-adaptivem eine höhere Überlebenswahrscheinlichkeit. Zu den entwickelten Strategien mag man zählen, daß spätestens seit der Reichsgründung Großbanken (Aktienbanken, Filialbanken) entstehen, daß Banken allgemein Ressourcen aufwenden, um ihre Ausgangsposition (z. B. den Standort) zu verbessern und um sich regional oder überregional auszudehnen. „Organizations under these conditions, therefore, tend to grow in size and also to become hierarchical, with a tendency towards centralized control and co-ordination[120].“ Umgebungseinflüsse verändern somit das Verhalten der betrachteten Organisationen (Banken) und dadurch auch diese selbst.

[116] Vgl. *F. E. Emery* und *E. L. Trist,* S. 246.

[117] *Ebd.*

[118] Vgl. als entsprechende Anwendung des Beitrages von Emery und Trist *P. Weise,* Einige Aspekte einer volkswirtschaftlichen Theorie der Unternehmung, Arbeitspapiere des Fachbereichs Wirtschaftswissenschaft, Gesamthochschule Paderborn, Paderborn 1978, S. 16 ff.

[119] Vgl. *F. E. Emery* und *E. L. Trist,* S. 247.

[120] *Ebd.* Siehe auch *A. Gerschenkron,* Die Vorbedingungen der europäischen Industrialisierungen, in: Wirtschafts- und sozialgeschichtliche Probleme der

Zu dieser Interpretation lassen sich folgende Belege anführen:

(1) Zur Zeit der Reichsgründung „... war Berlin offensichtlich nicht nur zum politischen Zentrum, sondern im Prozeß der industriellen Revolution auch zum ökonomischen Zentrum Deutschlands geworden“[121]. Berlin mußte als Standort also besonders günstige Bedingungen für Banken bieten.

(2) Das ursprüngliche System zahlreicher und verstreuter, kleiner und voneinander unabhängiger Banken oder Bankiers, die jeweils einen eng begrenzten, lokalen Wirkungsbereich hatten, war spätestens um die Jahrhundertwende abgelöst von einem System der „... Oligarchie einer in Berlin ansässigen, aus kaum mehr als einem halben Dutzend Häuptern bestehenden Hautefinance ..., die ihren mittelbaren oder unmittelbaren Einfluß über eine Vielzahl von Bankbetrieben aller Landesteile streckt“[122]. In der Literatur wird vom „Massensterben“ kleiner Banken gesprochen, das die regionale und überregionale Ausdehnung der Filialnetze der Großbanken ermöglicht. Die Konzentration setzt sich auch später fort[123].

(3) Versuche der Privatbankiers, sich als Gegengewicht gegen die Großbanken zusammenzuschließen, treffen auf deren Widerstand; sie bleiben u. a. deshalb erfolglos, weil der überwiegende Teil der

---

frühen Industrialisierung, Hrsg.: W. Fischer, Einzelveröffentlichungen der historischen Kommission zu Berlin beim Friedrich-Meinecke-Institut der FU Berlin, Bd. 1, Berlin 1968, S. 23. Siehe ferner: *S. Kuznets,* Die wirtschaftlichen Vorbedingungen der Industrialisierung, in: Industrielle Revolution — Wirtschaftliche Aspekte, Hrsg.: R. Braun et al., Neue Wissenschaftliche Bibliothek, Bd. 50, Köln und Berlin 1972, S. 19 ff.

[121] Vgl. *L. Baar,* Probleme der industriellen Revolution in großstädtischen Industriezentren — Das Berliner Beispiel, in: Wirtschaftliche und sozialgeschichtliche Probleme der frühen Industrialisierung, S. 542.

[122] Vgl. *P. Wallich,* Die Konzentration im deutschen Bankwesen, Stuttgart und Berlin 1905, S. 159 f.

[123] Vgl. die groß angelegte Arbeit von *J. Riesser,* Die deutschen Großbanken und ihre Konzentration im Zusammenhang mit der Entwicklung der Gesamtwirtschaft in Deutschland, unveränderter Neudruck der Ausgabe Jena 1912, 4. verb. und verm. Aufl., Glashütten/Taunus 1971. An diese Arbeit knüpft an *W. Strauß,* Die Konzentrationsbewegung im deutschen Bankgewerbe — Ein Beitrag zur Organisationsentwicklung unter dem Einfluß der Konzentration des Kapitals, Berlin und Leipzig 1928. — Da die Konzentration der Banken nicht im Vordergrund dieser Arbeit steht, mögen hier folgende Hinweise auf die spätere Entwicklung genügen: *R. Stucken,* Die Konzentrationsbewegung ..., S. 9 ff. *Bericht über das Ergebnis einer Untersuchung der Konzentration in der Wirtschaft,* BT-Drucksache IV/2320 vom 5. Juni 1964 und Anlagenband hierzu vom 31. 8. 1964, S. 289 ff.; *Monopolkommission,* S. 42 ff. und 191 ff.; *dies.,* Fortschreitende Konzentration bei Großunternehmen, 2. Hauptgutachten 1976/1977, Baden-Baden 1978, S. 44 ff. und 281 ff. Eine Aufarbeitung dieser Materialien (mit Ausnahme der beiden letztgenannten Quellen) unternimmt *St. Schlingmann,* Probleme der Konzentration im Bankwesen der Bundesrepublik Deutschland, Diplomarbeit (unveröffentlicht), Paderborn 1976.

Privatbankiers im Interbankgeschäft und Giroverkehr auf eine Zusammenarbeit mit den Großbanken angewiesen, von diesen also abhängig ist[124].

Die Belege beschreiben Reaktionen der Banken auf Veränderungen der Umgebung, d. h. auf deren zunehmende Komplexität, mit Strategien, wie sie in Modellen der unvollkommenen Konkurrenz analysiert werden[125]. Es bestehen Anreize für Banken mit ursprünglich relativ günstigem Standort, schnellerer oder höherer Anpassungsleistung, Teile der Umgebung unter ihre Kontrolle zu bringen, um auf diese Weise im Wettbewerb mit Banken in vergleichbarer Umgebung zu überleben und Markteinflüsse vorhersehbarer zu machen[126]. Die Anreize betreffen Höhe und Stabilität des Geschäftsvolumens und -ergebnisses; vorhersehbarer werden Reaktionen der Kunden (Erwartungsparameter), sobald eine Bank sich Aktionsparameter sichert und sich wenigstens teilweise von der Abhängigkeit des taktisch-adaptiven Preisnehmers von seiner Umgebung, d. h. von der unpersönlichen Autorität des Marktes befreit.

Gleichzeitig werden interne Organisationsmechanismen stabilisiert, um die Koordination innerhalb der einzelnen Banken mit ihren Filialnetzen zu erhalten und diese zentral zu steuern; auch diese Mechanismen dienen der Ausschaltung von Markteinflüssen[127]. Das quantitative Wachstum und die quantitative Ausdehnung der Großbanken ist demnach begleitet von qualitativen Veränderungen: „... quantitative growth calls for supportive subsystems of a specialized character not necessary when the system was smaller"; ferner: „... there is a point where quantitative changes produce a qualitative difference in the functioning of the system[128]." Mit der Komplexität der physikalisch-natürlichen *und* symbolischen Umgebung und mit den davon abzuleitenden strategischen Verhaltensweisen verändern sich also auch die betrachteten Organisationen (Banken) quantitativ und qualitativ[129].

---

[124] Vgl. *F. Otto*, Die Organisation des privaten deutschen Bankgewerbes in Bankenverbänden und Bankenvereinigungen, Greifswalder Staatswissenschaftliche Abhandlungen, Nr. 36, Greifswald 1930, S. 15 ff.

[125] Vgl. *F. E. Emery* und *E. L. Trist*, S. 247.

[126] Vgl. *D. Katz* und *R. L. Kahn*, S. 98: „Social systems will move ... toward incorporation within their boundaries the external resources essential to survival. Again the result is an expansion of the original system. Thus, the steady state which at the simple level is one of homeostasis over time, at more complex level becomes one of preserving the character of the system through growth and expansion." Siehe auch *A. Rapoport*, S. 70 ff.

[127] Vgl. *K. J. Arrow*, The Limits of Organization, S. 23 ff. und 63 ff.

[128] Vgl. *D. Katz* und *R. L. Kahn*, S. 98. Vgl. auch *A. Rapoport*, S. 64 ff.

[129] Vgl. auch das Fallbeispiel bei *F. E. Emery* und *E. L. Trist*, S. 243: Es zeige „... what is meant by the environment becoming organized at the social level. It will show how a greater degree of systemconnectedness, of crucial relevance to the organization, may develop in the environment ..."

4.4.2.3. Gemischt strategisch-taktisches Verhalten

Eine weitere Zunahme der Komplexität der für Banken relevanten Umgebung ist erreicht, wenn mehrere Organisationen vom gleichen Typ entstehen und deren Strategien zur Erhaltung des jeweiligen Systemcharakters Gegenstrategien, d. h. Störungen in der symbolischen Umgebung hervorrufen („disturbed reactive environment“[130]): „Knowing this, each will wish to improve its own chances by hindering the others, and each will know that the others must not only wish to do likewise, but also know that each knows this. The presence of similar others creates an imbrication ...[131]“.

Die für Banken gleichen Typs relevanten Anreize und Sanktionen gelten demnach für mehrere von ihnen gleichzeitig. Es kann, markttheoretisch formuliert, die Expansionsphase der Märkte der Banken nicht „verewigt“ werden[132]; das Tempo der Industrialisierung läßt trendmäßig oder konjunkturell bedingt nach und/oder die regionale Ausdehnung der Großbanken stößt auf Grenzen[133]. Daraus folgt zur Erhaltung des Systemcharakters tendenziell, wenn auch nicht streng deterministisch, eine Mischung aus Strategie und Taktik („operation“): „The new element is that of deciding which of someone else's possible tactics one wishes to take place, while ensuring that others of them do not. An operation consists of a campaign involving a planned series of tactical initiatives, calculated reactions by others, and counteractions[134].“ Das erfordere ein erhöhtes Maß an Flexibilität und an Dezentralisierung der Entscheidungsbefugnisse gegenüber Kriterien wie Standort, Konzentration der Ressourcen, Zentralisierung der Kontrolle usw. in weniger komplexen Umgebungen. Zu erwarten seien insbesondere folgende Operationen zur Verbreiterung der Handlungsmöglichkeiten: Verdrängung von Mitwettbewerbern oder Absprachen über Geschäftsinhalte, Interessenvertretung nach außen, politische Einflußnahmen usw.[135].

---

[130] *Ebd.*, S. 247.

[131] *Ebd.*, S. 248.

[132] Vgl. *E. Heuss*, S. 265. Insoweit bleibt die Umgebung unkontrollierbar. Vgl. zum Umschlagen eines Systems mit offenen in ein solches mit geschlossenen Chancen auch *N. Elias*, Bd. II, S. 144 f.

[133] Vgl. *H. Böhme*, Bankenkonzentration und Schwerindustrie 1973 — 1896 — Bemerkungen zum Problem des „Organisierten Kapitalismus“, in: Sozialgeschichte heute, Festschrift für H. Rosenberg zum 70. Geburtstag, Hrsg.: H.-U. Wehler, Kritische Studien zur Geschichtswissenschaft, Bd. 11, Göttingen 1974, S. 444: „Sowohl die Kartell- als auch die mit ihr verbundene Konzentrationsbewegung sind das Resultat neuer Strukturverhältnisse und neuer Wirtschaftsmethoden in der Industrie, die durch die lang andauernde Depression, die der Krise von 1973 folgte, erzwungen wurden.“

[134] Vgl. *F. E. Emery* und *E. L. Trist*, S. 248.

[135] Siehe auch *P. Weise*, Einige Aspekte einer volkswirtschaftlichen Theorie der Unternehmung, S. 17.

Für die Interpretation sprechen folgende Belege:

(1) Die Berliner Filialbanken und bedeutendsten Privatbankiers schließen sich 1883 zu einem Fachverband zusammen (sog. „Stempelvereinigung"), der 1894 ein erstes Zinsabkommen zustande bringt, die Grundlage für spätere, umfassende „Geschäftsbedingungskartelle"[136]. Die Kartellierungsbemühungen nehmen ihren Ausgang in Berlin und erstrecken sich — der überlokalen und überregionalen Erschließung der Märkte durch Großbanken folgend — dann auch auf Nebenbankplätze in der Provinz. Die Gegensätze zwischen Groß- und Kleinbanken sowie zwischen Haupt- und Nebenbankplätzen werden durch „... eine andere Lösung der Konflikte ..." gemildert: „‚Leben und Leben lassen' ist der neue leitende Gedanke ...[137]". Der vollständige Verlust der Selbständigkeit der Kleinbanken und der Provinzbanken wird also damals ebenso vermieden wie heute (Beispiel Einlagensicherungsfonds der Privatbanken)[138]. Die erzielte Konfliktlösung ist aber, was Pilster offensichtlich unterschätzt und worauf noch zurückzukommen sein wird, labil[139].

(2) Ein vom Reichsbankpräsidenten 1912 den Berliner Großbanken unterbreitetes Reformprogramm zielt auf die Sicherung der Bankenliquidität, der „finanziellen Kriegsbereitschaft" (Goldreserven der Reichsbank, Verzinsung der Staatsanleihen), auf die Erschwerung der Börsenspekulation und Verbesserung der Wettbewerbsposition der Sparkassen bei Spareinlagen (Schutz des „kleinen Sparers"); es setze den „... freiwilligen Zusammenschluß des deutschen Bankgewerbes in einer Preiskonvention" voraus, heißt es in der Begründung[140]. Statt das Reformprogramm zu realisieren, wird 1913 ein Kartell ("Allgemeine Abmachungen der Vereinigungen von Banken

---

[136] Vgl. hierzu die ausgezeichnete, u. a. auf den Sitzungsberichten der Stempelvereinigung beruhende Untersuchung von *R. Pilster,* Die Kartellierung der Geschäftsbedingungen im deutschen Bankwesen — Ein Beitrag zur Geschichte der modernen bankgewerblichen Organisation, Diss. Köln 1922, S. 11. „Neben und in gewissem Zusammenhange mit dieser auch gegenwärtig noch unvermindert fortwirkenden Konzentrationstendenz hat ein anders gearteter Entwicklungsprozeß eine ständig wachsende Bedeutung erlangt, die *Kartellierung* des deutschen Bankgewerbes." Zur Gründung von Berufs- und Fachvereinen sowie Fachverbänden vgl. *F. Otto.*

[137] Vgl. *R. Pilster,* S. 27 ff., Zitate S. 69 f.

[138] Vgl. *F. Otto,* S. 96 ff. Vgl. ferner *V. Ronge,* S. 195.

[139] Zum „kartellzersetzenden" Problem der Kartellierung von Unternehmen verschiedener Größenordnung vgl. bereits *H. Schäffer,* Kartelle und Konzerne, in: Strukturwandlungen der Deutschen Volkswirtschaft, Bd. 1, Hrsg.: B. Harms, Berlin 1928, S. 330 f. Zu den Interessenkonflikten innerhalb der Kartelle vgl. auch *E. Heuss,* Das Kartell — Ein Beitrag zur Kartelltheorie, in: Jahrbuch für Sozialwissenschaft, Bd. 12 (1961), S. 144 ff.

[140] Zit. nach *R. Pilster,* S. 32. Siehe auch *F. Otto,* S. 48 ff. Zur Parallelität hoheitlicher und privatrechtlicher Wettbewerbsbeschränkungen s. ferner *U. Immenga,* Die wettbewerbspolitischen Ausnahmebereiche ..., S. 155.

und Bankiers") gegründet, später sachlich und räumlich mehrfach erweitert und — gegenüber der Marktgegenseite — verschärft, wobei die Großbanken entscheidenden Einfluß haben[141]. Der Zusammenhang zwischen Konzentration und Kartellierung der Privatbanken sowie Konzentration und Kartellierung der Industrie ist eng[142]; demzufolge betreffen die „Allgemeinen Abmachungen" vor allem industrialisierte Gebiete[143].

(3) Dieser Zusammenhang erklärt auch, warum in die Kartellierung der Sparkassensektor erst später (nach dessen Ausbau zu einem wesentlichen Teil des Universalbankenbereichs) und zunächst nur teilweise (Wettbewerbsabkommen von 1928), der Genossenschaftsbankensektor (wegen seiner Ausrichtung auf ländliche Gebiete und den Mittelstand) auch erst später und zunächst auch nur teilweise einbezogen wird. Trotzdem treffen Sparkassen und Genossenschaftsbanken innerhalb ihrer Organisationen gleichgerichtete Absprachen. Zusammenfassend stellt Walb fest: „Soweit ein Einblick möglich ist, ist die Disziplin, mit der die Abmachungen und Richtlinien, namentlich bei den Privatbanken und den Sparkassen, innegehalten werden, recht ausgeprägt ... Offene Mißachtungen sind nach den Feststellungen der Bankenenquete wegen der Furcht vor Kreditsperren nicht vorgekommen[144]." Es verwundert also nicht, wenn sich Schutz- und Strafbestimmungen zur Erhaltung der Kartelldisziplin in den „Allgemeinen Abmachungen" erübrigen[145].

---

[141] Vgl. *R. Pilster*, S. 45 ff. und 97 f. Die Erhöhung der Sollzinsen z. B. wird seitens der Stempelvereinigung folgendermaßen begründet: „Nichtsdestoweniger treten wir für die Annahme unseres Vorschlages mit Nachdruck ein, weil er einen wirklich wesentlichen Gewinn ... erwarten läßt, und weil er unseren Grundgedanken — die das Rückgrat des heimischen Bankgewerbes bildende Spannung zwischen Soll und Habenzinsfuß *zu erweitern* — in vorteilhafter Weise unterstützt." Zit. nach *R. Pilster*, S. 53. — Es werden in den „Allgemeinen Abmachungen" immer mehr Provisionssätze und Gebühren erfaßt, der Zahlungs- und Überweisungsverkehr geregelt sowie zwischen den Privatbanken, den Sparkassen und Genossenschaftsbanken 1928 ein Wettbewerbsabkommen („kleine Verständigung") geschlossen, — neben dem Preiswettbewerb also auch der Wettbewerb mit Nebenleistungen beschränkt.

[142] Vgl. *J. Riesser*, S. 572 ff. Vgl. auch mit einer Fülle von Primärquellen *H. Böhme*, S. 432 ff.

[143] Vgl. *R. Pilster*, S. 65 ff.

[144] Vgl. *E. Walb*, Übersetzung und Konkurrenz im deutschen Kreditapparat, S. 151.

[145] Vgl. *R. Pilster*, S. 43 f. Ein weiterer Grund hierfür dürfte gewesen sein, daß die kleineren Privatbanken Sonderkonditionen im Geschäft mit den großen Filialbanken erhielten und die „Allgemeinen Abmachungen" insofern ein dezentral organisiertes Kartell darstellten, als über sie hinausgehende, an lokale oder regionale Wettbewerbsverhältnisse angepaßte Absprachen zulässig waren. Belege hierfür liefert Pilster (ebd., S. 45 f. und 77). Der überregionale Zusammenhalt wurde durch die Großbanken sichergestellt, die Mitglied mehrerer regionaler Bankenkartelle waren (ebd., S. 66).

(4) Begünstigend für die Kartellierung sind Strategien, die Sortimente und deren Leistungsinhalte einander anzugleichen. Die Kartellierung verlaufe parallel mit der Entwicklung des Universalbanksystems; sie domestiziere den Wettbewerb und sichere dadurch die Rentabilität. Dagegen sei der Ausschluß des Wettbewerbs nie das Ziel der Kartellpolitik gewesen; „(vielmehr lief) Bank-Kartellpolitik ... immer darauf hinaus, jene Wettbewerbsparameter zu bestimmen, mit denen man nach Ansicht der jeweils beteiligten Banken am ehesten Wettbewerb zulassen sollte. So bleiben viele Möglichkeiten des Wettbewerbs erhalten“[146]. Die Angleichung der Sortimente und Leistungsinhalte der Sparkassen und Genossenschaftsbanken verschaffte diesen allerdings die Position begünstigter Außenseiter; hierauf ist zurückzukommen.

(5) 1922 — so Pilster: „... besteht ein sich über den größten Teil von Deutschland erstreckendes festgefügtes Kartell mit zahlreichen Unterverbänden, dem fast alle namhaften Banken und Bankiers angehören[147].“ Vergleicht man die ursprünglichen Ziele des Reformprogramms des Reichsbankpräsidenten mit den „Allgemeinen Abmachungen“, so wird deutlich, weswegen die kartellierten Privatbanken der ursprünglich beabsichtigten Parallelität hoheitlicher und privatrechtlicher Wettbewerbsbeschränkungen keinen entscheidenden Widerstand entgegensetzten. Denn: „Zweck und Sinn der ‚Allgemeinen Abmachungen‘ ist, angemessene Bedingungen für die Hauptzweige des Bankgeschäfts mit zwingender Wirkung für die Mitglieder der angeschlossenen Bankenvereinigungen festzusetzen, um die nachteiligen Folgen, die ein scharfer und uneingeschränkter Wettbewerb auf die Verdienstmöglichkeiten im Bankgewerbe ausübt, tunlichst auszuschalten und das Bankgewerbe in den Stand zu setzen, die auf ihm lastenden außerordentlichen Unkosten und Abgaben zu tragen[148].“

(6) Die Reichsbank unterstützte sogar — unter Verzicht auf eine „... sachliche Einmischung in die einzelnen Abmachungen ...“[149] — die Kartellierung durch Förderung der Bildung lokaler und regionaler Bankenvereinigungen in der Provinz, wobei sie teilweise bis zur Androhung von Strafmaßnahmen ging. Pilster konzidiert denn auch, die im Reformprogramm angesprochenen volkswirtschaftlichen Ziele hätten — „aus der Natur der Kartelle überhaupt“ — gegen-

[146] Vgl. *H.-J. Krümmel,* Bankzinsen, S. 269 ff., Zitat S. 285. Zur letzteren, nicht genauer begründeten Feststellung vgl. klarstellend *E. Walb,* Übersetzung und Konkurrenz im deutschen Kreditapparat, S. 154.

[147] Vgl. *R. Pilster,* S. 13.

[148] So ein Ausschnitt aus den Vorbemerkungen der „Allgemeinen Abmachungen“, zit. nach *F. Otto,* S. 51 f.

[149] Vgl. *R. Pilster,* S. 67.

über der Erhöhung der Bankgewinne an Bedeutung verloren[150]. Seine „volkswirtschaftliche Notwendigkeit“ könne das Bankenkartell erst in einer Konjunkturkrise unter Beweis stellen: „Dann wird sich zeigen, ob auch die von uns geschilderte Organisation ähnlich wie die industriellen Kartelle ein geeignetes Hilfsmittel zur Überwindung von Krisen darstellt[151].“ Unter Beweis zu stellen ist darüber hinaus aber auch die Lösung des Außenseiterproblems; denn der aufkommende Sparkassensektor droht kartellzersetzend zu werden.

Die Beurteilung Pilsters, das sei eingeschoben, entspricht im wesentlichen der der damals führenden Nationalökonomen: Schmoller, Kleinwächter, Schäffle, v. Beckerath u. a. Denn Kartelle werden von ihnen vor allem begriffen als „... a change in organization rather than as monopolistic profiteering“[152], als Schutz vor schrankenloser Konkurrenz, „... (um) die Produktion mehr oder weniger derart zu regeln, daß dieselbe wenigstens annähernd dem Bedarfe angepaßt werde, speziell beabsichtigen Kartelle eine etwaige Überproduktion zu verhindern“[153]. Bei v. Beckerath wird Kartellen die Funktion der „Regulierung der Produktion und des Marktes im Interesse der Rentabilität der Mitgliedsfirmen“ zugeschrieben[154]. Die deutschen Sozialisten sehen Kartelle zum einen als Beweis dafür, „... that even private enterprise was trying to get away from uncontrolled competition and favouring some sort of planned organization“, zum anderen „... as ‚eine höhere Wirtschaftsstufe‘ ... This stage, if once reached, is formulated as ‚organized capitalism‘“[155]. Kritik an den Kartellen wird von wissenschaftlicher Seite damals allenfalls von einigen Betriebswirtschaftlern laut[156]. Liefmanns Ansicht — „Kartelle sind also Unternehmerverbände mit monopolistischem Zweck“[157] — setzt sich nicht durch.

---

[150] *Ebd.*, S. 70. Beigetragen habe die „Diskreditierung der Staatsanleihen“ durch den Krieg und der Verlust vieler Sparkonten an die aufkommenden Sparkassen.

[151] *Ebd.*, S. 72.

[152] Vgl. *H. Levy*, Industrial Germany — A Study of Its Monopoly Organisations and Their Control by the State (1935), Neuaufl. London 1965, S. 7 f.

[153] So *F. Kleinwächter*, Die Kartelle (1883), zit. nach H.-H. Barnikel, Kartelle in Deutschland, in: ders. (Hrsg.), Theorie und Praxis der Kartelle, Darmstadt 1972, S. 29. Vgl. zur Vermengung der industriellen mit der Kartellentwicklung und zur fehlenden theoretischen Fundierung auch *E. Heuss*, Das Kartell, S. 161.

[154] Vgl. *H. v. Beckerath*, Der Inhaltswandel des Kartellbegriffs und seine wirtschaftspolitischen Folgen (1930), zit. nach H.-H. Barnikel, S. 29.

[155] Vgl. *H. Levy*, S. 8. Siehe auch die Beiträge in *H. A. Winkler* (Hrsg.), Organisierter Kapitalismus — Voraussetzungen und Anfänge, Kritische Studien zur Geschichtswissenschaft, Bd. 9, Göttingen 1974.

[156] Vgl. z. B. *W. Hasenack*, Unternehmertum und Wirtschaftslähmung, Berlin 1932, S. 88 ff.

Die vorstehenden Belege beschreiben Reaktionen der Banken auf eine weitere Zunahme der Komplexität vor allem der symbolischen Umgebung mit einer Mischung aus Strategien und Taktiken, wie sie in Modellen der oligopolistischen Konkurrenz untersucht werden[158]. Innerhalb der Gruppe der Privatbanken werden durch Absprachen bestimmte Aktionen und Reaktionen verschieden großer, rechtlich selbständiger Mitwettbewerber kalkulierbarer und so Handlungsmöglichkeiten gewahrt, die bei einem weiteren Verdrängungswettbewerb durch Gegenstrategien jeweils gleich starker Mitwettbewerber auf einzelnen Märkten gefährdet würden. Entsprechend verringern sich durch die vereinbarten Markt- und Wettbewerbsbeschränkungen Handlungsspielräume der Marktgegenseite. Die Komplexität der Umgebung bzw. die daraus resultierende Unsicherheit läßt sich — unter sonst gleichbleibenden Bedingungen — zunächst reduzieren, die Stabilität der durch das Kartell nunmehr enger miteinander verbundenen Organisationen (Banken) erhöhen. Indem auch verstärkt auf Flexibilität und Dezentralisierung der Entscheidungsbefugnisse durch Anpassung der Kartellabsprachen an lokale und regionale Wettbewerbsverhältnisse geachtet wird, erfolgt eine insgesamt durchgreifende qualitative Veränderung der Verhaltensweisen und damit der Organisationen (Banken) selbst. — In entsprechender Weise treffen Sparkassen und Genossenschaftsbanken, jeweils für sich, kartellähnliche Absprachen.

Kalkulierbarer werden sehr wichtige Aktionen und Reaktionen der Banken: „Unter den absatzpolitischen Instrumenten sind es die preispolitischen, die in den Wirksamkeitsvorstellungen der Banken den ersten Rang einnehmen[159].“ Die Ausschaltung der Preiskonkurrenz sichert allerdings nicht allein eine oligopolistische Reaktionsverbundenheit; erforderlich ist auch die Minimierung des Wettbewerbs mit Nebenleistungen[160], die deshalb zunehmend Gegenstand der Kartellabsprachen werden. Ungeregelt bleibt kein Wettbewerbsbereich, sofern seine Einbeziehung in die Kartellabsprachen nur durchführbar und kontrollierbar ist, was offensichtlich bei den „Angebotsmengen“ des

157 *R. Liefmann*, Kartelle und Trusts und die Weiterbildung der volkswirtschaftlichen Organisationen, 4. erw. u. verb. Auflage, Stuttgart 1920, S. 10.

158 Vgl. *F. E. Emery* und *E. L. Trist*, S. 247. Siehe auch *P. Weise*, Einige Aspekte einer volkswirtschaftlichen Theorie der Unternehmung, S. 17. — In der älteren Literatur, inspiriert durch die jüngere historische Schule wird das Kartell dem Monopol zugeordnet: dadurch werden die offenen oder latenten Interessengegensätze innerhalb eines Kartells ausgeblendet. Um dies zu vermeiden, ist das Kartell dem Oligopol zuzuordnen. Vgl. *E. Heuss*, Das Kartell, S. 144 ff.

159 Vgl. *H.-J. Krümmel*, Bankzinsen, S. 168; s. zu den Besonderheiten der „universalbanktypischen Preispolitik“ ebd., S. 183 ff.

160 Vgl. hierzu allgemein auch *E. Heuss*, Das Kartell, S. 148 ff.; *E. Tuchtfeld*, Kartellsurrogate ..., S. 331 ff.

Kartells selbst und — mit Ausnahme des Wettbewerbsabkommens — bei dessen Außenseitern nicht gelingt, obwohl gerade davon eine kartellzersetzende Wirkung ausgeht.

Solange die Genossenschaftsbanken und Sparkassen dem Kartell der Privatbanken nicht beitreten, ist zu vermuten, daß sie sich in einer vorteilhaften Außenseiterposition befinden. Jedenfalls dehnen die Sparkassen ihre Geschäftsanteile und -stellen stark aus[161]. Sie bieten zumindest ähnliche Sortimente und Leistungsinhalte wie die Privatbanken an, wären in dieser Hinsicht also „kartellreif". Als Außenseiter reduzieren sie immerhin den Vorteil der Kartellierung, aber als Kartellmitglieder erhöhen sie die Kosten der kollektiven Einigung sowie deren Durchsetzung und Kontrolle. Was auch immer den Ausschlag gegeben haben mag, die sog. „große Verständigung" (d. h. Kartellierung i. S. der „Allgemeinen Abmachungen") zwischen den Privatbanken und den Sparkassen kommt auf privatwirtschaftlicher Organisationsbasis nicht zustande[162].

Die ungelöste Problematik der Außenseiter und der im Kartell der Privatbanken nicht geregelten „Mengen" deuten darauf hin, daß die Organisation des Bankenwettbewerbs latent instabil ist: Sofern die erzielten Wettbewerbs- und Marktbeschränkungen nur Bankpreise und Nebenleistungen betreffen, nicht aber potente Außenseiter und „Mengen" einbeziehen, sind sie und damit die Stabilität der kartellmäßig verbundenen Banken entscheidend von der Entwicklung der gesamten Nachfrage nach Bankleistungen vis à vis deren gesamtem Angebot abhängig. Unter der Annahme zumindest ähnlicher Kostenverläufe folgt aus der beabsichtigten Rentabilitätssicherung der Kartellmitglieder, dem vermehrten Marktzutritt von Außenseitern sowie der sachlichen und räumlichen Geschäftsausdehnung derselben *und* der Kartellmitglieder, daß gerade das Kartell bei Angebotsüberschüssen Bedingungen für eine ruinöse Konkurrenz erst schafft, die es beseitigen soll[163]. Dar-

[161] *H. Bente*, Das Eindringen des Staates und der Kommunen in das Bankwesen, in: Untersuchung des Bankwesens 1933, vorbereitendes Material, Ansprache und Referate, I. Teil, 1. Bd., Hrsg.: Untersuchungsausschuß für das Bankwesen 1933, Berlin 1933, S. 361 ff. Das „Bankierlegen" der Großbanken habe für den Mittelstand in der Kreditversorgung eine Lücke hinterlassen, in die die Sparkassen und öffentlichen Regionalbanken erfolgreich eingedrungen seien (ebd., S. 379). Siehe auch *R. Pilster*, S. 74 ff.; *G. Buschmann*, S. 53 ff.

[162] Vgl. *F. Otto*, S. 98.

[163] Vgl. auch *E. Heuss*, Das Kartell, S. 151 ff. Vgl. auch zur destabilisierenden Wirkung der Kartelle im Konjunkturabschwung mit Belegen *K. Muhs*, Kartelle und Konjunkturbewegung — Ein Beitrag zur Problematik der Wirtschaftskrise, Jena 1933, S. 94: „Die Stabilisierung (durch Kartelle, d. Verf.) jedoch wirkt dem Gebot der extensiven und gleichmäßigeren Lastenverteilung entgegen und tendiert dahin, den Druck konzentriert auf die nichtorganisierte Wirtschaft zu verlagern. Sie erzeugt neue Disproportionalitäten, neue Krank-

über hinaus ist die Stabilität der durch kartellähnliche Vereinbarungen auch verbundenen Außenseiter des Kartells zunehmend von dessen Stabilität abhängig. — In einer derartigen Situation, und nicht nur infolge der großen Zahl der Kartellmitglieder[164], mag unter bestimmten Umgebungsvoraussetzungen die Nachfrage nach staatlicher Regulierung anstelle der kartellmäßig bzw. kartellähnlich organisierten Wettbewerbs- und Marktbeschränkungen steigen: als Versuch der umfassenderen kollektiven Abstimmung bzw. umfassenderen Kalkulierbarkeit der Aktivitäten aller Banken.

4.4.3. Umgebungsvoraussetzungen für eine Bankenkrise sowie Folgerungen für Bankenverhalten und -regulierung

Eine letzte Steigerung der Komplexität der Umgebung ist erreicht, wenn diese aus sich selbst heraus dynamische, nicht vorhersehbare und kontrollierbare Einflüsse auf Organisationen ausübt („turbulent fields")[165]. Die Unsicherheit steigt beträchtlich an: Weil einzelne Strategien zur Erweiterung der Handlungs- und Kontrollmöglichkeiten zusammengenommen eigenständige Aggregateffekte unbekannten Ausmaßes hervorrufen (Beispiel: zahlreiche Menschen gehen im Gleichschritt über eine Brücke); weil ferner die sozio-ökonomischen Interdependenzen zunehmen („... economic organizations are increasingly enmeshed in legislation and public regulation")[166]; weil schließlich im Wettbewerbsprozeß ständig technologische Neuerungen eingesetzt werden. Unvorhersehbar sind auch die Konsequenzen der Aktionen einzelner Organisationen; ihre Überlebensfähigkeit, die Erhaltung des Systemcharakters durch Wachstum und Expansion hängt nunmehr entscheidend davon ab, daß die Aktionen den *Erwartungen* anderer Organisationen entsprechen[167].

Unter diesen Voraussetzungen sind die Anreize groß, Teile der Umgebung durch Stabilisierung und Institutionalisierung von differenzier-

heitsherde im Organismus der Wirtschaft, die auf dessen bislang noch widerstandsfähige Glieder übergreifen und den allgemeinen Niedergang verschärfen ..." *M. Tolksdorf* (—, Ruinöser Wettbewerb, S. 205) spricht in diesem Zusammenhang von „Symptomüberwälzung".

164 So *R. A. Posner*, S. 344 f.

165 Vgl. *F. E. Emery* und *E. L. Trist*, S. 248 f.

166 *Ebd.*, S. 249.

167 Für sozio-ökonomische Organisationen, dies sei nochmals betont, existiert nicht notwendigerweise nur ein negativer feedback-Mechanismus, der die Verhaltens- und Erwartungsanpassung steuert (homeostatisches Prinzip). Diese Abstimmung läßt sich auch nicht erzwingen, da auf diese Weise nur Aktionen verhindert, aber nicht realisiert werden könnten; und weiter: „... even if it were possible to effect coordination by force, there would not be enough enforcers to do this on a substantial scale." Vgl. hierzu ausführlicher *A. Rapoport*, S. 60 f.

ten Organisationsmechanismen („social values“, „matrix organisation“) in ihrer Komplexität zu reduzieren, d. h. wenigstens eigenständige dynamische Effekte der Umgebung auszuschalten: „By this transformation a field is created which is no longer richly joined and turbulent but simplified and relatively static. Such a transformation will be regressive, or constructively adaptive, according to how far the emergent values adequately represent the new environmental requirements[168].“ Bestrebungen zum Ausbau der Informationskanäle, zur Informationsgewinnung und -verarbeitung werden ebenso gefördert wie solche zur Spezifizierung der Handlungsalternativen: „This means relationships that will maximize co-operation and which recognize that no one organization can take over the role of ‚the other‘ and become paramount[169].“ Im Unterschied zu den Umgebungsvoraussetzungen für gemischt strategisch-taktisches Verhalten werden verstärkt Verhaltens- und Erwartungsabstimmungen auch zwischen ungleichen Organisationen erforderlich, weil deren Stabilität und Überlebensfähigkeit nicht mehr nur negativ, sondern positiv miteinander verknüpft ist; m. a. W.: ohne Verhaltens- und Erwartungsabstimmung treten unkontrollierbare Aggregateffekte auf, die alle Organisationen tendenziell gleich erfassen[170].

Es lassen sich nun aber Belege dafür anführen, daß es den Banken nicht gelingt, bestimmte „turbulente“ Entwicklungen in der Umgebung durch Verhaltens- und Erwartungsabstimmung ausreichend zu transformieren und zu kontrollieren: Das Privatbankenkartell kann seine „volkswirtschaftliche Notwendigkeit“ (Pilster) in einem Konjunkturabschwung wie dem Ende der 20er, Anfang der 30er Jahre nicht unter Beweis stellen[171]; es erlebt eine „Organisationskrise“ (Emery und Trist), zerbricht — und wird in komplexerer Form unter staatlicher Mitwirkung und Beteiligung reorganisiert.

Folgende Belege sprechen für diese Interpretation:

(1) Die „Übersetzung“ des deutschen Bankwesens, vor allem im Bereich der Privatbanken („Filialproblem“), beherrscht die Diskussion in den 20er und 30er Jahren. Nochmals angeführt sei in diesem Zusammenhang Walb: „Die Ursachen der gegenwärtigen Übersetzung liegen in der Schrumpfung des Wirtschaftsvolumens, der Ausdeh-

[168] Vgl. *F. E. Emery* und *E. L. Trist*, S. 252.

[169] *Ebd.*, S. 253.

[170] So läßt sich interpretieren, warum etwa in späteren Anpassungen der „Allgemeinen Abmachungen“ die Großbanken, vertreten durch die Stempelvereinigung, den Forderungen der Provinzbanken auf eine relativ starke Erhöhung der Konditionen widersprechen. Vgl. *R. Pilster*, S. 59 f. Zum Einlagensicherungsfonds der Privatbanken, als neueres Beispiel, vgl. auch *V. Ronge*, S. 195.

[171] Das gilt für Kartelle ganz allgemein. Vgl. *K. Muhs*, S. 94 und 132.

nung des alten Bankenapparates und in dem Vordringen neuer, insbesondere der Sphäre des öffentlichen Bankwesens angehöriger Institute. Die Übersetzung tritt in den steigenden Bankkonkurs- und Vergleichsziffern von 1927—1932 zutage. Von 1925—1932 erfolgten 921 Konkurse und 326 Vergleiche bei Kreditinstituten[172]."

(2) Bei dieser Angebotskonstellation, deren Auswirkungen nicht vorhersehbar sind, führt der einsetzende Konjunkturabschwung, dessen Dauer und Ausmaß ebenfalls nicht vorhersehbar sind, zu einer Entwicklung, die in die Bankenkrise von 1931 mündet. Festgestellt wird zwar, diese Krise übertreffe alles bisher Erlebte[173], aber über die Ursachen wird hierzulande in den folgenden Jahren wenig nachgedacht[174], und auch die Parallelen zu früheren Konjunkturkrisen bleiben weitgehend unbeachtet[175]. Demgegenüber schreibt Keynes bereits 1931: „The shattering German crisis of July 1931, which took the world more by surprise than it should, was in its essence a banking crisis, though precipitated, no doubt, by political events. That the top-heavy position which ultimately crumbled to the ground should have been built up at all was, in my judgement, a sin against the principles of sound banking ... But the fact which was primarily responsible for bringing it down was a factor for which the individual bankers were not responsible and which very few people foresaw — namely, the enourmous change in the value of gold money, and consequently in the burden of indebtedness which debtors... had contracted to pay in terms of gold[176]." Jede Bank hat demnach, ohne die Konsequenzen absehen zu können, „gesunde" Finanzierungsgrundsätze verletzt und wird dann von einer nicht prognostizierten, nicht kontrollierbaren Entwicklung überrascht, der sie — auch im Verbund mit anderen Banken der jeweiligen Bankengruppe — machtlos gegenübersteht, was die Unsicherheit für weitere Aktionen beträchtlich erhöht; die bisher erreichte Verhaltens- und Erwartungsabstimmung erweist sich angesichts dieser

172 Vgl. *E. Walb*, Übersetzung und Konkurrenz ..., S. 177.

173 Vgl. z. B. *E. Walb*, Die Bankkrise von 1931, S. 1.

174 Vgl. mit zahlreichen zeitgenössischen Belegen hierzu *K. Novy*, Weltwirtschaftskrise 1929, Krisenpolitik und Lehren, die man nicht zog, in: Strategien gegen die Arbeitslosigkeit, Hrsg.: K. G. Zinn, Köln 1977, S. 47 ff.

175 Vgl. als Ausnahme *H. Rittershausen*, S. 236 ff.

176 Vgl. *J. M. Keynes*, The Consequences to the Banks of the Collapse of Money Values (August 1931), in: ders., Essays in Persuasion, The Collected Writings, Vol. 9, Hrsg.: Royal Economic Society, London und Basingstoke 1972, S. 150. Rückblickend spricht Hart allgemein von einem „dept collapse": „In acute cases, such as the great depression, it appears that to let these changes take their course would mean social collapse." Vgl. *A. G. Hart*, Depts and Recovery, A Study of Changes in the Internal Dept Structure from 1929 to 1937 and a Program for the Future, New York 1938, S. 7 und 12. Siehe auch die Belege bei *E. Born*, S. 157 f.

Entwicklung als völlig unzureichend, — ja der kartellmäßige Verbund der Privatbanken und die vergleichbaren Abstimmungen in der Gruppe der Sparkassen und Genossenschaftsbanken können sogar „ungesunde“ Finanzbeziehungen, mithin die Bankenkrise *gefördert* haben. — Hierauf ist unter geldtheoretischen Gesichtspunkten zurückzukommen.

(3) Beispielhaft für die zunehmende Komplexität der Umgebung, in der Banken operieren, für die Vielfältigkeit der Usancen und Organisationsmechanismen, durch die sie auch international miteinander und mit anderen Organisationen verbunden sind, ist die hohe kurzfristige Auslandsverschuldung[177]. Aus dieser Vielfältigkeit resultieren bei zunehmender Unsicherheit allerdings Kettenreaktionen.

(4) Nach der Reichstagswahl 1930 zieht das Ausland massiv Kredite zurück, worauf die Reichsbank mit einer Diskonterhöhung reagiert und die Inlandsbanken die Kreditgewährung einschränken. Gerüchte über riesige Bankenverluste beim Nordwolle-Konzern lösen einen Run der Auslandsgläubiger aus, der durch Kapitalflucht verstärkt wird. Die Reichsbank ist für die Banken zunächst noch „lender of last resort“, verweigert dann aber der Darmstädter und Nationalbank, die von Verlusten und Kreditabzügen der Auslandsbanken besonders betroffen ist, die Refinanzierung, so daß diese ihre Schalter schließen muß. Es folgt ein allgemeiner Inlandsrun, der durch Bankfeiertage, Beschränkung der Auszahlungsverpflichtung, Devisenzwangsbewirtschaftung, Stillhalteabkommen mit Auslandsgläubigern, erweiterte Refinanzierungsmöglichkeiten usw. aufgefangen wird. Es folgen ferner umfangreiche Stützungsmaßnahmen des Staates für die Großbanken, des Garantieverbandes für die öffentlich-rechtlichen Banken[178].

(5) Zusammenfassend stellt Stucken fest: „Etliche deutsche Banken waren so groß geworden, daß ihr Zusammenbruch nicht mehr eine Privatangelegenheit einiger Interessenten war, sondern so tief in das gesamte Wirtschaftsleben eingriff, daß der Staat im Notfall helfend einspringen mußte. Aus diesem Tatbestand war aber die

[177] Vgl. *G. Hardach*, Reichsbankpolitik und wirtschaftliche Entwicklung 1924—1931, in: Schmollers Jahrbuch, 90. Jg. (1970), S. 563 ff.

[178] Vgl. *E. Walb*, Die Bankkrise von 1931; *E. Born*, insbesondere der Anhang S. 184 ff.; *R. Stucken*, Deutsche Geld- und Kreditpolitik ..., S. 77 ff. Siehe auch daran anknüpfend H. Irmler. Die Rolle der Auslandsschulden, als *Ursache* der Krise, ist umstritten: Vgl. *P. Teming*, The Beginning of the Depression in Germany, in: Economic History Review, Vol. 24 (1971), S. 240 ff.; *ders.*, Did Monetary Forces Cause the Great Depression?, New York 1976, S. 152 ff.; s. dagegen *T. Mayer*, Money and the Great Depression: A Critique of Professor Temin's Thesis, in: Explorations in Economic History, Vol. 15 (1978), S. 127 ff. — Eine Entscheidung ist im vorliegenden Zusammenhang nicht erforderlich.

Folgerung zu ziehen: Mußte der Staat im Notfall einspringen, so mußte er auch schon in ruhiger Zeit die Entwicklung beeinflussen können. Das Prinzip des Laissez-faire im deutschen Bankwesen war am Ende[179].“ Nun, es war, wie dargelegt, viel früher am Ende[180], und was folgt, ist eine Reorganisation der Markt- und Wettbewerbsbeschränkungen in komplexerer Form.

(6) An die Stelle des Privatbankenkartells und ähnlich wirkender Vereinbarungen der anderen Bankengruppen tritt die allgemeine Bankenaufsicht[181], die an ein alle Banken umfassendes Zwangskartell von 1931 anknüpft; trotz des Zwangskartells einigen sich die Spitzenverbände der Banken ab 1932 jeweils vorher auf die Inhalte der einzelnen Zinsverordnungen[182]. Was die kartellierten Privatbanken nicht erreichen, wird durchsetzbar, nämlich die Schließung des Marktes für neue Mitwettbewerber: Die Eröffnung neuer Banken, Filialen oder Zweigstellen ist künftig an eine Erlaubnis mit Bedürfnisprüfung gebunden (bis 1958 in Kraft). Eine Regulierung des Geschäftsumfangs durch Liquiditätsvorschriften ist zwar vorgesehen, wird faktisch bis 1961 aber nicht genutzt; allein Großkredite sind

---

179 Vgl. *R. Stucken*, Deutsche Geld- und Kreditpolitik ..., S. 88. Ähnlich formuliert *H. Bente*, S. 394 f.: An die Stelle privatrechtlicher Organisationsformen des Bankenwettbewerbs „... trat geradezu als zwangsläufiges Ergebnis *ökonomischer* Überlegungen das Verlangen nach einem regulierenden und überwachenden organisatorischen Überbau“. Siehe auch die Rundfunkrede des Reichskanzlers vom 4. 8. 1931, zit. bei *W. Möschel*, Das Wirtschaftsrecht der Banken, S. 204.

180 Auch wenn man unter „laissez-faire“ nur fehlende Staatseingriffe versteht, wie es damals hierzulande anscheinend üblich war (vgl. *G. Halm*, Die Konkurrenz, München und Leipzig 1929, S. 121), ist Stuckens Feststellung vom Ende des „laissez-faire“ angreifbar. Vgl. die Belege bei *H. Rittershausen*, Der Neubau des deutschen Kreditsystems, Berlin 1932, S. 76. Es existierten bereits umfangreiche Regulierungsmaßnahmen für den Kapitalmarkt, und auch der Geldmarkt sei infolge der Abhängigkeit von der Refinanzierung durch die Reichsbank nie frei gewesen. Siehe zu weiteren staatlichen Regulierungsmaßnahmen vor Einführung der allgemeinen Bankenaufsicht *I. L. Bähre* und *M. Schneider*, S. 41 ff.; *V. Szagunn* und *W. Neumann*, S. 3 ff.

181 Vgl. zur Diskussion hierüber bereits im Anschluß an die Krise 1907 *H. Rittershausen*, Die Bankenenqueten ...; *K. Mellerowicz*.

182 Ab 1945 erfolgt mit der Auflösung der Spitzenverbände — sie haben ab 1950 jedoch bereits wieder beratende Funktionen — eine staatliche Festsetzung der Zinsen. Ab 1961 wird das „Initiativrecht“ der Spitzenverbände i. S. des § 23 KWG wieder eingeführt, dessen Wegfall mit der Zinsliberalisierung 1967 durch Aufwertung des Kartellprivilegs des § 102 GWB kompensiert. Vgl. *G. Buschmann*, S. 75 ff.; *I. L. Bähre* und *M. Schneider*, Anm. 10 zu § 23 KWG, S. 292 f. — Die Kontinuität in der Regulierung der Zinsen vom Kartell der Privatbanken und den Vereinbarungen anderer Bankengruppen bis zur heutigen „privatwirtschaftlichen Marktordnung“ durch Zinsempfehlungen der Spitzenverbände ist anscheinend nur gezwungenermaßen zeitweilig unterbrochen; an der Kontinuität des Zwecks der Zinsregulierungen hat sich wenig geändert. Es ging schon immer um Rentabilitätssicherung und -erhöhung zu Lasten des Wettbewerbs und auf Kosten der Marktgegenseite.

im Verhältnis zur Kapitalausstattung begrenzt. Der überkommene Bankenapparat bleibt weitgehend erhalten, obwohl man erörtert „... ob nicht einzelne Banktypen übermäßig entwickelt worden wären, ob es sinnvoll wäre, eine vollzogene Expansion rückgängig zu machen“[183].

(7) Die Bankenaufsicht wird vor allem da umfangreicher als frühere Regelungen, wo das Privatbankenkartell Schwachstellen aufweist: Schließung des Marktes; Beschränkung bestimmter Kredite; Einbeziehung früherer Außenseiter in die Bankpreisregulierung. Der Übergang von Kompetenzen zur Durchführung und Kontrolle auf das Aufsichtsamt ist anzusehen als Reorganisation auf höherer Stufe, da die Bankenverbände einbezogen werden, und außerdem „der regulierende Einfluß ..., den früher die öffentlichen (d. h. öffentlich-rechtlichen; d. Verf.) Banken betont für sich in Anspruch genommen haben, ... dadurch wesentlich an Bedeutung (verliert)“[184], d. h. gebremst *und* zentralisiert wird[185].

Die angeführten Belege beschreiben Auswirkungen einer „turbulenten“, d. h. über-komplexen und unprognostizierbar veränderlichen Umgebung auf Organisationen (Bank, Bankengruppen, Publikum und Staat), die zum Zusammenbruch überkommener Organisationsmechanismen und zur Reorganisation auf höherer, komplexerer Stufe („matrix organization“) führen. Die Belege passen zwar zu der vorgestellten systemtheoretischen Interpretation, dürfen aber nicht den Eindruck erwecken, als sei mit der Reorganisation die Transformation einer derartigen, in sich dynamischen Umgebung in eine in sich statische für immer gelungen. Trotz dieser Reorganisation, deren heutiges

---

[183] Vgl. *R. Stucken*, Deutsche Geld- und Kreditpolitik ..., S. 106 f. So stellen die Privatbanken Forderungen auf, deren Erfüllung die Sparkassen — mit Ausnahme des Personalkredits — auf den Geschäftsumfang der Vorkriegszeit bringen würde: Vgl. *Centralverband des deutschen Bank- und Bankiergewerbes,* Die Wiederherstellung gesunder Konkurrenzverhältnisse im deutschen Kreditgewerbe durch eine örtliche und sachliche Einschränkung des Geschäftsbereiches der Sparkassen und sonstiger öffentlich-rechtlicher Kreditanstalten, Gutachten, Materialien zur Vorbereitung der Banken-Enquete 1933, zusammengestellt vom Centralverband des deutschen Bank- und Bankiergewerbes, vervielf. Manuskript, Berlin 1933, S. 207 ff. Ähnliche Forderungen, unter Einbeziehung der Großbanken als Adressaten, erheben die Provinzbanken: Vgl. *H. v. Moller,* Forderungen des Provinzbankierstandes für die bevorstehende Neuordnung im Kreditgewerbe, ebd., S. 241 ff.

[184] Vgl. *E. Walb*, Übersetzung und Konkurrenz ..., S. 153. Zum Zwangskartell stellt *H. Schäffer* (S. 333) allgemein fest, die Ausschaltung des von Außenseitern drohenden Wettbewerbs mache es notwendig, „... der Staatsgewalt einen gewissen Einfluß ... zur Verhütung von Mißständen zu gewähren“.

[185] Die Sparkassenreform sieht für Sparkassen vor, sie als Anstalten des öffentlichen Rechts auszubauen und den Einfluß von Gemeinden und Verbänden derselben zu verringern. Vgl. *E. Born*, S. 164 ff.

Ausmaß Abschnitt 2.2. und deren Auswirkungen Abschnitt 3. umreißen, ist in einer entwickelten privat-dezentralen Geldwirtschaft weiterhin mit Organisationskrisen zu rechnen. Auch deshalb müßte man den positivistischen Anspruch relativieren, der in den amtlichen Begründungen (vgl. Abschnitt 2.1.) mit der Bankenregulierung verbunden wird. Der Grund liegt in der letztlich nicht auf ein kalkulierbares Maß zu reduzierenden Unsicherheit, unter der irreversible Entscheidungen in der Vergangenheit getroffen wurden oder in der Gegenwart getroffen werden, Entscheidungen, deren Ergebnisse sich erst in der Zukunft realisieren. Hiermit sind geldtheoretische Fragestellungen angesprochen, auf die Abschnitt 5. näher eingeht.

Mit der vorliegenden systemtheoretischen Interpretation der Bankenkonzentration, -kartellierung, -krise und -regulierung ist m. E. ein Bezugsrahmen gewonnen, der neben Strategien verschiedener Komplexität, deren Analyse heutzutage vordringlich ist, auch Verhaltensweisen i. S. des für frühere Zeiten relevanten Konkurrenzmodells als Grenzfälle erfaßt und in den sich auch ad hoc Begründungen der Bankenregulierung (vgl. Abschnitt 2.3.) als Teilaspekte einordnen lassen. Fragestellungen, wie die im folgenden Kapitel aufgegriffenen, werden nicht von vornherein ausgeklammert, sondern erschlossen. Man kann diesen Bezugsrahmen somit gleichsam wie einen Rohbau ansehen, den man vervollständigen und an den man neue Teile anfügen kann.

Die staatliche Bankenregulierung braucht innerhalb dieses Bezugsrahmens weder als Übergriff des Staates[186] noch als mittlere Lösung zwischen Sozialisierung und „laissez faire“[187] begriffen zu werden. Mit Ausnahme der zunächst verordneten Zinssenkung[188] wurde die Bankenregulierung nämlich anscheinend als vorteilhafte Reorganisation des Bankenwettbewerbs und willkommenes Instrument für umfassende Markt- und Wettbewerbsbeschränkungen akzeptiert; anders ließe sich, auch unter Berücksichtigung der zutreffend beschreibenden Produzentenschutz-Hypothese der Theorie der Regulierung, nicht erklären, warum die Grundsätze des KWG von 1934 bis heute erhalten blieben und darüber hinaus als Vorgaben für die Ausnahmebereichsregelung dienten. Wie auch immer man ferner das Prinzip des „laissez-faire“ definieren mag — als Charakterisierung des Wettbewerbsprozesses oder als Gewerbefreiheit bzw. als fehlende staatliche Eingriffe[189] —,

[186] So z. B. *H. Linhardt*, S. 13.

[187] So z. B. *G. Buschmann*, S. 66 ff.

[188] Vgl. *E. Born*, S. 165.

[189] Vgl. zu den Ursprüngen und den später popularisierten Versionen dieses Prinzips *J. M. Keynes*, The End of Laissez-Faire (1926), in: ders., Essays in Persuasion (1931), The Collected Writings, Vol. 9, Hrsg.: Royal Economic Society, London und Basingstoke 1972, S. 272 ff.

es stand bei Einführung der Bankenregulierung gar nicht mehr zur Disposition, weil es in dem dargestellten *Kontinuum von Anpassungen der Banken(verbände)* an eine zunehmend komplexe Umgebung bereits aufgehoben worden war. Das gleiche gilt schließlich für eine etwaige Sozialisierung: Die Stützungsmaßnahmen der Reichsbank wurden teilweise als „Sozialisierung der Verluste" kritisiert[190]; von offizieller Seite sollte zudem eine „Bankenverstaatlichung" um jeden Preis verhindert werden[191]; die Staatsbeteiligungen an den Großbanken wurden denn auch 1933 ohne jegliche Publizität von einem Bankier-Konsortium zurückgekauft[192].

Die staatliche Bankenregulierung läßt sich innerhalb des vorgestellten Bezugsrahmens vielmehr als umfassendere Alternative anstelle derjenigen Wettbewerbs- und Marktbeschränkungen begreifen, die vorher bestanden. Sie ermöglicht — wie diese Beschränkungen — distributive Wirkungen, die sonst nicht zu realisieren wären. Über deren Höhe gibt es in der vorliegenden Literatur keine Angaben. Präferiert wurde diese Alternative, als die Umgebung zu den Störungen aus Intra-System-Interaktionen („disturbed reactive environment") aus sich selbst heraus bisher unbekannte und unvorhersehbare dynamische Wirkungen („turbulent fields") hervorbrachte, wie sie in der Weltwirtschafts- und Bankenkrise zum Ausdruck kamen. Nunmehr war die Institutionalisierung dieser Alternative in Form umfassender Wettbewerbs- und Marktbeschränkungen und deren Kontrolle durch staatliche Behörden konsensfähig[193], d. h. nicht mehr mit prohibitiven Kosten belegt.

Nur insofern mag man die Bankenregulierung in Abwandlung eines berühmten Zitats von Kleinwächter deshalb als „Kind der Noth" bezeichnen[194]. Wieso nun aber die beschriebenen Kettenreaktionen im An-

---

190 Vgl. *H. v. Moller*, S. 241; *E. Born*, S. 180, 196.

191 *Ebd.*, S. 189, 230 f. und 214: „Der Reichskanzler wies darauf hin, daß es notwendig sei, der Gefahr zu begegnen, die in einem Aufkommen der öffentlichen Meinung wegen Verstaatlichung des gesamten Bankenapparates liegen könnte" (Auszug aus der Niederschrift über die Ministerbesprechung vom 30. 7. 1931). *Ebd.*, S. 221: „Bei den Hilfsmaßnahmen ... sei die Reichsregierung nicht etwa von der Absicht ausgegangen, sich mit Kapital an den Großbanken zu beteiligen. Die Maßnahmen seien lediglich Notmaßnahmen gewesen ..." (so erneut Reichskanzler Brüning in einer Sitzung des Wirtschaftsausschusses des Kabinetts vom 18. 8. 1931). Zur anhaltenden Verstaatlichungsfurcht der Banken(verbände) vgl. *V. Ronge*, S. 195.

192 Vgl. *E. Born*, S. 176.

193 Vgl. auch für die USA *A. Phillips*, Competitive Policy ..., S. 345.

194 Vgl. *F. Kleinwächter*, Die Kartelle — Ein Beitrag zur Frage der Organisation der Volkswirtschaft, Innsbruck 1883, S. 142 f.: „Von mehreren meiner Gewährsmänner wird nämlich übereinstimmend hervorgehoben, daß vielleicht die meisten der in Deutschland und Österreich bestehenden Kar-

schluß an die Organisationskrise im Bankenbereich ein so großes Ausmaß annehmen konnten, daß eine staatliche Regulierung für Banken konsensfähig wurde, läßt sich abschließend nur geldtheoretisch klären; denn zur Beantwortung dieser Frage reichen die vorgestellte Interpretation und die angeführten Belege nicht aus. Darüber hinaus ist aus geldtheoretischer Sicht zu fragen, inwieweit das Regelwerk der geltenden Bankenregulierung geeignet ist, zukünftig „Organisationskrisen" zu verhindern. — Hinter diesen Fragen steht implizit die These, „Organisationskrisen" in anderen Branchen — mit Kartellen und/oder staatlichen Regulierungen — hätten eher begrenzte Auswirkungen, zumindest im Vergleich mit den beschriebenen Kettenreaktionen, die sich durchaus wiederholen mögen; das ist zu begründen.

telle ... Kinder der Noth seien." Und weiter: „Die Noth macht eben die Menschen gefügiger und veranlaßt sie sich zu einigen und mit vereinten Kräften der gemeinsamen Gefahr entgegen zu treten ..."

5. Moderne Geldwirtschaft, Bankenverhalten und Bankenregulierung

5.1. Einführung

Dic gewerbe- und wettbewerbsrechtliche Behandlung der Banken (Abschnitt 2.2.) führt zu hoheitlichen und privatautonomen Wettbewerbsbeschränkungen, die allgemein mit der Vermeidung von Bankinsolvenzen und mit geldpolitischen Erfordernissen gerechtfertigt werden (Abschnitt 2.3.). Obwohl vereinzelt Kritik an dieser Rechtslage und deren Folgen geübt wird, stellt Stützel zutreffend fest, man habe sich an die Sonderstellung der Banken gegenüber anderen Wirtschaftszweigen und an die Notwendigkeit einer staatlichen Bankenregulierung gewöhnt. Hierzu hätten beigetragen, daß die Banken nach der „Geldmengenphilosophie“ der naiven Quantitätstheorie als regulierungsbedürftiger „Geldversorgungsapparat“, daneben als regulierungsbedürftiger „Kreditversorgungsapparat“ angesehen würden und daß schließlich „... Bankguthaben nicht gewöhnliche Geldforderungen seien ..., sondern Vermögensobjekte besonderer Art, Forderungen mit öffentlich garantierter Bonität“[1].

Die Sonderstellung der Banken ist indes keine auf deutsche Verhältnisse beschränkte Erscheinung. So formuliert Revell: „In all countries credit institutions are regulated for two quite distinct purposes: (1) to ensure their soundness and prudential operation; (2) for reasons of monetary policy and the control of credit. In the economists' jargon the first can be referred to as ‚micro‘ regulation, and the second as ‚macro‘ regulation[2].“ In ähnlicher Weise meint Meltzer, die verschiedenen, in der amerikanischen Literatur angeführten Begründungen für die Regulierung der Banken „... appear to fall into one of three categories which I shall call the macro, the micro, and the failure arguments“[3]. Der letztere Aspekt betreffe mikro- und makroökonomische Sachverhalte: Insolvenzen einzelner und vieler Banken sowie Fragen der Einlagensicherung.

---

[1] Vgl. *W. Stützel,* Bankpolitik ..., S. 9 ff., Zitat S. 11.

[2] Vgl. *J. Revell,* S. 1.

[3] Vgl. *A. H. Meltzer,* Major Issues in the Regulation of Financial Institutions in: The Journal of Political Economy, Vol. 75 (1967), S. 485.

Nach welchen Kriterien man auch immer die Sonderstellung der Banken und die Bankenregulierung rechtfertigen, erklären oder systematisieren mag, stets werden dabei, wie auch in früheren Abschnitten dieser Arbeit gezeigt wurde, geldtheoretische und geldpolitische Zusammenhänge angesprochen. Diese verstärkt und systematisch in die Diskussion der Bankenregulierung einzubeziehen, ist Aufgabe des folgenden Hauptabschnittes[4]. Dessen wichtigste Ergebnisse sind:

— Von Keynes und den Autoren, die im Rahmen des „neuen postkeynesianischen Paradigmas" (Eichner und Kregel) argumentieren, werden kurz- und langfristige nicht-neutrale Wirkungen des Geldes systematisch erklärt; endogene Instabilitäten — also auch Bankenkrisen wie die von 1907 und 1931 — gehören im Rahmen dieses Paradigmas zu den wiederkehrenden Besonderheiten einer modernen Geldwirtschaft mit ausgebauten, privat-dezentralen Finanzbeziehungen und ausgebautem Finanzsektor. Banken, als Marktorganisatoren für Giralgeld, sind explizit in die Analyse einzubeziehen; ihre Bedeutung gegenüber anderen Finanzintermediären verdanken sie der allgemeinen Anerkennung des Geldcharakters von Giralgeld *und* der Refinanzierungsgarantie der Zentralbank (Abschnitt 5.2.).

— Mit der Einführung von Geld, Finanzbeziehungen, Finanzintermediären werden neue Finanztechnologien realisiert, die eine effizientere Dezentralisierung wirtschaftlicher Aktivitäten ermöglichen. Geld hat aber darüber hinaus die Funktion, Unsicherheit zu reduzieren; denn für die neue post-keynesianische Theorie ist die historische, irreversible Zeit essentiell, d. h. die Einsicht, daß Unsicherheit über Zukunftsmärkte nicht vollständig handelbar ist. Hieraus folgen potentielle Ungleichgewichte auf Güter-, Faktor- *und* Finanzmärkten, die miteinander verknüpft sind und sich verstärken. Die mikroökonomische Erklärung von Marktprozessen, die unter Ungleichgewichtsbedingungen ablaufen, darf indes nicht überschätzt werden, sofern sie im Rahmen reduktionistischer Modelle erfolgt (Abschnitte 5.3.1. und 5.3.2.).

---

[4] Das Erkenntnisobjekt der Geldtheorie wird hier weit gefaßt; vgl. auch *A. Leijonhufvud*, On Keynesian Economics and the Economics of Keynes — A Study in Monetary Theory, London-Toronto 1968, S. 5: „In the days of Keynes and Pigou, a ‚monetary economist' was still someone who took the entire economic system as his study object." Dennoch sei vorab festgestellt, daß die (mikroökonomische) Gleichgewichtstheorie und die makroökonomische Geldtheorie noch nicht befriedigend integriert worden sind, um von *einer* geschlossenen Geldtheorie sprechen zu können. Dieses Manko prägt auch die folgenden Ausführungen. Vgl. als Überblick *E. R. Weintraub*, Microfoundations — The compatibility of microeconomics and macroeconomics, Cambridge usw. 1979, insbes. S. 159 f.

— Die Gebundenheit an vergangene Entscheidungen, die Unsicherheit zukünftiger Ereignisse sowie der Informationsfluß über gegenwärtig realisierte und in der nahen Zukunft wahrscheinlich realisierbare Ereignisse bedingen, daß jede Entscheidungssituation einzigartig ist und plötzliche, starke Verhaltensänderungen auftreten können; das gilt speziell auch für Entscheidungen über Finanzbeziehungen, d. h. direkte oder indirekte Gläubiger-Schuldner-Beziehungen. Die wirtschaftliche Entwicklung setzt die Finanzierung der Investitionen über Kredite geradezu voraus (Schumpeter); die „Nachfrage nach Kapital" ist eine Nachfrage nach Krediten zur Finanzierung eines bestehenden oder auszudehnenden Kapitalbestandes (Keynes). Finanzbeziehungen in einer modernen Geldwirtschaft implizieren demnach spekulative Positionen der Investoren, Forderungsinhaber (Anleger, Einleger) *und* der Banken (Abschnitt 5.3.3.).

— Von spekulativen intersektoralen Finanzbeziehungen können destabilisierende Wirkungen auf die Investitionen ausgehen, die — bei gegebenem Zentralbankgeldangebot — endogen zu erklären sind, und zwar mit dem „finance motive" der Geldnachfrage, einem wichtigen Baustein der keynes'schen und neuen post-keynesianischen Ungleichgewichtstheorie. Banken sind das entscheidende Mittelglied innerhalb dieser Finanzbeziehungen; ihre Liquidität wird neuerdings verstärkt von den erwarteten Amortisationszahlungen und attrahierten Einlagen bestimmt, von Zahlungsströmungen also, die mit der Einkommensentstehung, -verteilung und -verwendung zusammenhängen und für die keine Refinanzierungszusagen der Zentralbank vorliegen (Abschnitt 5.4.1.).

— Nur zu Beginn eines Investitionsbooms, der hier ebenso wie die Zentralbankgeldmenge als gegeben vorausgesetzt wird, reagieren das Finanzierungs- bzw. Geldangebot der Banken und die Umlaufgeschwindigkeit des Geldes zinselastisch. Im späteren Verlauf des Investitions- und Finanzierungsbooms entstehen aus je individuell rationalen Investitions- und Finanzierungsentscheidungen gesamtwirtschaftlich zunehmend komplexe Handlungsumgebungen, so daß zuvor stabilisierte Konventionen i. S. von Keynes kollabieren und Finanzkrisen entstehen können: und zwar infolge steigender Zinssätze und sich verschlechternder Refinanzierungsmöglichkeiten, also infolge allmählich auftretender endogener Beschränkungen. In Wirtschaften mit privat-dezentralen Investitions- und Finanzierungsentscheidungen fehlt ein Organisationsmechanismus zur kollektiven Erwartungs- und Verhaltensabstimmung (Abschnitt 5.4.2.).

— Durch eine Erhöhung des Zentralbankgeldangebots würde in der Spätphase eines Investitions- und Finanzierungsbooms die Instabilität der Finanzbeziehungen in eine Instabilität des Preisniveaus lediglich transformiert und in ihren Auswirkungen umverteilt. Eine geldpolitische Beschränkung inflationärer Preissteigerungen transformierte wiederum lediglich die Instabilität des Preisniveaus in eine solche der Investition, Beschäftigung und der Einkommen mit entsprechender Umverteilung der Auswirkungen. Dieses geldpolitische Dilemma läßt sich im Rahmen eines privat-dezentralen Entscheidungssystems nicht — eben auch nicht durch eine Geldverfassung i. S. von Lutz — lösen, wie die gegenwärtige Stabilisierungskrise hierzulande zeigt, d. h. die sehr großen Arbeitskraftreserven infolge sehr hoher und anhaltender globaler Unterbeschäftigung — bei nicht beseitigten inflationären Preissteigerungen (Abschnitt 5.4.3.).

— Banken können und wollen nicht Risiken übernehmen, die sich aus intersektoralen, in der Spätphase eines Investitions- und Finanzierungsbooms zunehmend instabilen Finanzbeziehungen ergeben; die Absicherung derartiger Risiken entspricht deshalb der Bereitstellung eines öffentlichen Gutes — die betriebene Rentabilitätssicherungspolitik der Fachaufsicht einem zusätzlichen, für die Einzelbank internalisierbaren Bonus. Die neue post-keynesianische Geldtheorie erklärt, wie eine erfolgreiche Rentabilitätssicherung und eine privatwirtschaftliche Marktordnung durch Zinsempfehlungen der Bankenverbände den Schutz des gesamten Bankensystems vor instabilen Finanzbeziehungen erschwert und Ablaufprobleme der Fachaufsicht vergrößert. Ferner widerlegt der Fall Herstatt die Insolvenzursachentheorie der Fachaufsicht; bei generell zunehmender Konzentration im Bankenbereich benötigt die Fachaufsicht künftig eine Strategie zur Behandlung von Zusammenbrüchen relativ großer Banken. Mißbrauchskriterien der Kartellaufsicht sind aus der Analyse langfristiger und irreversibler Veränderungen der Handlungsmöglichkeiten und -beschränkungen im Bankenwettbewerb zu entwickeln — und gegenüber der Fachaufsicht durchsetzbar zu machen. Insofern können die Theorie der Regulierung und die Theorie offener Systeme dazu beitragen, Ablaufprobleme der Kartellaufsicht zu präzisieren und Banken wirksamer zu regulieren.

5.2. Nicht-Neutralität des Geldes und die Rolle der Banken

Führt die ökonomische Theorie der Regulierung, wie gezeigt wurde, auch zu dem Ergebnis, daß die Bankenregulierung weniger im Interesse der Allgemeinheit als im Interesse der Banken durchgesetzt wird, ein Ergebnis, das sich teilweise auch anhand der praktizierten Fach- und Kartellaufsicht belegen läßt, so wäre — unabhängig von Distributionswirkungen — doch zu bedenken, daß Banken möglicherweise in ihrer Eigenschaft als monetäre Finanzintermediäre[5] z. T. besondere Funktionen im Interesse der Allgemeinheit erfüllen, weil Geld — wie etwa bei Lutz — den Charakter eines öffentlichen Gutes hat. In der geldtheoretischen Literatur wird denn auch Geld beispielsweise als soziales Phänomen (Harrod[6]), als soziale Errungenschaft (Clower[7]) oder i. S. der Institutionalisten als kapitalistische Institution (Petersen[8]) bezeichnet; seit den Klassikern herrscht zumindest auch darüber Einigkeit, daß Geld „... exerts a distinct and independent influence of its own *when it gets out of order*“[9].

Es liegt also nahe, die Sonderstellung der Banken eingehender geldtheoretisch zu untersuchen, als das bisher geschah. Zunächst ist dabei nach den Voraussetzungen zu fragen, daß Geld „... gets out of order“, d. h. nach dem gleichsam kleinsten gemeinsamen Nenner, den die Geldtheorie als Erklärung für geldpolitische Maßnahmen und für staatliche Regulierungen aufweist; denn zumindest in diesem Fall wirkt Geld anerkanntermaßen nicht-neutral. Wenn nun aber, wie Keynes mit guten Gründen behauptet, *Geld* darüber hinaus grundsätzlich kurz- und langfristige nicht-neutrale Wirkungen hat[10], sind dann auch *Banken* notwendigerweise Adressaten der Geldpolitik oder Regulierung? M. a. W.: Braucht man dann eine Geldtheorie mit institutionellen Details, also etwa mit Banken, als einflußreichen und daher hervorzuhebenden Akteuren?

---

[5] Diese Terminologie geht zurück auf *J. G. Gurley* und *E. S. Shaw*, Money in a Theory of Finance (1960), Washington, D.C., Nachdruck 1966. Zur Funktion von Banken als partiell nicht-monetäre Finanzintermediäre vgl. z. B. *J. M. Culbertson*, Intermediaries and Monetary Theory: A Criticism of the Gurley-Shaw Theory, in: The American Economic Review, Vol. 48 (1958), S. 120; *J. Aschheim*, Commercial Banks and Financial Intermediaries, Fallacies and Policy Implications, in: Journal of Political Economy, Vol. 67 (1959), S. 67.

[6] Vgl. *R. Harrod*, Money, London und Basingstoke 1969, S. X.

[7] Vgl. *R. W. Clower*, Introduction, in: ders. (Hrsg.), Monetary Theory, Penguin Modern Economics Readings, Harmondsworth 1969, S. 14 f.

[8] Vgl. *W. C. Peterson*, S. 28. Zur Interpretation des Geldes als Voraussetzung und Folge zunehmender gesellschaftlicher Verflechtung, Abhängigkeit und Integration vgl. auch *N. Elias*, Bd. II, S. 61 ff.

[9] Vgl. *J. St. Mill*, Principles of Political Economy, 6. Aufl. (1900), zit. nach *B. Moore*, An Introduction to the Theory of Finance — Assetholder Behaviour Under Uncertainty, New York und London 1968, S. 4. Hervorhebung nicht im Original, d. Verf.

[10] Vgl. zur notwendigen Unterscheidung von Gütertausch- und Geldwirtschaft, zur Neutralität und Nicht-Neutralität des Geldes *J. M. Keynes*, A Monetary Theory of Production, in: Der Stand und die nächste Zukunft der Konjunkturforschung, Festschrift für A. Spiethoff (1933), abgedr. in: ders., The General Theory and After, Part I, The Collected Writings, Bd. 13, Hrsg.: D. Moggridge für die Royal Economic Society, London und Basingstoke 1973, S. 408 ff. Vgl. neuerdings vor allem *P. Davidson*, Why Money Matters: Lessons from a Half-Century of Monetary Theory, in: Journal of Post Keynesian Economics, 1/1978, S. 46 ff. S. auch *D. Vickers*, Financial Markets in the Capitalist Process, University of Pennsylvania Press, o. O. 1978.

Diese Fragen lassen sich zunächst unter Hinweis auf das Prinzip der Einheitlichkeit der Geldversorgung bejahen: „Werden Einlagen bei Banken als Geld (Buchgeld, Giralgeld) angesehen, so ist der Staat als Träger der Geldhoheit genötigt, der Sicherstellung der Einlagen Aufmerksamkeit zu widmen[11]." Da eine derartige Feststellung heutzutage überflüssig erscheinen mag, sei darauf hingewiesen, daß gerade nach den krisenhaften Entwicklungen von 1907 und 1931 diskutiert wurde, was gesetzliches Zahlungsmittel sei und was nicht, ob der bargeldlose Zahlungsverkehr gefördert werden solle oder nicht. Denn die „... Akkumulation undeckbarer Terminlieferungsverpflichtungen (das sind Zahlungsververpflichtungen des Publikums *und* der Banken, d. Verf.) ist es im Grunde gewesen, die 1907 und 1931 die Kreditsysteme fast aller Länder der Welt erschüttert, wenn nicht sogar umgeworfen hat"[12]. Dazu beigetragen habe jeweils, daß die Reichsbank die Banken, gerade auch als „market maker" für Giralgeld nicht beliebig refinanzierte. Das Prinzip der Einheitlichkeit der *Geld*versorgung beruht somit letztlich auch auf Refinanzierungsgarantien der Zentralbank für *Banken*[13].

Mit der Betonung von Geld als besonderer Institution, der Anerkennung des Geldcharakters von Giralgeld, der Refinanzierungsgarantie der Zentralbank erlangen Banken somit eine besondere Funktion, geht es also nicht mehr allein um die Fragen, was Geld sei, wie es wirke usw., sondern auch um die Fragen, wie sich Banken verhalten, wie sich ihr Verhalten auswirkt usw. Diese besondere Funktion erfüllen weiterhin nur Banken und nicht andere Finanzintermediäre[14], deren Bedeutung hierzulande wegen des Universalbanksystems ohnehin geringer ist als etwa in den USA oder in Großbritannien[15].

In dem klassischen, weitgehend in Vergessenheit geratenen Werk von Bagehot, Lombard Street (1873), wird erklärtermaßen weniger die abstrakte Funktionsweise eines Geldmarktes behandelt als vielmehr die konkrete Realität der wichtigsten Londoner Banken: „The briefest and truest way of describing Lombard Street is to say that it is by far

[11] Vgl. *O. Veit,* S. 213. S. auch *H. Fögen,* Geld- und Währungsrecht, München 1969, S. 15: „Geld im Rechtssinne ist nach der Rechtsordnung in der Bundesrepublik somit ... auch das ‚Giralgeld'."

[12] Vgl. *H. Rittershausen,* Die Bankenenquêten ..., S. 237.

[13] Vgl. hierzu ausführlicher *P. Davidson,* Why Money Matters ..., S. 57 ff., insbes. S. 63.

[14] Vgl. zur Kontroverse um die „Uniqueness of Banks" *J. M. Guttentag* und *R. Lindsay,* The Uniqueness of Commercial Banks, in: Journal of Political Economy, Vol. 76 (1968). *J. Aschheim,* Commercial-Bank Uniqueness, ebd., Vol. 78 (1970), insbes. S. 354.

[15] Vgl. *U. Schirmer,* Der Einfluß paramonetärer Institutionen auf die Vermögensbildung, das Kreditangebot und die Geldpolitik, Untersuchungen über das Spar-, Giro- und Kreditwesen, Hrsg.: F. Voigt, Bd. 55, Berlin 1971; Grundsatzfragen der Kreditwirtschaft ...

the greatest combination of economical power (d. h. Geld, d. Verf.) and economical delicacy (Instabilität durch Gläubiger-Schuldner-Beziehungen, d. Verf.) that the world has ever seen[16]." Und weiter: „In this constant and chronic borrowing, Lombard Street is the great go-between. It is a sort of standing broker between quiet saving districts of the country and the active employing districts[17]." Und schließlich der berühmte Satz, der allerdings und nicht zufällig zumeist verkürzt zitiert wird: „Money will not manage itself, *and Lombard Street has a great deal of money to manage*[18]."

Das Interesse Bagehots an den institutionellen Eigenarten und Verhaltensweisen der wichtigsten Londoner Banken deckt sich — mutatis mutandis — mit der hier verfolgten Fragestellung, die auch Minsky beschäftigt[19]. Wenn aber Geld und Banken untrennbare Institutionen sind, dann ist zu fragen: inwieweit zum einen Banken dazu beitragen können, daß Geld „... gets out of order", daß es darüber hinaus grundsätzlich kurz- und langfristige nicht-neutrale Wirkungen hat; und ob zum anderen die bestehende Fachaufsicht und Ausnahmebereichsregelung genau das verhindert. Hieran zu zweifeln, besteht m. E. Anlaß (vgl. auch Abschnitt 2.3.3., 3.2. und 3.3.3.); eine systematische geldtheoretische Erklärung steht jedoch noch aus.

Zu diesem Zweck ist auf die post-keynesianische Geldtheorie zurückzugreifen, weil sie institutionelle Details, also auch Banken und deren Aktivitäten, behandelt *und in ihr Geld eine essentielle Bedeutung hat*[20]. Deshalb wird mit Minsky von folgendem Theoriehintergrund ausgegangen: „The General Theory, although concerned with the implication of institutional usage, and quite clearly relevant only to a financially

[16] Vgl. *W. Bagehot*, Lombard Street — A Description of the Money Market (1873), neu hrsg. von H. Withers, London 1922, S. 3 und 16. — Bagehot befaßt sich mit der besonderen Funktion der Bank of England vis à vis den Geschäftsbanken und nimmt im Prinzip die Diskussion um die besondere Funktion der Banken vis à vis den nicht-monetären Finanzintermediären voraus; vgl. hierzu *J. H. Wood*, Two Notes on the Uniqueness of Commercial Banks, in: Journal of Finance, Vol. 25 (1970), S. 99 ff.

[17] *W. Bagehot*, S. 10 f.

[18] *Ebd.*, S. 20. Hervorhebungen nicht im Original, d. Verf.

[19] *H. P. Minsky*, John Maynard Keynes (1975), London und Basingstoke 1976, S. 7.

[20] Zu wichtigen Grundannahmen vgl. z. B. *R. W. Clower* und *A. Leijonhufvud*, The Coordination of Economic Activities: A Keynesian Perspective, in: The American Economic Review, Papers and Proceedings, Vol. 65 (1975), S. 182 ff. Vgl. ferner als Überblicke über die neuere post-keynesianische Literatur *A. S. Eichner* und *J. A. Kregel*, An Essay on Post-Keynesian Theory: A New Paradigm in Economics, in: Journal of Economic Literature, Vol. 13 (1975), S. 1293 ff.; *A. Coddington*, Keynesian Economics: The Search for First Principles, in: Journal of Economic Literature, Vol. 14 (1976), S. 1258 ff.; *S. Weintraub* (Hrsg.), Modern Economic Thought, Oxford 1977. Siehe auch zur letzteren Behauptung *E. R. Weintraub*, S. 47 ff., 93 ff. und 138 ff.

sophisticated capitalist economy, does not contain any detailed description of banking and financial institutions. Such detail is contained in A Treatise on Money ... Thus blending the institutional analysis of A Treatise on Money with the theory of The General Theory seems to be an appropriate way to integrate the two[21]." In der expliziten Einbeziehung von Institutionen des Finanzsektors in die neuere Geldtheorie liegt das besondere Verdienst der Beiträge Minskys. Es geht insgesamt aber um mehr als nur um institutionelle Details, wie bereits angedeutet wurde und noch näher darzulegen ist.

Während Bagehot seine Intentionen mit dem Titel „Lombard Street" hervorhebt, drückt sie Minsky mit der Bezeichnung „Wall-Street-Paradigma" aus, das er dem klassisch-neoklassischen Tauschparadigma gegenüberstellt: „Whereas classical economics and the neoclassical synthesis are based upon a barter paradigm — the image is of a yeoman or a craftsman trading in a village market — Keynesian theory rests upon a speculative-financial paradigm — the image is of a banker making his deals on a Wall Street[22]." Die Entscheidung für einen bestimmten Theoriehintergrund impliziert also die Präferenz für ein bestimmtes Paradigma, wenn auch eine derart pointierte Unterscheidung zweier Paradigmata notwendigerweise vereinfacht, da zu diesen jeweils zahlreiche Modelltypen gehören. Geht man aber davon aus, diese Modelltypen wiesen jeweils gemeinsame Züge auf, so ist die Unterscheidung zur Charakterisierung von Wissenschaftspositionen durchaus geeignet; man findet sie in ähnlicher Form bei Eichner und Kregel[23].

---

[21] Vgl. *H. P. Minsky*, John Maynard Keynes, S. 11. Daß gerade Minsky die Bedeutung von Finanzintermediären in einer Geldwirtschaft erkenne, wird von *A. S. Eichner* und *J. A. Kregel* (S. 1300) hervorgehoben. Vgl. auch als Würdigungen des Treatise und der General Theory *G. L. S. Shackle*, Keynesian Kaleidics — The evolution of a general political economy, Edinburgh 1974; Keynes, Cambridge and the General Theory — The process of criticism and discussion connected with the development of the General Theory, Hrsg.: D. Patinkin und J. Clark Leith, London und Basingstoke 1977; *R. Kahn*, Some Aspects of the Development of Keynes' Thought, in: Journal of Economic Literature, Vol. 16 (1978), S. 545 ff.

[22] Vgl. *H. P. Minsky*, John Maynard Keynes, S. 57 f. *R. W. Clower* und *A. Leijonhufvud* (S. 183) bezeichnen das Tauschparadigma als „... neo-Walrasian conception of economic organization ...". Vgl. auch *A. Coddington*, S. 1258 f. Als neueren, historisch-theoretisch angelegten Versuch zu zeigen, daß es eine reine Tauschwirtschaft *nie* gegeben habe, vgl. *G. Heinsohn* und *O. Steiger*, Der Ursprung des Geldes und die Entstehung von Geldwirtschaften, Diskussionsbeiträge zur Politischen Ökonomie, Nr. 20, Hrsg.: Arbeitskreis Politische Ökonomie (zu beziehen über die Verfasser), Bremen 1979.

[23] Vgl. *A. S. Eichner* und *J. A. Kregel*, S. 1309. Die Autoren heben u. a. hervor, Ziel des post-keynesianischen Paradigmas (wie sie es nennen) sei es, die reale Welt aufgrund empirischer Beobachtungen zu erklären, während das neoklassische Paradigma beabsichtige: „To demonstrate the social optimality if the real world were to resemble the model." Sie fahren fort (ebd., S. 1310): „The distinction is an important one for understanding why those who use the one type of model often seem to be talking past — that is, failing to

Clower spricht m. E. berechtigterweise davon, die Geldtheorie gehöre zu den am wenigsten abgeklärten Bereichen der ökonomischen Theorie[24]; über einige Bausteine für die Rekonstruktion der Grundlagen der Geldtheorie herrsche zwar mittlerweile Einigkeit, aber: Was noch zu lösen bleibe, sei die Integration der vorliegenden Bausteine in einer allgemeinen Theorie; dieses Problem werde in nächster Zukunft wahrscheinlich nicht gelöst. Bestenfalls sei zu hoffen, Wissenschaftler fänden einen Konsens darüber, wie die Integration anzugehen ist[25].

Dieser Konsens innerhalb der Wissenschaft scheitert aber m. E. an grundsätzlich verschiedenen wissenschaftlichen Positionen (Paradigmata), wie sie soeben grob charakterisiert wurden. D. h. er scheitert daran, daß die Entwicklung der Geldtheorie durch immer wieder erfolgreiche Restaurationen („Reformulierungen“[26]) gekennzeichnet ist, z. T. mit dem nicht eingelösten Anspruch, die keynes'sche Theorie aufzunehmen[27]. Versuche dagegen, „... to recover the revolutionary thrust of the General Theory“[28], repräsentieren auch weiterhin nur eine Minderheit[29].

Akzeptiert man Kuhns pessimistisches Urteil, die Entscheidung zwischen konkurrierenden Paradigmata könne nicht aufgrund eines Be-

---

communicate with — those who use the other type.“ Siehe hierzu allgemein auch, unter Bezugnahme auf Th. S. Kuhn, *J. Frank*, Kritische Ökonomie, S. 53 ff., insbes. S. 64. Vgl. als Gegenposition zur keynesianischen Theorie auch *K. Brunner*, The „Monetarist Revolution“ in Monetary Theory (1970), ins Deutsche übersetzt und abgedruckt in: Der neue Monetarismus, S. 70 ff.

[24] Vgl. *R. W. Clower*, Introduction, S. 7.

[25] Vgl. *R. W. Clower*, The Anatomy of Monetary Theory, in: The American Economic Review, Papers and Proceedings, Vol. 67 (1977), S. 206.

[26] So z. B. *M. Friedman*, The Quantity Theory of Money — A Restatement, in: Studies in the Quantity Theory of Money, Hrsg.: M. Friedman, Chicago 1956, S. 3 ff.; *K. Brunner*, Eine Neuformulierung der Quantitätstheorie des Geldes, in: Kredit und Kapital, 1/1970, S. 1 ff.

[27] Vgl. z. B. *M. Friedman*, A Theoretical Framework for Monetary Analysis, NBER, Occasional Paper 112, New York und London 1971. Siehe aber *P. Davidson*, Why Money Matters ..., S. 46 ff.; *ders.*, Money and the Real World, 2. Aufl., London und Basingstoke 1978, S. 365 ff.

[28] Vgl. *H. P. Minsky*, John Maynard Keynes, S. V.

[29] Vgl. *A. G. Hines*, On the Reappraisal of Keynesian Economics, London 1971, S. 62: „The role of a paradigm as the prerequisite for ‚normal‘ science has been well analysed by Kuhn ... And yet one wonders whether the anomalies which arise in the Neo-Classical paradigm are not now sufficiently numerous and substantial as to call into question its usefulness as a framework within which every economic problem is to be analysed ... One now feels that we are probably at the beginning of what Kuhn calls a period of revolutionary science.“ — Das ist bis heute eine sehr optimistische Einschätzung, obwohl inzwischen hierzu u. a. Arbeiten von Davidson, Minsky, Shackle, Eichner und Kregel, Coddington, S. Weintraub, E. R. Weintraub, Clower und Leijonhufvud, Chick, Vickers sowie die gesammelten Werke von Keynes erschienen sind. Zur Ähnlichkeit der Fragestellungen Minskys und Davidsons vgl. *S. Weintraub*, Rezension (H. P. Minsky, John Maynard Keynes), in: Journal of Economic Literature, Vol. 15 (1977), S. 92 ff.

weises erfolgen[30], so läßt sich die Parteinahme für ein bestimmtes Paradigma zunächst nur aus ihm selbst heraus verstehen und möglicherweise ideologiekritisch untersuchen, — was hier jedoch nicht beabsichtigt ist. Hinzu käme allerdings als hervorzuhebendes Entscheidungskriterium, ob das vertretene Paradigma „Anomalien“ (Kuhn) als solche erkennt und erklärt und nicht als vernachlässigbare Ausnahmen behandelt, die allenfalls mit ad-hoc-Hypothesen erfaßt werden. Speziell interessiert im folgenden die systematische Erklärung von „Anomalien“ (nicht-neutrale Wirkungen des Geldes und der Aktivitäten der Banken), die immer wieder in einer Geldwirtschaft auftreten. — Immerhin geht die Fachaufsicht der Banken auf die Bankenkrise von 1931 zurück; sie wurde indes bereits nach der Krise von 1907 diskutiert, — nicht aber die Ursachen der jeweiligen Krise systematisch erklärt.

Mit der Entscheidung für einen bestimmten Theoriehintergrund, für das „neue post-keynesianische Paradigma“ (Eichner und Kregel) im allgemeinen und dessen Variante von Minsky im besonderen, ist die Erwartung verknüpft, daß „Anomalien“ einer Geldwirtschaft systematisch und nicht nur mit ad-hoc-Hypothesen erklärt werden können, „Anomalien“, zu denen Bagehot bereits ausführt: „But it is of great importance to point out that our industrial organisation is liable not only to irregular external accidents, but likewise to regular internal changes; that these changes make our credit system much more delicate at some times than at others; and that it is the recurrence of these periodical seasons of delicacy which has given rise to the notion that panics come according to a fixed rule, — that every ten years or so we must have one of them[31].“ Wenn Bagehot die tatsächliche Entwicklung auch nicht genau beschrieben haben mag, so verweist er doch auf die Bedeutung systematisch auftretender endogener Instabilitäten einer modernen Geldwirtschaft mit privat-dezentralen Entscheidungen[32]. Was haben derartige Instabilitäten mit der Einführung von Geld, Finanzbeziehungen und Finanzintermediären zu tun?

5.3. Grundzüge einer Geldwirtschaft

Wenn im folgenden die Grundzüge einer modernen Geldwirtschaft skizziert werden, so geschieht das in der Absicht aufzuzeigen, wie endogene Instabilitäten durch Geld, Finanzbeziehungen und Finanzinter-

[30] Vgl. *Th. S. Kuhn,* S. 196. S. speziell auch *A. S. Eichner* und *J. A. Kregel,* S. 1310.

[31] Vgl *W. Bagehot,* S. 119.

[32] Vgl. zum letzteren *G. Müller, U. Rödel, Ch. Sabel, F. Stille* und *W. Vogt,* Ökonomische Krisentendenzen im gegenwärtigen Kapitalismus, Frankfurt - New York 1978, S. 12 f.

mediäre überhaupt erst entstehen können und darüber hinaus durch letztere sogar verstärkt werden. Was die methodische Vorgehensweise anbelangt, werden zunächst mikroökonomische Ansätze vorgestellt und — wo diese Fragen offen lassen — grundlegende Voraussetzungen der neuen post-keynesianischen makroökonomischen Geldtheorie einbezogen.

5.3.1. Einführung von Geld, Finanzbeziehungen und Finanzintermediären

Die Einführung von Geld wird häufig als evolutorischer Prozeß, als laufend verbesserte Organisation des direkten und indirekten Gütertauschs aufgefaßt, die Einführung von sonstigen Finanzaktiva und von Finanzintermediären als laufend verbesserte Organisation direkter und indirekter Finanzbeziehungen[33]. Die Organisationsverbesserungen („market organization"[34]; „innovations in financial assets"[35]) entsprechen neuen Technologien, d. h. Transaktionskostenersparnissen oder der Stabilisierung und Institutionalisierung von Spielregeln und Organisationsmechanismen zur Erleichterung der Verhaltens- und Erwartungsabstimmung (s. auch Abschnitt 4.4.1.); Restriktionen des direkten und indirekten Tauschs („double coincidence of wants" bzw. „transaction chains") und Budgetrestriktionen („balanced budget position") werden schrittweise durch diese verbesserten Technologien überwunden[36].

Individuelle Entscheidungen und technische Eigenschaften von Gütern führten — so z. B. Brunner und Meltzer — dazu, daß bestimmte Zwischentauschgüter schließlich als Tauschmittel von allen Marktteilnehmern akzeptiert würden, — Geld werde auf diese Weise institutionalisiert. Dessen Verwendung fördere außerdem die Entwicklung des Marktsystems; dieses wiederum veranlasse „specialized traders", Arbitragetransaktionen durchzuführen[37]. Hicks argumentiert ähnlich; er be-

---

[33] Vgl. *J. Hicks,* The Two Triads, in: ders., Critical Essays in Monetary Theory, Oxford 1967, S. 2: „One of the chief things which monetary theory ought to explain is the evolution of money." Siehe z. B. *R. W. Clower,* The Anatomy of Monetary Theory, S. 206; *ders.,* Introduction; *R. W. Clower* und *A. Leijonhufvud; K. Brunner* und *A. H. Meltzer,* The Uses of Money: Money in the Theory of an Exchange Economy, in: The American Economic Review, Vol. 61 (1971), S. 784 ff.

[34] Vgl. *R. W. Clower,* Introduction, S. 12 f.; *ders.,* The Anatomy of Monetary Theory, S. 208.

[35] Vgl. *B. J. Moore,* S. 90 ff.; *W. L. Silber* (Hrsg.), Financial Innovation, Lexington (Mass.) 1975; s. auch schon *J. G. Gurley* und *E. S. Shaw,* S. 197.

[36] Vgl. als Überblicke *A. M. Ulph* und *D. T. Ulph,* Transaction Costs in General Equilibrium Theory — A Survey, in: Economica, Vol. 42 (1975), S. 366 ff.; sehr eng daran anknüpfend s. auch *N. Hentschel,* The Microfoundations of Monetary Theory, in: Kredit und Kapital, 9. Jg. (1976), S. 70 ff.

handelt zudem „entwickeltere Organisationstypen" wie das Banken- und Zentralbanksystem[38].

Der Finanzsektor — Finanzintermediäre können den „specialized traders" gleichgesetzt werden — läßt sich demnach analog zum Geld einführen, wenn man die individuellen Kosten-Nutzen-Kalküle, die die Verbesserung der Organisation des Gütertauschs steuern, um Verhaltensannahmen über Budgetpräferenzen (Überschuß- bzw. Defizitbudget) erweitert. Bei den angeführten Autoren geschieht das nur andeutungsweise, da die Argumentation auf hohem Abstraktionsniveau erfolgt und institutionelle Merkmale des Finanzsektors kaum berührt[39]. Die analoge Argumentation wird indes bei Furness besonders deutlich: „A financial intermediary is an institution which stands between ultimate borrowers and ultimate lenders. Just as money permits the process of exchange to be split into separate transactions of sale and purchase so financial intermediation permits the lending-borrowing process to be split into separate transactions. An intermediary borrows from ultimate lenders and, as a separate transaction, lends to ultimate borrowers. And just as the intermediation of money enormously facilitates exchange so financial intermediation enormously facilitates lending and borrowing. Intermediation involves a double exchange of claims[40]." Individuelle Budgetpräferenzen steuern demnach über bestimmte Anreize und Sanktionen die Verbesserung der Organisation der direkten und der indirekten Finanzbeziehungen genauso wie Güterpräferenzen über ähnliche Anreize und Sanktionen die Verbesserung der Organisation der Tauschbeziehungen.

Finanzintermediäre erlangen ihre Bedeutung durch die Funktion als „market maker" auf den Finanzmärkten[41] wie spezialisierte Händler

[37] Vgl. *K. Brunner* und *A. H. Meltzer*, S. 793 und 799 f.; s. auch für eine Erklärung, warum Geld gleichsam „von unten" eingeführt wird: *R. W. Clower*, The Anatomy of Monetary Theory, S. 208 ff. Siehe dagegen als Begründung von Geldwirtschaften ohne Rekurs auf den Gütertausch als „Vorstufe" der Entwicklung *G. Heinsohn* und *O. Steiger*.

[38] *J. Hicks*, S. 2 ff.

[39] Vgl. demgegenüber *L. E. Davis* und *D. C. North*, Institutional Change and American Economic Growth, London 1971, S. 25: „We have seen that the innovation of a new institution can permit the capture of potential increases in income arising from externalities, economies of scale, risk and transaction costs when this income cannot be internalized within the existing institutional structure. Moreover, we have argued that the choice between levels of institutions (individual, voluntary cooperative, or governmental) is dictated by the costs and revenues associated with each alternative." Dieser allgemeine Ansatz zur Erklärung institutioneller Veränderungen wird auch auf den Finanzsektor angewendet (ebd., S. 105 ff.).

[40] Vgl. *E. L. Furness*, An Introduction to Financial Economics, London usw. 1972, S. 132. Siehe auch *J. G. Gurley* und *E. S. Shaw*, auf die Furness zurückgreift.

[41] Vgl. *P. Davidson*, Why Money Matters . . ., S. 61 f.

auf Gütermärkten. Wie funktioniert aber eine derartige, hier lediglich grob hergeleitete Geldwirtschaft mit Finanzbeziehungen und Finanzintermediären? Existiert ein Gleichgewicht und ist dieses stabil? Die Antwort hierauf hängt davon ab, ob weiter im Rahmen neo-walrasianischer bzw. reduktionistischer Modelle oder im Rahmen des neuen post-keynesianischen Paradigmas argumentiert wird. Das ist näher zu begründen.

5.3.2. Potentielle Disfunktionalitäten der Güter-, Faktor- und Finanzmärkte

Die soeben angeführten Arbeiten behandeln notwendige Bedingungen einer Geldwirtschaft vis à vis denen einer Güterwirtschaft, Bedingungen, die bestimmte Reaktionen der Akteure induzieren. Bedient man sich der systemtheoretischen Begrifflichkeit, die in Abschnitt 4.4.2. verwendet wird, so handelt es sich um Reaktionen (Anpassungen) im Hinblick auf Anreize und Sanktionen in einer Umgebung, die in sich statisch ist[42]: um taktisch-adaptives Verhalten der Güter tauschenden oder allenfalls um strategisches Verhalten der sich auf Arbitragetransaktionen spezialisierenden Akteure. Unter diesen Umgebungsvoraussetzungen ist Geld jedoch eine Trivialität. Brunner und Meltzer meinen vermutlich den gleichen Zusammenhang, wenn sie formulieren: „The main condition leading to the selection of a small group of assets as money, and therefore the main source of the distinction between money and nonmonetary assets, disappears in the stationary state or world of steady growth[43].“ Geld könnte durch irgendeinen „numéraire“ ersetzt werden; es beständen nur Anreize dafür, Geld in seiner Funktion als Recheneinheit (Standardgut) zu erhalten.

Sind ferner die zuvor unterstellten *rationalen* Entscheidungen bei *gegebenen* Güter- und Budgetpräferenzen der Akteure realistisch? Die Antwort lautet: nur bei vollständigen Informationen der Akteure und in einer zeitlosen Welt. Die von Keynes aufgeworfene, entscheidende und weiterführende Frage ist nämlich: Was kann ein individueller Akteur überhaupt wissen[44]? Bei komplexeren Umgebungsvorausset-

---

[42] Vgl. *F. E. Emery* und *E. L. Trist*, S. 246 f.

[43] Vgl. *K. Brunner* und *A. H. Meltzer*, S. 800. Vgl. auch *A. M. Ulph* und *D. T. Ulph*, S. 365 ff. („inessential monetary economy“).

[44] Vgl. *G. L. S. Shackle*, New Tracks for Economic Theory 1926—1939, in: S. Weintraub (Hrsg.), Modern Economic Thought, S. 30 und 27: „... if choice does originate something, if choice *starts something new*, something that was not implicit in the antecedents, then there is no foreknowing choice, and there is no knowing what time-to-come will make of present choices.“ Siehe auch *E. R. Weintraub*, S. 47 ff. mit weiteren Belegen dafür, daß die keynesianische Revolution ohne Berücksichtigung der irreversiblen historischen Zeit nicht verstanden werden kann.

zungen („disturbed reactive environment" oder gar „turbulent fields"[45]) weiß er eben nicht alles und fragt deshalb Geld nach: „Both the speculative motive and the other one, called the transactions motive, take their origin in the irremediable, basic absence of knowledge of an unwitnessable future. *Money is a refuge from uncertainty*[46]." Bei Unsicherheit i. S. von Knight und Keynes ist eine *vorherige* Abstimmung („prereconciliation"; Shackle) *aller* Aktivitäten auf *realen* Märkten, die in der *historischen* Zeit die Funktionen der Allokation, Distribution, Information und Kommunikation, Motivation und Sanktion sowie der Koordination und Kontrolle erfüllen, nicht vorstellbar. Hilfskonstruktionen der allgemeinen Gleichgewichtstheorie, „recontracting" (Edgeworth) oder „tâtonnement" (Walras), sind nicht übertragbar auf Fragestellungen, in denen die historische Zeit einbezogen ist[47] und auf unsicheren Erwartungen beruhende spekulative Entscheidungen auf Güter-, Faktor- und Finanzmärkten getroffen werden[48]. Mindestens in diesen Fällen können nun aber erwartete und realisierte Ereignisse auseinanderfallen; es kommt zu Marktungleichgewichten mit Preisveränderungen sowie Einkommens- und Vermögenseffekten, d. h. zu davon induzierten — u. U. plötzlichen und starken — Präferenz*änderungen* („false trading"[49]). Der Wirtschaftsablauf ist in einer Geldwirtschaft deshalb nicht notwendigerweise störungsfrei und harmonisch.

Es gelingt eben nicht vollständig, sich marktmäßig gegenüber unsicheren zukünftigen Ereignissen abzusichern: durch Finanzierungsbeteiligungen (direkte oder indirekte externe Finanzierungen), durch Terminverträge oder andere Mittel der Risikoverlagerung. Denn „... the operations of insurance are limited in many ways; the reasons for these limitations are primary reasons for the limited markets for risk-bearing in general"[50]. Marktversagen in der Allokation von Risiken führe

---

[45] Vgl. *F. E. Emery* und *E. L. Trist*, S. 247 f.

[46] Vgl. *G. L. S. Shackle*, An Economic Querist, London 1973, S. 48 (Hervorhebung nicht im Original, d. Verf.).

[47] Vgl. *P. Davidson*, Why Money Matters ..., S. 60 und 57: „Why must transactions on organized markets be time related? Time is a device that prevents everything from happening at once." Entscheidungen im Konsum- oder Produktionsbereich können also aufgeschoben werden, bis deren Voraussetzungen und Folgen genauer, wenn auch nicht sicher bekannt sind. Vgl. hierzu auch *G. L. S. Shackle*, An Economic Querist, S. 44 ff.

[48] Vgl. *G. L. S. Shackle*, New Tracks for Economic Theory ..., S. 25. Siehe auch *ders.*, An Economic Querist, S. 47 ff. An Shackle anknüpfend vgl. auch *D. Vickers*, S. 24 ff.

[49] Vgl. *ebd.*, S. 117 ff. Vgl. auch grundlegend *A. Leijonhufvud*, S. 54 ff.

[50] Vgl. *K. J. Arrow*, Insurance, Risk and Resource Allocation, in: ders., Essays in the Theory of Risk-Bearing, Amsterdam usw. 1974, S. 141. Zur Bedeutung von Terminverträgen vgl. auch *P. Davidson*, Why Money Matters, S. 60. Sie seien zur Absicherung gegenüber Schwankungen der Input-Preise (Löhne; Arbeitsvertrag als Terminvertrag) und Output-Preise erforderlich: „... for such sales and cost controls are fundamental in obtaining sound

nur teilweise „... to compensatory alterations in social institutions, licensing, bankruptcy and limited liability, and large business organizations. But all of these institutions are steps away from the free working of the price system ...“[51]. Wie Arrow weiter ausführt, seien der marktmäßigen Risikoabsicherung und -verlagerung allgemein Grenzen gesetzt durch unversicherbare Risiken, unversicherbare Beträge, undurchführbare Kontrollen („moral hazard“) usw.; in diesen Fällen gelänge allenfalls eine partielle Risikoabsicherung und -verlagerung („coinsurance“)[52], da die jeweiligen Risiken nicht berechnet und/oder vom Versicherer kontrolliert werden können.

Die kollektive Verhaltens- und Erwartungsabstimmung in einem privat-dezentralen Wirtschaftssystem ist somit bei komplexen Umgebungen („disturbed reactive environment“ oder gar „turbulent fields“) — wegen der daraus resultierenden Unsicherheit und der fehlenden Termin- bzw. Versicherungsmärkte — nur zufällig zu realisieren; i. d. R. ist sie unvollständig, so daß Koordinationsmängel, gesamtwirtschaftliche Ungleichgewichte auftreten können. Die Einführung von Geld, Finanzbeziehungen und Finanzintermediären impliziert — neben den w. o. aufgeführten Effizienzvorteilen — folglich auch endogene Instabilitäten.

Wie diese entstehen, zeigen — ansatzweise im Rahmen mikroökonomischer Analysen — Clower mit seiner „dual-decision hypothesis“[53], Leijonhufvud, der daran anknüpft[54], und Vickers, der verstärkt Ungleichgewichtsprozesse auf Finanzmärkten untersucht[55]. Im Ergebnis wird gezeigt, wie Ungleichgewichte auf Güter- und Faktormärkten — durch die Einführung von Finanzbeziehungen zwischen Finanzintermediären und Publikum — entstehen und vergrößert werden können[56]

---

financing. Bankers and businessmen abhor what GE economists love — namely, recontracting.“ Siehe ferner *E. R. Weintraub*, S. 93 ff.

[51] Vgl. *K. J. Arrow*, Insurance ..., S. 141.

[52] *Ebd.*, S. 142 f.; s. auch *ders.*, The Limits of Organization, S. 35 ff. Vgl. ferner *J. Robinson*, What are the Questions?, in: Journal of Economic Literature, Vol. 15 (1977), S. 1322.

[53] Vgl. *R. W. Clower*, The Keynesian Counter-Revolution: A Theoretical Appraisal, in: ders. (Hrsg.), Monetary Theory, S. 270 ff.

[54] Vgl. *A. Leijonhufvud*, S. 54 ff.; *R. W. Clower* und *A. Leijonhufvud*, S. 185 ff.

[55] Vgl. *D. Vickers*, S. 117 ff. — Zu einer ausführlicheren Diskussion und als Überblick über weitere mikroökonomische Ungleichgewichtsanalysen vgl. *E. R. Weintraub*, S. 109 ff. und 141 ff.

[56] Vgl. *R. W. Clower* und *A. Leijonhufvud*, S. 187: „... because insolvency of trade specialists (mit Finanzintermediären gleichzusetzen, d. Verf.) would temporarily eliminate from the economy market homeostats that are essential for effective coordination of the national economic plans of individual agents.“ Vgl. auch das historische Beispiel der Goldschmiede bei *W. T. Newlyn*, Theory of Money, 2. Aufl., Oxford 1971, S. 6 f.

bis hin zu kumulativen Expansions- oder Kontraktionsprozessen, wobei spekulative Aktivitäten als weitere Verstärker auftreten mögen[57]. Ferner wird gezeigt, daß nicht Geld per se — wie J. St. Mill meinte — als Störfaktor für den Wirtschaftsablauf in einer Geldwirtschaft anzusehen ist, sondern Fehlentscheidungen des Publikums *und* der Finanzintermediäre, die zu miteinander verbundenen Ungleichgewichten auf Güter-, Faktor- *und* Finanzmärkten führen: Nur stellen sich die Fehler von Entscheidungen erst später ein, sind als solche also nicht genau vorhersehbar.

Obwohl diese mikroökonomischen Ungleichgewichtsanalysen also ergeben, daß mit der Einführung von Geld, Finanzbeziehungen und Finanzintermediären Restriktionen — für Markttausch, Investition und Beschäftigung — überhaupt erst entstehen und vergrößert werden können, dürfen sie wegen der ihnen zugrunde liegenden reduktionistischen Annahmen nicht als umfassende Erklärung endogener Instabilitäten einer modernen Geldwirtschaft überschätzt werden. Das haben Coddington[58], Eichner und Kregel[59] sowie E. R. Weintraub[60] nachgewiesen, ohne daß hierauf — im Gegensatz zu umfassenderen makroökonomischen Erklärungsansätzen im Rahmen des neuen post-keynesianischen Paradigmas — näher eingegangen werden soll.

5.3.3. Folgerungen: Bausteine für die neue post-keynesianische Theorie der „realen Welt“ mit besonderer Berücksichtigung der Finanzbeziehungen

Auch wenn man mit Weintraub m. E. zu Recht davon ausgeht, es existiere bisher kein Modell für eine erfolgreiche Integration der mikro- und makroökonomischen Theorie[61], so sind doch wichtige Bausteine für die Ausfüllung des neuen post-keynesianischen Paradigmas, mithin

---

[57] Vgl. *D. Vickers,* S. 123: „Adequate scope exists for miscalculations, false starts, changes of policy, false trading, and the transmission of false signals from the firm to the rest of the economy, including the financial markets ... When in conditions of even minor eruptions in both real and financial markets speculative activity also enters, further scope for false signals, false decisions, and false trading is provided. Induced changes in time preferences may occur, with impact effects on financial markets and the flow of funds.“

[58] Vgl. *A. Coddington,* S. 1269 f.

[59] Vgl. *A. S. Eichner* und *J. A. Kregel,* S. 1293; s. auch *J. Robinson,* What are the Questions?, S. 1321.

[60] Vgl. *E. R. Weintraub,* S. 76 ff. Weintraub betont daher — unter Bezugnahme auf Bertalanffys Allgemeine Systemtheorie —, die Allgemeine Gleichgewichtstheorie, als ökonomisches Metamodell, müsse weiterentwickelt werden, um eine Integration von Mikro- und Makromodellen — *mit und ohne* Koordinationsmängeln — zu erreichen; möglicherweise seien dafür Korridorphänomene verstärkt zu untersuchen (ebd., S. 71 ff. und 84 ff.).

[61] Vgl. *E. R. Weintraub,* S. 159 f.

auch für die Erklärung endogener Instabilitäten einer modernen Geldwirtschaft mit privat-dezentralem Entscheidungssystem herausgearbeitet worden. In der „realen Welt", wie es in der post-keynesianischen Theorie heißt, speziell in Minskys Variante besitzen Banken eine Schlüsselposition dafür, daß Geld „... gets out of order" und daß Geld grundsätzlich nicht-neutrale Wirkungen hat. Eine Erklärung hierfür läßt sich im Rahmen des klassisch-neoklassischen Tauschparadigmas überhaupt nicht, im Rahmen reduktionistischer mikroökonomischer Modelle für Ungleichgewichtsanalysen nur ansatzweise finden[62].

Demzufolge ist m. E. mit Davidson davon auszugehen, daß „... in the real world (1) the future is uncertain (in the sense that Knight and Keynes used the term), (2) production takes time and therefore, if production is to occur in a specialization economy, someone must make a contractual commitment in the present involving performance and payment in the uncertain future, and (3) economic decisions are made in the light of an unalterable past, while moving towards a perfidious future"[63]. Ähnliche Formulierungen der Grundvoraussetzungen einer modernen Geldwirtschaft lassen sich auch bei anderen Autoren finden, die zu den neuen Post-Keynesianern zu rechnen sind.

Diesen Annahmen über die „reale Welt" liegt die keynes'sche Analyse der Entscheidungen unter unkalkulierbarer Unsicherheit zugrunde, die vor allem in der General Theory im zwölften Kapitel begonnen und in der Auseinandersetzung zwischen Keynes und Viner nochmals zugespitzt formuliert wird[64]. Wenn Patinkin auch behauptet, Keynes habe gegenüber Viner nur alte Standpunkte wiederholt und bleibe eine aus-

[62] Vgl. auch *H. P. Minsky,* The Financial Instability Hypothesis: Capitalist Processes and the Behavior of the Economy, Paper Prepared for the Colloquium on Financial Crises and the Lender of Last Resort, Bad Homburg März 1979, Hrsg. Confederazione Generale Dell'Industria Italiana, Centro Studi, Roma (1979), S. 1 ff. Siehe auch *A. Sinai,* Diskussionsbeitrag, in: Financial Crises — Institutions and Markets in a Fragile Environment, Hrsg.: J. Altman und A. W. Sametz, New York usw. 1977, S. 187.

[63] Vgl. *P. Davidson,* Money and the Real World, S. 7. Siehe auch außer den bereits angeführten post-keynesianischen Autoren *J. A. Kregel,* The Reconstruction of Political Economy — An Introduction to Post-Keynesian Economics (1973), 2. Aufl., London und Basingstoke 1975, S. 154 ff.

[64] Vgl. *J. M. Keynes,* The General Theory of Employment Interest and Money (1936), The Collected Writings, Vol. 7, Hrsg.: Royal Economic Society, London und Basingstoke 1973, S. 147 ff.; *ders.,* The General Theory of Employment (1937), in: The General Theory and After, Part II, The Collected Writings, Vol. 14, Hrsg.: D. Moggridge für die Royal Economic Society, London und Basingstoke 1973, S. 113 ff. Vgl. weitere Belege und die Würdigung bei *J. A. Kregel,* Economic Methodology in the Face of Uncertainty: The Modelling Methods of Keynes and the Post-Keynesians, in: The Economic Journal, June 1976, S. 209 ff. Kregel unterscheidet drei Modelle von Keynes, die dieser über lang- und kurzfristige Erwartungen sowie deren Beziehung zueinander verwendet. Siehe hierzu auch *P. Davidson,* Money and the Real World, S. 372 ff.

formulierte Theorie des ökonomischen Verhaltens unter Unsicherheit schuldig[65], so hat dieser m. E. solche Theorien als irrelevant erscheinen lassen, in denen der starke Einfluß der Zukunft und Vergangenheit auf die Gegenwart *überhaupt nicht* berücksichtigt wird, deren Aussagen m. a. W. stark zu verändern wären, weil tatsächlich die implizit vorausgesetzten Terminmärkte bzw. das implizit vorausgesetzte ideale Versicherungssystem fehlen, um Unsicherheit vollständig kalkulierbar und vollständig marktmäßig handelbar zu machen.

Keynes hat es — allerdings mit bis heute umstrittenem Erfolg — unternommen, die wohl wichtigste, in rivalisierenden Geldtheorien jeweils unterschiedlich ausgefüllte und in ihrer Bedeutung bereits sehr früh so auch von Hicks charakterisierte Lücke der Geldtheorie[66], die Erklärung der Erwartungsbildung, zu schließen. Umstritten bleibt bis heute, inwieweit Keynes und die daran anknüpfenden neuen Post-Keynesianer i. S. Eichners und Kregels sich dem berechtigten Vorwurf aussetzen, ihre Annahmen zur Schließung dieser Lücke in der Geldtheorie implizierten *nur* irrationales Verhalten. Diesbezüglich scheint Hicks heutzutage eine mittlere Position einzunehmen[67] zwischen Keynes bzw. den neuen Post-Keynesianern einerseits und Versuchen, Verhalten unter Unsicherheit „rational" zu erklären, andererseits[68]. — Dies sei als grober Überblick vorausgeschickt, um offenzulegen, daß im folgenden eine nach wohl herrschender Meinung extreme Position vertreten wird, die m. E. gleichwohl adäquat für die Erklärung endogener Instabilitäten einer modernen Geldwirtschaft ist[69].

---

[65] *D. Patinkin*, Keynes' Monetary Thought — A Study of its Development, Durham (North Carolina) 1976, S. 141 f.

[66] Vgl. *J. Hicks*, A Suggestion for Simplifying the Theory of Money (1935), abgedr. in: ders., Critical Essays in Monetary Theory, Oxford 1967, S. 76.

[67] Vgl. *J. Hicks*, Rezension (E. R. Weintraub, Microfoundations: The compatibility of microeconomics and macroeconomics, Cambridge usw. 1979), in: Journal of Economic Literature, Vol. 17 (1979), S. 1452: „... Keynes was entirely right in emphasizing that there is an element in economic judgements about the future that is not reducible to mathematics; but I still think he was wrong in making it so irrational." Siehe demgegenüber *J. M. Keynes*, The General Theory of Employment, Interest and Money, S. 162: „We should not conclude from this (seinen Annahmen über die Bildung langfristiger Erwartungen, d. Verf.) that everything depends on waves of irrational psychology. On the contrary, the state of long-term expectation is often steady ..."

[68] Vgl. als Überblick über die Literatur und die dann erforderlichen restriktiven Annahmen *B. Kantor*, Rational Expectations and Economic Thought, in: Journal of Economic Literature, Vol. 17 (1979), S. 1422 ff., insbes. z. B. S. 1433 ff.: Rationale Erwartungen ließen sich auch unter der Annahme von Konjunkturzyklen bilden, — *wenn* Konjunkturzyklen ein konstantes, sich wiederholendes Muster haben (auf Abschnitt 4.2.2. sei zurückverwiesen). Siehe auch *J. Hirshleifer* und *J. G. Riley*, The Analytics of Uncertainty and Information, in: Journal of Economic Literature, Vol. 17 (1979), S. 1375 ff., insbes. S. 1377: Aus Vereinfachungsgründen werden vollkommene Märkte unterstellt, in denen alle Transaktionen kostenlos und zu Gleichgewichtspreisen stattfinden.

Nach Keynes werden wegen der Unkalkulierbarkeit der Unsicherheit in komplexen Umgebungen und der Notwendigkeit, trotzdem Entscheidungen zu treffen, Techniken verwendet, Konventionen gebildet, wodurch die Unsicherheit zwar nur scheinbar reduziert wird, aber unter bestimmten Voraussetzungen konstante Erwartungen gebildet werden[70]. Keynes selbst führt die folgenden Techniken an, die außer von postkeynesianischen Autoren wenig beachtet und daher hier vollständig zitiert werden: „(1) We assume that the present is a much more serviceable guide to the future than a candid examination of past experience would show it to have been hitherto. In other words we largely ignore the prospect of future changes about the actual character of which we know nothing. (2) We assume that the *existing* state of opinion as expressed in prices and the character of existing output is based on a *correct* summing up of future prospects, so that we can accept it as such unless and until something new and relevant comes into the picture. (3) Knowing that our individual judgement is worthless, we endeavour to fall back on the judgement of the rest of the world which is perhaps better informed. That is, we endeavour to conform with the behaviour of the majority or the average. The psychology of a society of individuals each of whom is endeavouring to copy the others leads to what we may strictly term a *conventional* judgement[71].“

Diese Theorie der Erwartungsbildung bedeute, daß plötzliche und starke Verhaltensänderungen auftreten können: „All these pretty, polite techniques, made for a well-panelled board room and a nicely regulated market, are liable to collapse[72].“ Solange jene Konvention aber gelte, verlaufe die Entwicklung kontinuierlich und stabil. Langfristige Erwartungen werden zunächst also als konstant angesehen, ihre Veränderung hängt davon ab, was sich unerwarteterweise in der Gegenwart ereignet: „Thus investment becomes reasonably ‚safe‘ for the individual investor over short periods, and hence over a succession of short periods however many, *if* he can fairly rely on there being no breakdown in the

[69] Vgl. *E. R. Weintraub*, S. 52: „If investment is volatile, because of uncertainty, no one level of output or employment might ever be maintained. It is in this sense that uncertainty can be called a disequilibrium phenomenon, and Keynes can be said to have dealt with disequilibrium problems.“ — Dann sind aber Erklärungen notwendigerweise weniger exakt als in neoklassischen Modellen; vgl. hierzu mit Belegen von Keynes *P. Davidson*, Money and the Real World, S. 373 ff.; *A. Coddington*, S. 1263.

[70] Vgl. *J. A. Kregel*, Economic Methodology in the Face of Uncertainty, S. 211: „Keynes chose to make assumptions, not about the absence of false expectations and uncertainty in the economy under consideration, thus creating an economy with perfect information and certainty, but rather to assume that although expectations and uncertainty are always present, yet different assumptions would be made about the constancy of expectations and their effects on the system.“ Siehe auch *D. Vickers*, S. 28 f. und 133 ff.

[71] Vgl. *J. M. Keynes*, The General Theory of Employment, S. 114.

[72] *Ebd.*, S. 115.

convention and on his therefore having an opportunity to revise his judgement and change his investment, before there has been time for much to happen[73]."

Die neue post-keynesianische Literatur schließt an diese Belege von Keynes an, in denen Unsicherheit, historische Zeit, Fehlentscheidungen und Transaktionen bei Ungleichgewichten miteinander verknüpft werden. Da nun aber Entscheidungen getroffen worden sind. bzw. getroffen werden, deren Konsequenzen abgewartet werden müssen, ist jede Entscheidungssituation einzigartig. Vickers verwendet in diesem Zusammenhang das Konstrukt „inheritance", dessen Konkretisierung für Anbieter von Arbeitsvermögen, für Unternehmer, Vermögensanleger und Banken jeweils verschieden ausfällt[74].

Für die Entscheidungssituation von größter Wichtigkeit sind die Bestände an alten und neu begründeten Forderungen und Verbindlichkeiten, d. h. die „ererbten" Finanzbeziehungen und deren Veränderungen in der Gegenwart, mit den daraus sich ergebenden Zahlungsströmen. Etwa für zusätzliche Investitionen stehen folgende Finanzierungsoptionen als Grenzfälle zur Verfügung: (a) Die Investitionen werden extern finanziert, wodurch sich die Verbindlichkeiten und die damit zusammenhängenden Zahlungsverpflichtungen erhöhen; (b) sie werden intern finanziert, wodurch sich die Bestände an Kasse und/oder an liquiden Aktiva für andere Transaktionen verringern. *Beide* Finanzierungsarten beinhalten eine erhöhte Nachfrage nach Geld, um die mit den Investitionen verbundenen Terminverträge zu erfüllen: Der Anteil der Selbstfinanzierung „... makes no difference to the amount of ‚finance' which has to be found by the market as a whole, but only to the channel through which it reaches the entrepreneur and to the probability that some part of it may be found by the release of cash on the part of himself or the rest of the public. Thus it is convenient to regard the two-fold process as the characteristic one"[75]. Wie auch immer die Finanzierung erfolgt, es liegt ihr die Erwartung zugrunde, die Bruttogewinne

[73] Vgl. *J. M. Keynes,* The General Theory of Employment, Interest and Money, S. 153; Hervorhebungen nicht im Original, d. Verf. Vgl. *J. A. Kregel,* Economic Methodology in the Face of Uncertainty, S. 215: „This is Keynes' complete dynamic model where current disappointment may effect the state of general expectations and thus the independent expectations functions are free to shift over time." Siehe auch *H. P. Minsky,* The Financial Instability Hypothesis: A Restatement, Hrsg.: Confederazione Generale Dell'Industria Italiana, Centro Studi, Roma 1979, S. 9 ff.

[74] Vgl. *D. Vickers,* S. 20: „Inheritance refers to the total collection of phenomena that describes the givenness of an economic decision maker's situation, and the motivating factors that bear upon that situation." Siehe auch *H. P. Minsky,* The Financial Instability Hypothesis: Capitalist Processes ..., S. 13 ff.

[75] Vgl. *J. M. Keynes,* The „Ex Ante" Theory of the Rate of Interest (1937), in: The General Theory and After, Part II, S. 217.

seien groß genug, um die eingegangenen Zahlungsverpflichtungen zu erfüllen oder zu refinanzieren bzw. die Liquidität und Solvenz im Hinblick auf alle Transaktionen zu erhalten.

Die Investitions- *und* Finanzierungsentscheidungen erfolgen weiterhin unter unkalkulierbarer Unsicherheit. Eine externe Finanzierung teilt nun aber — im Unterschied zur internen — die implizierten Risiken zwischen Kreditnehmer und -geber auf und eröffnet Investitionsmöglichkeiten über die „balanced budget position" hinaus[76]. Daß dabei externe Finanzierungen geradezu Voraussetzung für die wirtschaftliche Entwicklung sind, begründet — lange vor Keynes — Schumpeter sehr klar, nämlich: „Um überhaupt produzieren, seine neuen Kombinationen durchführen zu können, braucht der Unternehmer Kaufkraft ... Er kann nur Unternehmer werden, indem er vorher Schuldner wird. Er wird zum Schuldner infolge einer inneren Notwendigkeit des Vorgangs der Entwicklung, sein Schuldnerwerden gehört zum Wesen der Sache und ist nicht etwas Abnormales ... sein erstes Bedürfnis ist ein Kreditbedürfnis. Ehe er irgendwelcher Güter bedarf, bedarf er der Kaufkraft. Er ist sicher der typische Schuldner unter den Typen von Wirtschaftssubjekten, die die Analyse der Wirklichkeit herausarbeitet[77]." Keynes präzisiert später dieses Argument in einer versteckten und daher in seiner Rezeption übergangenen Anmerkung über Marshall: „... ‚demand for capital' in this context should mean ‚demand for loans of money for the purpose of buying a stock of capital goods'...[78]." — Das ist als Gegenposition zu Ansätzen festzuhalten, die endogene Instabilitäten einer kapitalistischen Wirtschaft *allein* aus Schwankungen der Akkumulation von Realkapital erklären[79] oder die sich im Rahmen *rein* monetärer Konjunkturtheorien i. S. Hawtreys bewegen.

---

[76] Vgl. *J. M. Keynes,* The General Theory of Employment, Interest and Money, S. 163 f.; *K. J. Arrow,* Insurance ..., S. 138 f. Vgl. auch *H. P. Minsky,* Financial Crisis, Financial Systems, and the Performance of the Economy, in: Private Capital Markets, Research Studies prepared for the Commission on Money and Credit, Englewood Cliffs (N. J.) 1964, S. 185: „The alternative financial techniques by which a unit can acquire control over real assets are significant determinants of how uncertainty is partitioned."

[77] Vgl. *J. A. Schumpeter,* Theorie der wirtschaftlichen Entwicklung (1911), 6. Aufl. (unveränd. Nachdruck der 4. Aufl. von 1934), Berlin 1964, S. 148.

[78] Vgl. *J. M. Keynes,* The General Theory of Employment, Interest, and Money, S. 186. Siehe auch als bisher unzugängliche Quelle aus seinem Nachlaß *J. M. Keynes,* The characteristics of an Entrepreneur Economy, in: ders., The General Theory and After, A supplement, The Collected Writings, Hrsg.: D. Moggridge für die Royal Economic Society, Bd. 29, London und Basingstoke 1979, S. 87 ff.

[79] Vgl. auch *H. P. Minsky,* An Exposition of a Keynesian Theory of Investment, in: Mathematical Methods in Investment and Finance, Hrsg.: G. P. Szegö und K. Shell, Amsterdam usw. 1972, S. 207 ff.; *ders.,* The Financial Instability Hypothesis: Capitalist Processes ..., S. 11 ff.

Die Finanzbeziehungen führen zur intertemporären Übertragung von Geld; sie begründen Forderungen im Vorgriff auf später anfallende, tatsächliche Einkommen. Speziell Unternehmen, als typische Kreditnehmer, erhalten so Kasse, mit der sie ihre Verfügungsgewalt über Produktionsmittel über ihre Erträge oder Vermögensbestände hinaus ausdehnen können. „The ability of the capitalists to command finance for the appropriation of resources to investment purposes gives them ultimate control over the proportions in which the system's available resources are divided between investment and consumption[80].“ Typische Kreditgeber sind Haushalte, d. h. in einer kapitalistischen Wirtschaft in einem wesentlichen Umfang Unternehmer, Manager, Banken und dgl. in ihrer Funktion als Anleger[81]. — Dies sei lediglich festgestellt, ohne daß Fragen der Einkommensverteilung weiter nachgegangen wird, mit denen endogene Instabilitäten einer modernen Geldwirtschaft verknüpft sein können[82].

Externe Finanzierungen erfolgen schließlich direkt oder indirekt. Die Einbeziehung von Finanzintermediären reduziert zwar diverse Risiken und erfüllt partiell so die Funktion von Versicherungen für Anleger und Kreditnehmer. Finanzintermediäre können sich und ihre Kunden aber nicht vollständig, speziell nicht gegen „general business failure (as the experience of the 1930s proved)“[83] versichern. Im übrigen sind die Versicherungsbedürfnisse der Kreditnehmer und Anleger auch verschieden[84]. Spezifiziert man die indirekten Finanzbeziehungen, die zumeist bei externer Finanzierung entstehen, so läßt sich im Vorgriff auf spätere Ausführungen feststellen, daß Marktungleichgewichte, die sich zu Finanzkrisen i. S. Minskys ausweiten können, auf dreierlei spekulativen Positionen beruhen: „(1) the owners of capital-assets speculate by debt-financing investment and positions in the stock of capital-assets; (2) banks and other financial institutions speculate on the asset mix they own and on the liability mix they owe; (3) firms and households speculate on the financial assets they own and on how they finance their positions in these assets[85].“ — Wie kommt es nun aber zu spekulativen Portefeuilles, instabilen Finanzbeziehungen und letztlich zu Finanzkrisen i. S. Minskys?

[80] Vgl. *J. A. Kregel*, The Reconstruction of Political Economy . . ., S. 159.

[81] Vgl. *H. P. Minsky*, John Maynard Keynes, S. 121; s. auch *J. A. Kregel*, S. 161 ff.

[82] Vgl. als Auseinandersetzung mit Thesen des Sachverständigenrats *H. Baisch* et al., Die Wirtschaftskrise in der BRD, in: Leviathan, Jg. 5 (1977), S. 163 ff.

[83] Vgl. *L. E. Davis* und *D. C. North*, S. 20.

[84] Vgl. hierzu *F. Holzheu*, Das Geld- und Kreditsystem als Variable im Wachstumsprozeß, in: Jahrbücher für Nationalökonomie und Statistik, Bd. 187 (1973), S. 100 f.

[85] Vgl. *H. P. Minsky*, John Maynard Keynes, S. 123. Siehe auch *D. Vickers*, S. 9 f.

5.4. Banken und endogene Instabilitäten der Finanzbeziehungen

5.4.1. *Spekulative Portefeuilles und ihre Finanzierung*

Nach Minsky enthält die General Theory von Keynes „... an investment theory of fluctuations in real demand and a financial theory of fluctuations in real investment“[86]. Komplexe intertemporäre Finanzbeziehungen und — unter Unsicherheit getroffene — Portefeuilleentscheidungen[87] verbänden die einzelnen Konjunkturphasen und beeinflußten deren Ablauf; endogen zu erklären sei speziell das Zustandekommen instabiler Finanzbeziehungen („fragile financial interrelations“; „financial instability hypothesis“[88]). Mit Instabilität der Finanzbeziehungen ist bei Minsky ein Systemzustand gemeint, in dem bereits kleine, endogen verursachte Erwartungsenttäuschungen (z. B. infolge steigender Zinssätze) weitreichende Folgen bis hin zu einer Finanzkrise haben können. Die Flexibilität der Finanzbeziehungen, die gerade in einer modernen Geldwirtschaft mit ihren Finanzintermediären, Usancen, Forderungen und Verbindlichkeiten, Finanzmärkten usw. zur Erhaltung der Funktionsfähigkeit des Systems vorausgesetzt werden müßte, sei bei instabilen Finanzbeziehungen latent gefährdet. — Das ist näher zu erklären, wobei auf Bestimmungsgründe des Investitionsvolumens und der Kapazitätsauslastung, also auf die Erklärung der Investitionen selbst, nicht näher eingegangen wird[89].

---

[86] Vgl. *H. P. Minsky,* John Maynard Keynes, S. 57. Ähnlich lautet die Interpretation von *P. Davidson,* Money and the Real World, S. 181. Davidson betont allerdings mehr wachstums- als konjunkturtheoretische Zusammenhänge. Siehe auch *S. Weintraub,* Rezension, S. 93: „Aggrevating, often dominating, the hazy real investment (real-I) profit planning in the oscilating context are the financial trepidations: finance and real-I decisions are tangled as spaghetti, for bankers participate in both expectational streams.“

[87] Vgl. als ausführliche Beschreibung *H. P. Minsky,* Financial Crisis, Financial Systems, and the Performance of the Economy, in: Private Capital Markets, a series of research studies prepared for the Commission on Money and Credit, Englewood Cliffs (N. J.) 1964, S. 233 ff., insbes. die Übersicht S. 241.

[88] Vgl. zuletzt *H. P. Minsky,* The Financial Instability Hypothesis: Capitalist Processes ..., S. 13 ff. Minsky hat diese Hypothese wiederholt formuliert; s. als knappe Überblicke *ders.,* The Financial Instability Hypothesis: An Interpretation of Keynes and an Alternative to „Standard Theory“, in: Challenge, March—April 1977; *ders.,* Financial Resources in a Fragile Financial Environment, in: Challenge, Vol. 18 (1975), S. 6 ff. — Von einer fragilen Verbindlichkeitsstruktur spricht m. W. erstmals *A. G. Hart,* S. 13.

[89] Vgl. hierzu z. B. *H. P. Minsky,* John Maynard Keynes, S. 69 ff. und 93 ff.; s. auch als letzte Reformulierung — unter Bezugnahme auf Kalecki, *ders.,* The Financial Instability Hypothesis: Capitalist Processes ..., S. 11 ff.; s. auch zur Abhängigkeit der Preise für die laufende Produktion und der Beschäftigung von kurzfristigen, der Preise (Bewertung) für Investitionsgüter von langfristigen Erwartungen *ders.,* The Financial Instability Hypothesis: A Restatement, S. 8 f. und 15 ff. Siehe ferner für die Bundesrepublik *H. Baisch* et al.; *G. Müller, U. Rödel, Ch. Sabel, F. Stille* und *W. Vogt.*

Keynes führt in die Diskussion mit Ohlin, Robertson und Hawtrey, die sich an das Erscheinen der General Theory anschließt, das „finance motive" der Nachfrage nach Geld ein[90]; er betont zunächst, dieses Motiv weise auf bedeutsame, zuvor nicht genügend beobachtete eigenständige Fluktuationen hin[91], nimmt diese Äußerung, wie bisher unzugängliche Quellen aus seinem Nachlaß zeigen, später aber teilweise zurück: „I do not consider that the conception of ‚finance' makes any really significant change in my previous theory ... I am really driving at something extremely plain and simple which cannot deserve all this exegesis[92]." — Worum geht es also Keynes und daran anknüpfend Minsky?

Zugespitzt formuliert, verhalten sich Unternehmer (Investoren) in einer kapitalistischen Wirtschaft wie Banken: ihre Portefeuilles (Aktiva, Positionen) werden durch Verbindlichkeiten finanziert; sind diese an einem Stichtag, auf Verlangen oder bei Eintritt bestimmter Bedingungen fällig, so wird bei normalem Geschäftsverlauf das Portefeuille nicht aufgelöst, sondern es werden neue Verbindlichkeiten zu seiner Finanzierung eingegangen[93]. Daß Portefeuilles auf diese Weise durchgehalten werden, hängt bei normalem Geschäftsverlauf letztlich von den erwarteten und so realisierten Zahlungsströmen aus Einkommen (Erträgen) ab („income or operating cash flows"[94]). Kasse sichert die Zahlungsfähigkeit, wenn diese Zahlungsströme kleiner als erwartet sind. Banken etwa erhalten bei normalem Geschäftsverlauf Zahlungen aus der Rückführung von Krediten und der Erfüllung sonstiger Forderungen, aus der Veräußerung von Finanzaktiva oder aus neu eingegangenen Verbindlichkeiten. Kasse sichert bei ihnen ebenfalls die Zahlungsfähigkeit, falls Kredite oder Forderungen ausfallen, Finanzaktiva nur zu sinkenden Preisen veräußert werden können, Einlagen insge-

[90] Die Diskussion ergibt folgende Beiträge: *J. M. Keynes,* Alternative Theories of the Rate of Interest; *ders.,* The „Ex Ante" Theory of the Rate of Interest; *ders.,* Mr. Keynes on „Finance"; *ders.,* The Process of Capital Formation; sämtliche Beiträge sind wieder abgedruckt in: *J. M. Keynes,* The General Theory and After, Part II, S. 201 ff., 215 ff., 229 ff., und 278 ff. (hier insbes. S. 283—285).

[91] *J. M. Keynes,* Alternative Theories of the Rate of Interest, S. 208.

[92] Vgl. *J. M. Keynes,* Brief an E. S. Shaw, in: *ders.,* The General Theory and After, A Supplement, The Collected Writings, Bd. 29, Hrsg.: D. Moggridge für die Royal Economic Society, London und Basingstoke 1979, S. 280. — Schumpeter nimmt dieses Motiv der Nachfrage nach Geld, wie angeführt, im Grunde vorweg; s. auch bereits die Ansätze bei *W. Bagehot,* S. 124 f., 146 ff.

[93] Vgl. aber auch *J. M. Keynes,* The General Theory of Employment, Interest, and Money, S. 150 f.: „With the separation between ownership and management which prevails to-day and with the development of organized investment markets, a new factor of great importance has entered in, which sometimes facilitates investment but sometimes adds greatly to the instability of the system."

[94] Vgl. *H. P. Minsky,* Financial Resources ..., S. 7.

samt abgezogen werden, sei es durch Übertragung zu anderen Banken („clearing balance"), sei es durch Barabhebung („encashment balance"[95]), oder falls neue Verbindlichkeiten nicht einzugehen sind.

Wurde die Bankenliquidität ursprünglich noch in Verbindung gebracht mit kurzfristigen Krediten, die sich selbst liquidieren, später dann mit liquiden Finanzaktiva („shiftability theory"), so hat sich in jüngster Zeit die Ansicht durchgesetzt, sie hänge entscheidend von den erwarteten Amortisationszahlungen („anticipated income") und von dem Einlagenvolumen („liability management") ab[96]. Da nun aber Amortisationszahlungen und Einlagenvolumen ihrerseits von der Einkommensentstehung, -verteilung und -verwendung abhängen, haben Banken insgesamt insofern Einfluß auf ihre Refinanzierung, d. h. speziell: werden sie insofern zur Restriktion für Investition, Produktion, Beschäftigung und Einkommen, wie sie im Hinblick auf zukünftig erwartete Einkommen Kredite eingeräumt haben, diese Engagements aber nicht — wie von den Kreditnehmern ursprünglich erwartet — aufrechterhalten (können).

Außerdem mögen Amortisationszahlungen und Einlagen zwar die Flexibilität der Banken bei ihren laufenden Finanzierungen erhöhen, aber hinsichtlich dieser Liquiditätsquellen besteht — im Unterschied zu bestimmten Finanzaktiva — keine Refinanzierungsgarantie der Zentralbank. Die „Refinanzierung" erfolgt letztlich durch Zahlungsströme aus dem Einkommenskreislauf; sie wird von den Banken um so eher auch in Zukunft erwartet, je gleichmäßiger der Prozeß der Einkommensentstehung, -verteilung und -verwendung abläuft und je länger jene Liquiditätsquellen früher erwartungsgemäß zur Verfügung standen, sich diesbezüglich also Konventionen i. S. von Keynes gebildet haben. Es ist zu vermuten, daß — mutatis mutandis — neben Banken und anderen Finanzintermediären auch Unternehmen sich bei andauerndem erwartungsgemäßen Geschäftsverlauf zunehmend auf derartige Liquiditätsquellen verlassen.

Wenn — so Keynes — das Investitions- bzw. Produktionsvolumen konstant bleibe oder zumindest gleichmäßig steige, verändere sich auch das Finanzierungsvolumen nicht, oder aber es lasse sich zumindest aus den Rückflüssen — und zwar vornehmlich vermittelt durch Banken

---

[95] Vgl. *W. T. Newlyn*, S. 19 f. und S. 41.

[96] Vgl. *H. P. Minsky*, The Instability Hypothesis: Capitalist Processes ..., S. 40 f.; *J. Revell*, S. 15: „These two major developments in banking practice since the war, the finding of additional sources of liquidity from operating flows and from the liabilities side of the balance sheet, mean that the doctrine which treated liquidity of financial institutions as synonymous with their liquid asset holdings is completely out of date." Hierfür lassen sich auch Belege aus der deutschen bankbetriebswirtschaftlichen Literatur finden (s. die Hinweise in Abschnitt 2.3.3. w. o.).

(„revolving fund“[97]) — aufrechterhalten; wenn jedoch das Investitions- bzw. Produktionsvolumen wachse, so würden zusätzliche Finanzierungen benötigt, so daß auch die Nachfrage nach Geld zunehme (et vice versa)[98]. Bei gegebenem Zentralbankgeldangebot beeinflußten dann die Nachfrage nach Geld seitens des sonstigen Publikums (Nicht-Unternehmer) und das Geldangebot seitens der Banken die Finanzierungsbedingungen („financial facilities“); von diesen hänge es letztlich ab, ob Investitionen überhaupt und in welchem Umfang durchgeführt würden. Hierzu formuliert Keynes: „The point remains, however, that the transition from a lower to a higher scale of activity involves an increased demand for liquid resources which cannot be met without a rise in the rate of interest, unless the banks are ready to lend more cash or the rest of the public to release more cash at the existing rate of interest ... *This means that, in general, the banks hold the key position in the transition from a lower to a higher scale of activity* ...“ Ungenutzte Kreditlinien bei Banken seien deshalb ideal als Puffer für einen zusätzlichen Finanzierungsbedarf[99]. — Wesentlich sind demzufolge intersektorale Finanzbeziehungen, zwischen Unternehmen, Banken und dem restlichen Publikum.

Im „finance motive“ der Nachfrage nach Geld geht es gerade um Veränderungen des Finanzierungsvolumens infolge geplanter Veränderungen der Investition, d. h. um Verschiebungen der gesamtwirtschaftlichen Nachfragefunktion und, damit verbunden, der gesamtwirtschaftlichen Geldnachfragefunktion. Diese Verschiebungen werden induziert durch die in der Vergangenheit realisierten Investitions- und Finanzierungspläne und durch die davon abgeleiteten Erwartungen, die sich als Konventionen i. S. von Keynes stabilisieren können; die Verschiebungen sind aber unabhängig von den Realisierungen der in der Gegenwart geänderten Investitions- und Finanzierungspläne, weil diese Realisierungen erst in der Zukunft anfallen, Informationen liefern — und möglicherweise zu Planrevisionen führen[100].

---

[97] Vgl. *J. M. Keynes*, The „Ex Ante“ Theory of the Rate of Interest, S. 219; s. auch *ders.*, The Consequences to the Banks of the Collapse of Money Values, S. 151.

[98] *J. M. Keynes*, Alternative Theories of the Rate of Interest, S. 209 f.

[99] Vgl. *J. M. Keynes*, The „Ex Ante“ Theory of the Rate of Interest, S. 222 f. Hervorhebung nicht im Original, d. Verf. Ungenutzte Kreditlinien wirken insoweit als Puffer, wie Banken sie in ihre Liquiditätsplanung bereits einbezogen haben. Wurden Kreditlinien erfahrungsgemäß nur zu beispielsweise 50 v. H. in Anspruch genommen, dann aber unerwartet zu 75 v. H., so können sich gleichwohl die Finanzierungsbedingungen verschlechtern; die Entwicklung der Geldmarktsätze und die Schwierigkeiten der Einhaltung der Liquiditätsgrundsätze (i. S. des KWG) im Jahre 1973 sind ein Beispiel dafür, wie sich hierzulande die Finanzierungsbedingungen — trotz ungenutzter Kreditlinien — verschärften.

[100] Vgl. *P. Davidson*, Money and the Real World, S. 170: „The finance motive thus evolves as one of the dynamic elements in the static Keynesian

Jedenfalls kommt im „finance motive“ der Geldnachfrage die Erwartung zum Ausdruck, die zukünftigen Gewinne der neu finanzierten, in der Gegenwart geplanten Investitionen reichten aus, um die eingegangenen Rückzahlungsverpflichtungen zu erfüllen oder sich durch weitere, möglicherweise langfristige Verbindlichkeiten zu refinanzieren. Unternehmer, *darüber hinaus* Banken, *und* letztlich die Einleger der Banken spekulieren darauf, daß diese Erwartung zutrifft: „Thus the fundamental speculation of a capitalist society has two facets: the acquisition of capital assets and the putting out of commitments to pay cash embodied in the liabilities used to finance such capital acquisition[101].“

Die Spekulation der Banken betrifft die Zusammensetzung ihrer Forderungen sowie die Möglichkeit ihrer Refinanzierung, wobei sich die Forderungen von den Verbindlichkeiten unterscheiden, wenn auch nicht allein infolge der Fristentransformation („asset transmutation“ und „intermediation effects“[102]). Stellt man indes allein auf die Fristigkeit ab, so sind diese Forderungen doch zum großen Teil wiederum eher fällig, als die Durchführung der dadurch finanzierten Investitionen Zeit erfordert. Je größer also die Beteiligung der Banken an der Finanzierung i. S. des „finance motive“, je größer also der Anteil an indirekten externen Finanzierungen von Investitionen, desto größer ist auch das Ausmaß spekulativer Positionen der Unternehmen *und* Banken, — wobei deren Einleger mit ihren überlassenen Einkommensüberschüssen die Refinanzierung jener Forderungen, also ebenfalls eine letztlich spekulative Position, übernehmen[103]. Erfüllen sich die Erwartungen nicht, die dieser Kette spekulativer Finanzierungen zugrunde liegen (Ungleichgewichte auf Güter-, Faktor- und Finanzmärkten mit entsprechenden Preis-, Zins- bzw. Wert- und Einkommensänderungen), so gilt, was Keynes im Hinblick auf die Erfahrungen der frühen 30er Jahre formuliert: „... bankers are becoming unpleasantly aware of the fact that, when their customers' margins have run off, they are themselves ‚on margin‘“[104]; das aber hat Auswirkungen auf ihre Einleger sowie auf ihre Bonität als Kreditnehmer, auf ihre Liquidität und schließlich Solvenz[105].

---

model; its major contribution is in macroeconomic disequilibrium path analysis ...“

[101] Vgl. *H. P. Minsky,* John Maynard Keynes, S. 89.

[102] Vgl. *B. J. Moore,* S. 92 ff.

[103] Vgl. *H. P. Minsky,* Banking and a Fragile Financial Environment, in: The Journal of Portfolio Management, Summer 1977, S. 20: „Not only do banks engage in speculative finance, but they are the transmission belt toward speculative financing by others.“ Siehe auch *ders.,* John Maynard Keynes, S. 123.

[104] Vgl. *J. M. Keynes,* The Consequences to the Banks of a Collapse of Money Values, S. 157.

Die Beurteilung der Kreditwürdigkeit eines Unternehmens durch eine Bank erfolgt auf der Basis aggregierter Informationen, die Überprüfung derjenigen der Bank durch Fachaufsichtsbehörden auf der Basis noch weiter aggregierter Informationen. Der Informationsstand nimmt also vermutlich von dem Unternehmen über die Bank bis zur Fachaufsicht ab — und ist am geringsten bei den Einlegern im Massengeschäft[106], wenngleich Informationen über zahlreiche Unternehmen einer Branche und verschiedener Branchen den Banken und der Fachaufsicht zusätzliche Vergleichsmöglichkeiten bieten. Der Informationsfluß ist von den Unternehmen über die Banken zur Fachaufsicht und zu den Einlegern im Massengeschäft weiterhin auch verzögert. Bleiben also die realisierten Zahlungsströme hinter den erwarteten zurück, so werden wegen des vermutlich unterschiedlichen Informationsstandes und verzögerten Informationsflusses etwaige Finanzierungsschwierigkeiten zuerst von den Unternehmen, dann von den Banken und *zuletzt* von den Fachaufsichtsbehörden und Einlegern im Massengeschäft bemerkt.

Das „finance motive" der Geldnachfrage erfaßt die Finanzierungsbedingungen geplanter Investitionen, die die weitere wirtschaftliche Entwicklung bestimmen. Es setzt spekulative Positionen bei Investoren, Banken und letztlich deren Einlegern voraus, Positionen, in denen bestimmte Erwartungen zum Ausdruck kommen. Auf die keynes'sche Analyse der Entscheidungen unter unkalkulierbarer Unsicherheit und der Erwartungsbildung sei rückverwiesen. Die zukünftige wirtschaftliche Entwicklung hängt somit entscheidend davon ab, ob diese spekulativen Positionen durchgehalten werden können — et vice versa: „An economy with private debts is especially vulnerable to changes in the pace of investment, for investment determines both aggregate demand and the viability of debt structures[107]."

5.4.2. Instabile Finanzbeziehungen und Finanzkrisen

Minskys Theorie endogen instabiler Finanzbeziehungen verbindet Erwartungs- und Verhaltensänderungen der Unternehmer, Banken und der Inhaber von Forderungen bei Banken (Anleger), also verschiedene Sektoren mit jeweils spezifischen Funktionen und finanziellen Hand-

[105] Zur Verknüpfung dieser Konzepte und zu den zugrundeliegenden Risikoanalysen vgl. z. B. *J. Revell*, S. 13 ff., insbes. S. 23; *W. Stützel*, Bankpolitik heute und morgen, Tz. 58 ff., S. 33 f.

[106] Großeinleger sind eher in der Lage, sich über die Bonität der fraglichen Bank zu informieren. Vgl. hierzu die Diskussion um nicht versicherte Großeinlagen bei amerikanischen Banken: *Th. Mayer*, Should Large Banks Be Allowed to Fail, in: Journal of Financial and Quantitative Analysis, Vol. 10 (1975), S. 603. Siehe auch allgemein *J. A. Kregel*, The Reconstruction of Political Economy . . ., S. 166 ff.

[107] Vgl. *H. P. Minsky*, The Financial Instability Hypothesis . . ., S. 24.

lungsbeschränkungen. Erklärt werden durch je individuelles Verhalten insgesamt veränderte Handlungsumgebungen, die zunächst Gläubiger-Schuldner-Beziehungen sowie den Aufbau und die Refinanzierung von Portefeuilles begünstigen und in denen sodann Portefeuilles und Refinanzierungen mit steigenden Alternativkosten verbunden sind, was instabile Finanzbeziehungen entstehen läßt und eine Finanzkrise wahrscheinlicher macht[108]. Dies wird von einigen Autoren teilweise oder ganz bestritten, und zwar unter Hinweis auf die Anpassungsfähigkeit des Finanzsektors.

Kaufman, Wright und Wallich vertraten auf einer Expertenkonferenz die Ansicht, instabile Finanzbeziehungen oder gar Finanzkrisen würden in den USA durch die Flexibilität der Finanzbeziehungen und Finanzmärkte („financial resiliency") weitgehend vermieden oder seien — so Kaufman — dadurch doch wenigstens bisher vermieden worden. Kaufman analysiert dabei drei Perioden mit angespannten Finanzmärkten in den 60er und 70er Jahren in den USA, in deren Abfolge allerdings die Anpassungsfähigkeit der Finanzbeziehungen und Finanzmärkte steigenden Belastungen ausgesetzt worden sei; eine zukünftige Anspannungsperiode könne sich deshalb durchaus zu einer Finanzkrise entwickeln[109]. Demgegenüber vertraut Wright im Hinblick auf die Erfahrungen in den 70er Jahren darauf, neue Finanztechnologien, eine antiinflatorische Wirtschaftspolitik und vereinzelte Insolvenzen beschränkten wirksam die Neigung, immer spekulativere Portefeuilles aufzubauen[110].

Daß den Erfahrungen der jüngsten Vergangenheit bei der Bildung der Erwartungen über zukünftige Ereignisse mehr Bedeutung zuzumessen sei als denen weiter zurückliegender Perioden, hebt Wallich hervor. Liege die Erfahrung einer Krise, wie beispielsweise der der 30er Jahre, nur wenige Jahre zurück, so führe sie zu vorsichtigem, größere Risiken vermeidenden Verhalten. Jedoch: „As the experience fades into the past, it receives diminishing weight relative to more recent experience when nothing adverse happened. Thus the restraint of experience diminishes over several relatively mild business cycles until the resulting escalation of risk leads to a new crisis and the process

---

[108] Vgl. *H. P. Minsky,* An Exposition ..., S. 231: „The model sketched here makes a debt-deflation process up to the triggering event an endogenous phenomen(on) not in any deterministic sense but in the sense of creating an environment in which the likelihood of such an event taking place increases."

[109] Vgl. *H. Kaufman,* Financial Crises: Market Impact, Consequences, and Adaptability, in: Financial Crises — Institutions and Markets in a Fragile Environment, Hrsg.: E. I. Altman und A. W. Sametz, New York usw. 1977 (die Konferenz fand Anfang 1976 an der New York University's Graduate School of Business Administration statt).

[110] Vgl. *K. M. Wright,* A Projected Resilient Financial Environment, in: Financial Crises ..., S. 173 ff.

begins once more[111]." Die Auswirkungen von Verhaltensänderungen infolge kollabierender Erwartungen verstärken sich also, je länger „... the state of long-term expectation is ... steady"[112], d. h. je stärker sich Konventionen i. S. von Keynes stabilisieren, eine Gewöhnung an sich erfüllende Erwartungen eintritt, die immer mehr ein normales Funktionieren der Güter-, Faktor- und Finanzmärkte voraussetzen. In die Erwartungen werden etwa in einem Konjunkturaufschwung die Wachstumsraten der weiteren Entwicklung einbezogen und bei mehreren milden Konjunkturzyklen die Wachstumsraten des zugrunde liegenden Trends, wobei Mengen und/oder Preise bzw. Kapital- und Kurswerte (Zinsen) Kalkulationsgrundlage sein mögen.

Sieht man von der unterschiedlichen Bewertung der jüngsten Entwicklung der Finanzbeziehungen und Finanzmärkte in den USA durch Kaufman, Wright und Wallich einerseits sowie Minsky[113] andererseits ab, so lassen sich die angeführten Argumente durchaus unter dessen Erklärungsansatz subsumieren. Konstitutiv für diesen ist die keynes'sche Analyse der Entscheidungen unter Unsicherheit und der Erwartungsbildung, wie sie beispielsweise auch Wallich aufgreift: Die Lernfähigkeit des Systems läßt zunächst Konventionen entstehen, mit deren Hilfe die Komplexität der unkalkulierbar unsicheren Zukunft reduziert wird, — solange eben die Konvention nicht infolge unerwarteter Ereignisse und geänderter kurzfristiger Erwartungen zusammenbricht und folglich die langfristigen Erwartungen verändert.

Ein Investitionsboom, der hier, wie zuvor gesagt, vorausgesetzt und nicht näher erklärt wird, hängt zunächst ab vom „*state of confidence* of the speculator or speculative investor"[114], des weiteren davon, ob und zu welchen Bedingungen er finanziert werden kann: „Thus we must also take account of *the other facet of the state of confidence,* namely, the confidence of the lending institutions towards those who seek to borrow from them, sometimes described as *the state of credit* ...[115]." Die Finanzierungsbedingungen („state of credit") verän-

---

[111] Vgl. *H. C. Wallich,* Framework for Financial Resiliency, in: Financial Crises ..., S. 160 ff., Zitat S. 161.

[112] Vgl. *J. M. Keynes,* The General Theory of Employment, Interest, and Money, S. 162.

[113] Vgl. *H. P. Minsky,* A Theory of Systematic Fragility, S. 138 ff. Vgl. als Belege dafür, daß in der BRD eine antiinflatorische Geldpolitik „Stabilisierungskrisen" herbeiführte, die durch die endogene Anpassungsflexibilität der Finanzbeziehungen und -märkte nicht aufzufangen war: *H. Baisch* et al., S. 182 ff.; *G. Müller, U. Rödel, Ch. Sabel, F. Stille, W. Vogt,* S. 166 ff. Siehe auch zum Unterschied endogener und exogener Liquiditätskrisen *A. S. Eichner,* Introduction, in: ders. (Hrsg.), A Guide to Post-Keynesian Economics, New York 1979, S. 14 f.

[114] Vgl. *J. M. Keynes,* The General Theory of Employment, Interest, and Money, S. 158; Hervorhebung nicht im Original, d. Verf.

[115] *Ebd.,* Hervorhebungen nicht im Original, d. Verf.

dern sich jedoch mit der Zinselastizität des Angebots an Finanzierungen i. S. des „finance motive" der Nachfrage nach Geld, d. h. bei gegebenem Zentralbankgeldangebot mit der Zinselastizität des Geldangebots seitens der Banken und mit der der Umlaufgeschwindigkeit der Geldmenge.

Keynes analysiert diesen Zusammenhang hinsichtlich der Gesamtnachfrage nach Geld seitens des Publikums („liquidity preference") und des Geldangebots der Banken, letzteres innerhalb gegebener, nicht voll benutzter oder zusätzlicher Kreditlinien. Davidson und Minsky beziehen auch nicht-monetäre Finanzintermediäre mit ein, deren vermehrte Tätgkeit, wie man zeigen kann[116], die Umlaufgeschwindigkeit des Geldes ansteigen läßt. Da die Zinselastizität einer Zunahme des Geldangebots und der Umlaufgeschwindigkeit im Boom aber abnimmt, steigen mit dem Finanzierungsvolumen entsprechend die Zinssätze[117]. — In der Betonung endogener Bestimmungsgründe des Geldangebots und dessen Umlaufgeschwindigkeit relativieren Davidson mit wachstumstheoretischer, Minsky mit konjunkturtheoretischer Orientierung die Argumentation des Radcliffe-Committee[118]. Ihre und Chicks Ergebnisse gelten hierzulande vermutlich a fortiori, da infolge des Universalbankensystems die Bedeutung nicht-monetärer Finanzintermediäre geringer als in anderen Ländern ist; hierauf wurde bereits hingewiesen.

Nur für den Beginn eines Investitionsbooms ist die Annahme realistisch, das Angebot an Finanzierungen (d. h. bei gegebenem Zentralbankgeldangebot das Geldangebot seitens der Banken und die Umlaufgeschwindigkeit der Geldmenge) reagiere zinselastisch, weil dann:

(1) Banken und nicht-monetäre Finanzintermediäre relativ große Liquiditätsreserven besitzen, deren Monetisierung entweder die Geldmenge erhöht, wenn Ankauf- oder Beleihungszusagen der Zentralbank vorliegen (hierzulande bei den „freien Liquiditätsreserven"

---

[116] Vgl. z. B. *V. Chick*, S. 69 ff.

[117] Vgl. *P. Davidson*, Money and the Real World, S. 181 ff. und 316 ff.; *H. P. Minsky*, John Maynard Keynes, S. 123; *ders.*, Financial Crisis, Financial Systems . . ., S. 246 ff. Siehe mit stärkerer geldpolitischer Fragestellung auch die empirische Arbeit von *E. Miller* und *A. Lonie*, Microeconomic Effects of Monetary Policy — The Fallout of Severe Monetary Restraint, London 1978, S. 9 ff.

[118] Vgl. *Committee* on the Working of the Monetary System, Report, HMSO (1959), Reprint London 1964. Siehe auch *R. S. Sayers*, Monetary Thought and Monetary Policy in England, in: Economic Journal, Vol. 70 (1960). Siehe auch als zusammenfassende Kritik hieran *V. Chick*, S. 72: „Obviously one can *plan* on the basis of what one thinks one gets hold of, but actual spending will depend on in *fact* getting hold of it, whether from current income cash flow, successful actual sale of assets, or successful borrowing." Und: „At the aggregate level there is no such thing as a liquid asset: assets are only liquid or illiquid to individual units."

der Banken), oder die Umlaufgeschwindigkeit des Geldes ansteigen läßt (Liquiditäts- und Kreditexpansion);

(2) Unternehmen und Haushalte relativ große Spekulations- und Vorsichtskassen sowie relativ große Bestände an liquiden Anlagen unterhalten, die bei günstigeren Erwartungen abgebaut bzw. in illiquidere Anlageformen transformiert werden[119];

(3) Ein Anstieg der Kurse auf dem Aktienmarkt anzeigt, frühere Investitionen und deren laufende und kapitalisierte Erträge würden — im Urteil des Durchschnitts derjeniger, die am Börsenhandel teilnehmen — wieder höher bewertet[120], so daß mehr Kredite aufgenommen bzw. vergeben werden können, ohne die Zinssätze mit Risikoaufschlägen gegen Ausfälle zu erhöhen[121].

Je länger sich die Erwartungen erfüllen, die aufgenommenen Kredite die Gewinne der Kreditnehmer und -geber also erwartungsgemäß steigern, desto geringer — so Minsky — würden die Sicherheitsmargen: Kreditnehmer und -geber ändern also ihre Ansichten über die vertretbare Höhe der Verbindlichkeiten („acceptable liability structure“)[122] und deren Verzinsung[123]. Je länger der Investitionsboom anhalte, desto komplexer würden so die Finanzbeziehungen („financial layering“[124]): „The tendency therefore is to generate endo-

[119] Spekulationskassen könnten — zu Lasten der Nachfrage nach Geld aus anderen Motiven — im Verlauf eines Booms sogar negativ werden; vgl. zur Begründung *W. T. Newlyn*, S. 65. Siehe auch die Behandlung der Spekulations- und Vorsichtskasse, als interdependente Größen, bei *P. Davidson*, Money and the Real World, S. 209 ff.

[120] Ein Kursanstieg bringt für Anleger „windfall gains“, die den Ausgabenstrom oder die Kreditaufnahme dieses Sektors verstärken. Vgl. *V. Chick*, S. 76 f.; *E. L. Furness*, S. 183; *H. P. Minsky*, Financial Crisis, Financial Systems ..., S. 246. Auf die Gefahr einer überwiegend spekulativen Neubewertung früherer Investitionen durch professionelle und institutionelle Anleger weist indes *J. M. Keynes* (—, The General Theory of Employment, Interest, and Money, S. 154 ff.) hin.

[121] Vgl. *H. P. Minsky*, John Maynard Keynes, S. 120: „... the owners of the inherited stock of capital assets, whose liability structure is compatible with a previous stage of confidence, find themselves with an unused margin of ‚borrowing power‘. This margin is as good as retained earnings in providing a basis for expansion of ownership of capital assets. Thus an increase in confidence and the state of credit is equivalent in its effect upon the potential for debt-financing to an improvement in current yield ... an increase in leveraging can take place.“ Siehe auch *J. M. Keynes*, An Economic Analysis of Unemployment (1931), in: ders.: The General Theory and After, Part I, S. 350 und 363.

[122] Vgl. *H. P. Minsky*, The Financial Instability Hypothesis ..., S. 24.

[123] So seien Kreditaufnahmen zu exorbitant hohen Zinssätzen weltweit charakteristisch für die Periode vor der Weltwirtschaftskrise gewesen; vgl. *J. M. Keynes*, An Economic Analysis of Unemployment, S. 345. Siehe auch *ders.*, The Great Slump of 1930, in: Essays in Persuasion (1931), The Collected Writings, Vol. 9, Hrsg.: Royal Economic Society, London und Basingstoke 1972, S. 132 f.

genously a structure of cash-payment commitments which embodies an ever-closer articulation of cash payment and receipts, and in which an ever-larger portion of units is forced to refinance debts when due. Thus units become ever more dependent upon the normal functioning of financial, as well as product and factor markets[125]." — An die Stelle „robuster" treten somit instabile („fragile") Finanzbeziehungen.

Eine Typisierung der Herausbildung instabiler Finanzbeziehungen infolge von Handlungsumgebungen, die sich endogen im Verlauf eines Investitions- und Finanzierungsbooms mit gegebenem Zentralbankgeldangebot verändern, liefert Minsky:

(1) Vom erwartungsgemäßen Funktionieren allein der Güter- und Faktormärkte sind Wirtschaftseinheiten abhängig, die nur soviel Verbindlichkeiten aufnehmen, daß — bei jeder Zinshöhe — die erwarteten Zahlungseingänge stets größer sind als die erwarteten Zahlungsverpflichtungen aus Zinsen und Tilgung („hedge financing"). Bei dieser Finanzierungsform treten Zahlungsschwierigkeiten nur dann auf, wenn die Zahlungseingänge (Erträge) kleiner als erwartet sind *oder* steigende Zinssätze anzeigen, frühere Investitionen und deren kapitalisierte Erträge seien geringer zu bewerten, so daß die Beleihungsgrenzen nach unten (die Sicherheitsmargen nach oben) korrigiert werden müßten. Das wiederum mag die weitere Investitionstätigkeit einschränken[126].

(2) Sind die erwarteten Zahlungseingänge zwar größer als die Zinszahlungen, aber zumindest kurzfristig kleiner als die Tilgungszahlungen, obwohl langfristig die erwarteten Zahlungseingänge ausreichen, um auch die Tilgungen aufrechtzuerhalten, so kommt die Abhängigkeit von dem erwartungsgemäßen Funktionieren der Finanzmärkte hinzu, d. h. die Instabilität (Fragilität) der Finanzbeziehungen wächst: Kreditnehmer und -geber gehen davon aus, es beständen Refinanzierungsmöglichkeiten zur Überbrückung etwaiger Zahlungsengpässe, ohne daß die Liquidität oder Solvenz gefähr-

---

[124] Vgl. zur Umschreibung dieses Begriffs *H. P. Minsky*, Financial Crisis, Financial Systems . . ., S. 248. *V. Chick* (The Theory of Monetary Policy, S. 68) benutzt das Synonym „pyramiding of credit".

[125] Vgl. *H. P. Minsky*, John Maynard Keynes, S. 143. Siehe auch als spieltheoretische Reformulierung mit Betonung der individuellen und sektoralen Erwartungen, Handlungsbeschränkungen und Verhaltensänderungen, die zur systematischen Divergenz individueller und kollektiver Rationalität führen: *M. Kraft* und *P. Weise*, A Game Theoretic Interpretation of Minsky's Systematic Fragility, Arbeitspapiere des Fachbereichs Wirtschaftswissenschaft, Gesamthochschule Paderborn 1980.

[126] Vgl. *H. P. Minsky*, A Theory of Systematic Fragility, S. 143 ff.; s. auch *ders.*, The Financial Instability Hypothesis: Capitalist Processes . . ., S. 17 ff.

det würde („speculative financing“[127]); diese Gefahr droht allerdings bei steigenden Refinanzierungskosten oder fehlenden Refinanzierungsmöglichkeiten[128]. Anzumerken ist, daß Banken — mutatis mutandis — infolge der Fristentransformation grundsätzlich ihre Aktiva „spekulativ“ (re)finanzieren, also *stets* auf ein erwartungsgemäßes Funktionieren der in Anspruch genommenen oder im Anspannungsfall zu nehmenden Finanzmärkte angewiesen sind. Bei zunehmend spekulativen Finanzierungen erhöhen sich die Refinanzierungskosten zusätzlich durch größere Risikoaufschläge infolge niedrigerer kapitalisierter Erträge *und* möglicher Tilgungsschwierigkeiten.

(3) Sind Kredite nicht oder nur zu so hohen Zinssätzen zu erhalten, daß die laufenden Zahlungseingänge nicht einmal hierfür ausreichen würden („Ponzi financing“[129]), so wird versucht, die nicht mehr durchzuhaltenden Portefeuilles, als einzig verbleibende Refinanzierungsquelle, abzubauen; je nach Marktlage können dabei Verluste auftreten, die auch zur Insolvenz führen. Ob vereinzelte Insolvenzen unter den Kreditnehmern und — davon abhängend — den Kredite gebenden Banken eine gesamtwirtschaftliche Kettenreaktion auslösen, so daß es zu einem bereits von Fisher beschriebenen „debt-deflation-process“ und so zu einer Finanzkrise kommt, hängt davon ab, wie hoch der Anteil der erstgenannten an den beiden anderen Finanzierungsformen ist und wie schnell er bei sich allgemein verschlechternden Finanzierungsbedingungen abnimmt; denn unter verschlechterten Finanzierungsbedingungen werden ursprünglich „robuste“ Finanzbeziehungen zunehmend und systematisch spekulativ und instabil bis hin zur Überschuldung[130].

Diese Typisierung der Herausbildung instabiler Finanzbeziehungen wird von Sinai anhand eines makroökonomischen Simulationsmodells zur Abbildung von Zyklen sektoraler Zahlungsströme im wesentlichen bestätigt: Expansionsprozesse begünstigen den Aufbau zunehmend spekulativ finanzierter, individueller Portefeuilles, und zwar der Unternehmer, Banken und Inhaber von Forderungen (Anleger); als gesamtwirtschaftliches Ergebnis des individuell je rationalen, auf Erwartungen gegründeten Verhaltens verändert sich die Handlungsumgebung,

---

[127] *Ebd.*

[128] Vgl. zur ausführlicheren Darstellung der entstehenden Zahlungsschwierigkeiten *H. P. Minsky,* Financial Crisis, Financial Systems . . ., S. 252 ff.

[129] Vgl. *H. P. Minsky,* A Theory of Systematic Fragility, S. 143 ff.

[130] Vgl. *I. Fisher,* The Debt-Deflation Theory of Great Depressions, in: Econometrica, Vol. 1 (1933), S. 337 ff.; s. auch *J. M. Keynes,* The Consequences to the Banks of the Collapse of Money Values, S. 150 f.; *ders.,* An Economic Analysis of Unemployment, S. 350 f.; *H. P. Minsky,* John Maynard Keynes, S. 124 ff. und *ders.,* The Financial Instability Hypothesis: Capitalist Processes . . ., S. 24 ff.

steigende Zinssätze und/oder Refinanzierungsschwierigkeiten sowie nicht weiter durchzuhaltende Portefeuilles wirken dann zunehmend restriktiv auf jene Expansionsprozesse zurück[131]. M. a. W.: individuell durchaus rationale Investitions- und Finanzierungspläne erzeugen eine zunehmend komplexe, in sich gestörte und letztlich möglicherweise turbulente Handlungsumgebung, so daß zuvor stabilisierte Konventionen i. S. von Keynes kollabieren; „Organisationskrisen", hier speziell: Finanzkrisen, sind die mögliche Folge.

Steigende Zinssätze, fehlende Refinanzierungsmöglichkeiten, fallende Preise bzw. Kapitalwerte für liquide und zunehmend auch für illiquide Anlagen[132], Ereignisse also, die frühere Entscheidungen zunehmend zu Fehlentscheidungen werden lassen, ferner eine Verschlechterung der langfristigen Erwartungen infolge dieser Erfahrungen und kurzfristiger Erwartungen („state of confidence" und „state of credit"), insgesamt also endogen zu erklärende Entwicklungen, kehren den Finanzierungs- und Investitionsboom um. Die Auswirkungen im Rahmen einer „financial theory of fluctuations in real investment" (Minsky) hängen letztlich davon ab, ob und in welchem Umfang die Geldmenge exogen (Zentralbankgeldmenge) erhöht wird und ob die gestiegene Geldmenge nicht nur die Insolvenzgefahr für Banken, sondern auch die der von ihnen finanzierten Unternehmen beseitigt[133]. Banken mögen zur Behebung eigener Liquiditätsschwierigkeiten gezwungen sein, Kredite zu kündigen oder deren Verlängerung abzulehnen. Unternehmen schränken ihre Investi-

---

[131] Vgl. *A. Sinai*, S. 189 ff.; *ders.*, Credit Crunches — An Analysis of the Postwar Experience, in: Parameters and Policies in the U.S. Economy, Hrsg.: O. Eckstein, Amsterdam usw. 1976, S. 245 f. Von Minskys Hypothesen ausgehend und mit zahlreichen historischen Beispielen vgl. weiterhin *Ch. P. Kindleberger*, S. 53 ff. und 113 f.: „The system is one of positive feedback (im Gegensatz zu neoklassischen und darauf zurückzuführende Modellannahmen, d. Verf.). A fall in prices reduces the value of collateral and induces banks to call loans or refuse new ones, causing mercantile houses to sell commodities, households to sell securities, industry to postpone borrowing... Further decline in collateral leads to more liquidation. If firms fail, bank loans go bad, and then banks fail. As banks fail, depositors withdraw their money... At the height of the panic, money is said to be unavailable."

[132] Zur destabilisierenden Wirkung gerade auch der abnehmenden Kapitalwerte vgl. *E. Miller* und *A. Lonie*, S. 23: „With the increasingly severe credit squeeze of 1966, 1969—1970 and 1973—1974 finally bringing interest rates higher than any in the recorded history of the United States, capital values were in a state of collapse."

[133] Vgl. auch *H. P. Minsky*, Banking..., S. 20. Zur Kontroverse über die Exogenität des Geldangebots vgl. *V. Chick*, The Theory of Monetary Policy, S. 83 ff., insbes. S. 89: „Absolute control of M is impossible, though the authorities may exercise a considerable, even dominant influence. On the other hand the authorities always control the supply of cash. A monopoly producer by definition controls the supply of whatever he produces. He may, however, choose to supply on demand, relinquishing initiative, if not control." Auf Refinanzierungsmöglichkeiten im Ausland sei hingewiesen, ohne hierauf näher einzugehen.

tionen ein und verwenden etwaige Kassenüberschüsse verstärkt zur Rückzahlung von Verbindlichkeiten (Bilanzbereinigungen). Die Entwicklung der Finanzbeziehungen und Finanzmärkte wirkt so auf Investitionsnachfrage, Bruttogewinne, Produktion, Einkommen und Beschäftigung, aber — so Keynes — asymmetrisch: „But whereas the weakening of either (state of confidence, state of credit; d. Verf.) is enough to cause a collapse, recovery requires the revival of *both*. For whilst the weakening of credit is sufficient to bring about a collapse, its strengthening, though a necessary condition of recovery, is not a sufficient condition[134]." — Kollabierte „Konventionen" bilden sich nur langsam wieder von neuem heraus.

Festzuhalten ist, daß die Entwicklung der Finanzierungsbedingungen gerade auch von früheren und laufenden Aktivitäten der Banken abhängt, wie Bagehot und Keynes es sehr richtig gesehen sowie Davidson und Minsky es erneut herausgestellt haben. Jede Einzelbank mag sich, gegründet auf gute Erfahrungen, in ihrer Finanzierung von Investitionen individuell rational verhalten, — aber alle Einzelbanken zusammen können ungewollt die Handlungsumgebung in einer Weise beeinflussen, daß individuelle und kollektive Rationalität auseinanderfallen und sich „robuste" in instabile Finanzbeziehungen verwandeln; denn in privat-dezentralen Volkswirtschaften fehlt ein Organisationsmechanismus der kollektiven Erwartungs- und Verhaltensabstimmung[135]. Die vorstehende Analyse zeigt, wie Banken Expansionsprozesse einerseits ermöglichen und verstärken, diese andererseits aber auch — bei gegebenem Zentralbankgeldangebot — beschränken und umkehren.

5.4.3. Geldpolitische Implikationen

Die mit der Ausdehnung externer direkter und vor allem indirekter Finanzierungen ermöglichte und verstärkte Konjunkturdynamik ähnelt den Konzepten des Überschießens und — bei gegebenem Zentralbankgeldangebot — der oberen Beschränkung („upper buffer" oder „ceiling") aus der allgemeinen Konjunkturtheorie[136]. Das Ausmaß der Dynamik hängt bei gegebenen langfristigen Erwartungen von den endogenen Grenzen der simultanen Kredit- und Liquiditätsexpansion ab, durch die das Geldangebot und die Umlaufgeschwindigkeit des Geldes steigen. Bei Annäherung an diese Grenzen verwandeln sich robuste in instabile, zunehmend spekulative Finanzbeziehungen; der Zunahme der Investi-

---

[134] Vgl. *J. M. Keynes*, The General Theory of Employment, Interest, and Money, S. 126.

[135] Siehe auch *M. Kraft* und *P. Weise*, S. 11.

[136] Vgl. z. B. *R. C. O. Matthews*, The Trade Cycle (1959), Cambridge 1969, S. 17 ff.

tions- und Finanzierungsrisiken für Unternehmer, Banken und Forderungsinhaber entspricht dann eine Zunahme der Nachfrage nach Geld für Vorsichts- und Spekulationszwecke („disintermediation“[137]) — der Liquiditätsfetisch, wie Keynes es nannte, bestimmt nun das Verhalten aller Akteure[138].

Vor diesem Hintergrund sind — abgesehen von ad-hoc-Maßnahmen wie Bankfeiertagen, Moratorien, Verbindlichkeitsgarantien usw. — in der Vergangenheit vor allem zwei geldpolitische Strategien angewendet worden, z. T. auch kombiniert[139]: Die Zentralbank vertraute erstens auf die Selbstheilungskräfte der Güter-, Faktor- und Finanzmärkte, veränderte also das Zentralbankgeldangebot nicht oder nur entsprechend vorher festgelegter, der prognostizierten Wachstums- und Inflationsentwicklung angepaßter Geldmengenziele[140]; die Zentralbank übernahm zweitens als „lender of last resort“ die Refinanzierung, um die Liquidität und Solvenz vor allem der Banken und über diese möglicherweise die der Unternehmer und Forderungsinhaber zu schützen[141].

Die erste Strategie mochte insbesondere bei spekulativen Finanzierungen, Zahlungsschwierigkeiten und Portefeuilleauflösungen angebracht gewesen sein, die auf einen Teil der Volkswirtschaft begrenzt waren *und* blieben. Die angedeutete Begründung der Strategie setzt nämlich voraus, daß die resultierenden Aktivitäten der betroffenen Unternehmen, Banken und Forderungsinhaber überwiegend negative Rückkopplungseffekte haben und offen oder still abgewickelt werden können, ohne daß eine Ausbreitung der Zahlungsschwierigkeiten auf die gesamte Volkswirtschaft zu befürchten ist. Je länger aber ein Investitions- und Finanzierungsboom anhält, desto eher sind positive Rückkopplungseffekte der Aktivitäten der Unternehmer, Banken und For-

---

[137] Vgl. auch *E. Miller* und *A. Lonie,* S. 26 ff.

[138] Vgl. *J. M. Keynes,* The General Theory of Employment, Interest and Money, S. 155.

[139] Vgl. mit historischen Beispielen für diese geldpolitischen Strategien und ihre Folgen *Ch. P. Kindleberger,* S. 138 ff.

[140] Die zweite Alternative entspräche monetaristischen Vorschlägen, wie sie etwa von *M. Friedman* bekannt sind; vgl. *ders.,* A Programm for Monetary Stability, The Millar Lectures, No. 3, New York 1959, S. 77 ff.; s. auch *K. Brunner,* Die „Monetaristische Revolution“ . . ., S. 74 ff. Zur Diskussion hierzulande vgl. *H. Bockelmann* et al., Probleme der Geldmengensteuerung, Hrsg.: W. Ehrlicher und A. Oberhauser, Schriften des Vereins für Socialpolitik, N. F., Bd. 99, Berlin 1978.

[141] Vgl. auch *W. Bagehot,* S. 310: „I have tediously insisted that the natural system of banking is that of many banks keeping their own cash reserve, with the penalty of failure before them if they neglect it. I have shown that our system is that of a single bank keeping the whole reserve under no effectual penalty of failure. And yet I propose to retain that system . . .“ Die Gefahr einer Insolvenz — ohne Hilfsmaßnahmen der Zentralbank — war also ursprünglich das Korrektiv für das Ausmaß spekulativer Finanzierungen im Aktivgeschäft der Banken oder deren Vorläufer (Goldschmiede).

derungsinhaber zu erwarten, weil gesamtwirtschaftlich der Anteil spekulativer Finanzierungen zunimmt[142] und die genannten Gruppen von Akteuren (Sektoren) je verschiedene ökonomische Funktionen und Erwartungen haben und dementsprechend reagieren[143]. Unter diesen Umgebungsvoraussetzungen wirkt die erstgenannte geldpolitische Strategie als obere Beschränkung des Booms, dessen endogene Dynamik im übrigen unbeeinflußt bleibt, — bis hin zu Insolvenzen von Banken[144].

Die zweite geldpolitische Strategie führt zu einer Ausdehnung des Zentralbankgeldangebots und wirkt dem weiteren Anstieg der Zinssätze entgegen, insbesondere solcher für kurzfristige Finanzierungen, deren Bedeutung gegen Ende eines Investitions- und Finanzierungsbooms stark zunimmt[145]. Abgesehen von den Problemen, um welchen Betrag die Zentralbankgeldmenge ausgedehnt wird, wie, wann und zu welchen Konditionen dieser Betrag eingeschleust wird, sind inflationäre Preissteigerungen zu erwarten, gerät die Zentralbank also in einen Konflikt zwischen ihren Funktionen als „lender of last resort“ einerseits und als Hüterin der Währungsstabilität andererseits: Mit der Wahl der zweiten geldpolitischen Strategie wird die Instabilität der Finanzbeziehungen also lediglich transformiert in eine Instabilität des Preisniveaus, d. h. in den Auswirkungen umverteilt[146].

Dieses geldpolitische Dilemma verstärkt sich u. U. von selbst, wie Kindleberger sehr klar herausarbeitet: „... if the market knows it is to be supported by a lender of last resort, it will feel less (little? no?) responsibility for the effective functioning of money and capital markets during the next boom. The public good of the lender of last resort weakens the private responsibility of ‚sound‘ banking[147].“ Die Folge wären noch spekulativere Finanzierungen der Banken im Verlauf des

---

142 Zur Erklärung positiver Rückkopplungseffekte im Rahmen der allgemeinen Konjunkturtheorie vgl. *R. C. O. Matthews*, S. 8 ff.; s. auch als neuere Keynes-Kalecki-Version einer Krisentheorie mit Anwendung auf die BRD G. *Müller, U. Rödel, Ch. Sabel, F. Stille* und *W. Vogt*, S. 25 ff.

143 Zum letzteren vgl. auch als überzeugende Abgrenzung zu Modellannahmen von M. Friedman, Tobin und anderen Vertretern der Theorie der Portefeuillewahl, d. h. zu Annahmen, durch die Instabilitäten letztlich exogen (durch Staatsintervention) „erklärt“ werden: *V. Chick*, S. 91 ff., insbes. S. 102. Siehe als Gegenposition z. B. *K. Brunner*, Die „Monetaristische Revolution ...“, S. 74 ff.

144 Siehe auch zu den implizierten Diagnose- und Prognoseproblemen *Ch. P. Kindleberger*, S. 139: „There is, of course, much truth in this contention, and some danger in coming to the rescue of the market to halt a panic too soon, too frequently, too predictable, or even on occasion at all.“

145 Vgl. auch *H. P. Minsky*, Banking ..., S. 21 f.

146 Vgl. auch *V. Chick*, S. 145 ff.; *H. P. Minsky*, The Financial Instability Hypothesis: A Restatement, S. 38 f.

147 Vgl. *Ch. P. Kindleberger*, S. 161. Tendenziell gleich wirke eine staatliche Einlagengarantie; diese begünstige geradezu die Übernahme immer größerer Risiken der Banken im Aktivgeschäft (ebd., S. 156).

nächsten Investitions- und Finanzierungsbooms, was wiederum die Alternativkosten jenes öffentlichen Gutes — in Form weiterer inflationärer Preissteigerungen — erhöht, und zwar aus Gründen der inneren Logik privat-dezentral rationalen Handelns. Amerikanische Erfahrungen im Umgang mit diesem geldpolitischen Dilemma faßt Minsky so zusammen, daß „... the choice seems to become whether to accomodate to an accelerating inflation or to induce a debt-deflation process that can lead to a serious depression[148].“ — Vom Ausmaß der Depression aber hängt es jeweils ab, wie schwierig und langwierig ein erneuter Konjunkturaufschwung ist, wie lange es dauert, bis sich „Konventionen“ erneut bilden.

Die Erfahrungen hierzulande entsprechen der zweiten, von Minsky angeführten Alternative: Zur Verhinderung zunehmend inflationärer Prozesse wurden immer wieder restriktive geldpolitische Maßnahmen eingesetzt — und die Instabilität des Preisniveaus in eine Instabilität der Investition, Beschäftigung und der Einkommen wiederum lediglich transformiert[149]. Von einer — angeblich vermeidbaren — Stabilisierungs*krise* spricht denn auch der Sachverständigenrat, ohne daß hier auf dessen Begründungen und die notwendige Kritik daran näher eingegangen werden soll[150]. Wiederum werden durch eine derartige Krise die Auswirkungen anders verteilt, als es bei einer höheren Inflationsrate ohne eine solche Krise der Fall wäre.

Welche geldpolitische Strategie also auch immer gewählt werden mag, eine Stabilisierungspolitik i. S. einer Beseitigung der Ursachen endogener Instabilitäten eines privat-dezentralen Entscheidungssystems kann sie nicht sein. Es gelingt allenfalls, den endogenen Instabilitäten Schranken zu setzen, sie in ihrer Erscheinungsform zu transformieren und in ihren Auswirkungen umzuverteilen, was hierzulande in den 50er und 60er Jahren geschah, — in der Gegenwart, d. h. ab 1974, jedoch mit sehr großen Arbeitskraftreserven infolge sehr hoher und anhaltender globaler Unterbeschäftigung verbunden ist, und zwar bei nicht beseitigten inflationären Preissteigerungen[151].

---

148 Vgl. *H. P. Minsky*, John Maynard Keynes, S. 167. Siehe zu diesen Erfahrungen auch *G. Müller, U. Rödel, Ch. Sabel, F. Stille, W. Vogt*, S. 169 ff.

149 Vgl. mit Belegen für die 60er und 70er Jahre *dies.*, S. 166 ff.

150 Vgl. hierzu *H. Baisch et al.*, S. 163 ff., insbes. S. 182 ff. *Arbeitskreis Politische Ökonomie*, Der Arbeitsmarkt in der BRD — Plädoyer für eine kurzfristige Beschäftigungspolitik, in: Leviathan, 3/1978, S. 440 ff. Siehe auch zu den schwerwiegenden mikroökonomischen Auswirkungen eines harten Restriktionskurses *E. Miller* und *A. Lonie*.

151 Vgl. auch *G. Müller, U. Rödel, Ch. Sabel, F. Stille* und *W. Vogt*, S. 180: „Man kann die Wirtschaftspolitik nicht an der Frage messen, ob es ihr gelingt, Ungleichgewichte mehr oder weniger zu vermeiden, sondern nur daran, ob sie diese Ungleichgewichte beschränken kann, bevor sie einen systemgefährdenden Charakter annehmen, bevor sich also ökonomische in politische

Vor diesem Hintergrund erscheint das „Grundproblem der Geldverfassung", wie Lutz es auffaßte, als grundsätzlich nicht durch die Wahl irgendeiner Geldverfassung lösbar. Diese Aussage läßt sich im Rahmen der Theorie endogener Instabilitäten der Finanzbeziehungen und der dargelegten geldpolitischen Optionen begründen: Die von Lutz befürwortete Grenze zwischen dem staatlich regulierten Geldangebot der Banken und dem privatwirtschaftlich, d. h. durch den Wettbewerb der Banken organisierten Kreditangebot ist eine bloße Fiktion, weil gerade individuell rationale Kreditentscheidungen der einzelnen Banken das beschriebene geldpolitische Dilemma, als gesamtwirtschaftlich irrationales, zumindest suboptimales Ergebnis spekulativer Finanzierungen herbeiführen und verstärken. Diese Divergenz zwischen individueller und kollektiver Rationalität hat Lutz anscheinend übersehen, d. h. gesamtwirtschaftlich irrationale, zumindest suboptimale Ergebnisse privat-dezentraler Aktivitäten, die spieltheoretisch auch als Gefangenen-Dilemma exakt gefaßt und analysiert werden[152].

Eine Lösung dieses geldpolitischen Dilemmas hielt auch Simons, der sich im selben Jahr wie Lutz mit Grundfragen einer Geldverfassung beschäftigte, insofern für unmöglich, als nicht einmal geldnahe Forderungen, als wesentliche Grundlage einer fluktuierenden Umlaufgeschwindigkeit des Geldes, reguliert werden könnten[153]. Weitergehende Lösungsvorschläge machen Minsky sowie Miller und Lonie; sie zielen auf eine stärkere Regulierung spekulativer Finanzierungen[154] bzw. eine verstärkte indikative Planung[155] und würden den Autonomiespielraum der Banken im Aktivgeschäft beschränken, wären im Rahmen der hierzulande gegebenen Wirtschaftsordnung also kaum zu realisieren[156].

5.4.4. *Folgerungen für Bankenverhalten und Bankenregulierung*

Die vorstehenden geldtheoretischen und -politischen Überlegungen erklären, warum Probleme, um derentwillen die Fachaufsicht der Banken eingeführt sowie die Dominanz der Fachaufsicht über die Kartellaufsicht erhalten wurde, nicht zu lösen sind und immer wieder auftre-

---

Krisen transformieren." Siehe auch *H. P. Minsky,* John Maynard Keynes, S. 168.

152 Vgl. *M. Kraft* und *P. Weise.*

153 Vgl. *H. C. Simons,* S. 170 f.

154 Vgl. *H. P. Minsky,* John Maynard Keynes, S. 168: „To do better it is first necessary to constrain the liability structures of business firms. Debt-financing of investment and of positions in the stock of capital will have to be regulated, especially for large-scale organizations." Siehe auch *ders.,* The Financial Instability Hypothesis: Capitalist Processes . . ., S. 47 ff.

155 Vgl. *E. Miller* und *A. Lonie,* S. 130 ff.

156 Vgl. auch *Grundsatzfragen der Kreditwirtschaft . . .,* S. 180 ff.

ten[157]. Zwar ist eine Bankenkrise des Ausmaßes von 1931 bisher nicht erneut vorgekommen, doch kann daraus nicht der Schluß gezogen werden, die eingeführten Sicherungskonzepte, die Ordnungs- und Strukturnormen des KWG, seien die entscheidende Barriere *dagegen* gewesen. Möglicherweise sind *durch diese Normen* begrenzte Zahlungsschwierigkeiten und Portefeuilleauflösungen einzelner Banken vermieden worden; in der Spätphase eines Investitions- und Finanzierungsbooms ist das Ausmaß instabiler Finanzbeziehungen, mit dem gesamten Bankensystem als Mittelglied, und die Gefahr einer Finanzkrise jedoch immer wieder durch konjunktur- und geldpolitische Maßnahmen beschränkt, in den Auswirkungen aber lediglich transformiert und umverteilt worden.

Zwar wurde die Fachaufsicht über Banken partiell angepaßt und verändert, um bestimmte spekulative Positionen der Banken zu regulieren[158], — über die Ursachen von Bankenkrisen verschiedenen Ausmaßes wird allerdings nicht nachgedacht und der Anteil der Banken am Zustandekommen solcher Krisen ausgeblendet oder heruntergespielt[159]. Was folgt hieraus für etwaige Sicherungskonzepte der Fachaufsicht sowie deren Dominanz über die Kartellaufsicht?

Angesichts der nachweislich geringen Eigenkapitalquote der Banken hierzulande können diese selbst kaum größere Risiken übernehmen[160]. Sie können es — mit gutem Grund — auch nicht wollen, wie Revell hervorhebt: „However, any attempt to force institutions to provide from their own resources an excessively large risk cushion is doomed from the start, because ... conditions arise early in the period of financial stress that can be overcome only by official intervention and support; excessive internal insurance against risks serves only to make financial services more costly and to impair the allocative efficiency of the financial system by lessening competition[161].“ Es widersprechen sich

[157] Vgl. auch allgemein zu Regulierungen *J. Müller* und *I. Vogelsang*, Staatliche Regulierung öffentlich gebundener Industrien, in: Wirtschaftsdienst 1979/VIII, S. 391: „Regulierung entstand durchgängig in Verbindung mit allgemeinen Wirtschafts- und Branchenkrisen, die offenbar notwendig sind, um bestimmte Mißstände evident werden zu lassen oder um bestimmten Interessen zum politischen Durchbruch zu verhelfen. Die Regulierung wird dann in weitgehender Unkenntnis über ihre Wirkungen eingeführt... Besteht Regulierung erst einmal, so ist sie kaum wieder abzuschaffen. Vielleicht versucht man sie anzupassen und zu verändern, wenn sich schädliche Resultate einstellen. All diese Ablaufprobleme sind wissenschaftlich bisher nicht voll durchdrungen worden.“

[158] Vgl. auch die jüngsten Reformvorschläge in *Grundsatzfragen der Kreditwirtschaft*, S. 28 ff. und 257 ff.

[159] *Ebd.*, S. 21 ff. und 180 ff.

[160] Vgl. *ebd.*, S. 197 ff.; s. auch bereits *W. Stützel*, Bankpolitik heute und morgen, Tz. 47 ff., S. 28 f.

[161] Vgl. *J. Revell*, S. 136.

also die Privatautonomie der Banken und deren einzelbetriebliche Gewinnpolitik einerseits sowie Sicherheitsgesichtspunkte andererseits, die Risiken berücksichtigen, welche sich aus den Finanzbeziehungen *aller* Banken mit *allen* ihren Kreditnehmern und Einlegern ergeben: Systemtheoretisch sind das Risiken infolge eigenständiger, aus System-Umgebungs-Interdependenzen resultierender, dynamischer oder sogar turbulenter Entwicklungen in der Umgebung jeweils einzelner Banken. Diese werden konsequenterweise nur bereit sein, für diejenige Sicherheit zu sorgen, deren Erhaltung möglichst voll internalisierbare Vorteile verspricht. Die Herstellung einer darüber hinausgehenden Sicherheit ist gleichsam als öffentliches Gut anzusehen. Wird dieses durch Sicherung der Bankenrentabilität bereitgestellt, wie es die Fachaufsicht hierzulande vorgibt?

Erhaltung der Bankenrentabilität verschafft einzelnen Banken — auf Kosten der Marktgegenseite — internalisierbare Vorteile, ohne die Risiken zu beseitigen, die sich aus dem spekulativ-zyklischen Kontext einer privat-dezentralen Wirtschaft, d. h. aus den zusammengefaßten Aktivitäten aller Banken sowie aller Unternehmer und aller Forderungsinhaber ergeben. Diese marktmäßig nicht handelbaren Risiken sind vom regulierenden Staat abzusichern — nur eben nicht *doppelt,* d. h. einmal durch Rentabilitätssicherung mit Vorteilen für jede einzelne Bank, zum anderen durch Refinanzierungen im Rahmen der Funktion der Zentralbank als „lender of last resort“ für das gesamte Bankensystem bzw. durch geld- und konjunkturpolitische Maßnahmen für die gesamte Wirtschaft. Insofern konstituiert die Rentabilitätssicherung, wie sie die Fachaufsicht — und mit ihr die herrschende juristische Lehrmeinung — für gerechtfertigt hält, ein fragwürdiges Bankenprivileg, worauf bereits Stützel, Immenga und Möschel hingewiesen haben. Abgesehen von distributiven Wirkungen einer Rentabilitätssicherungspolitik durch die Fachaufsicht wird dadurch auch der Schutz des ganzen Bankensystems noch erschwert, weil infolge der Rentabilitätssicherung spekulativere Positionen der Banken ermöglicht werden, als sonst zu erwarten wäre.

Minskys Analyse der Entwicklung instabiler Finanzbeziehungen gilt a fortiori bei erfolgreicher Rentabilitätssicherungspolitik durch die Fachaufsicht. Somit trägt die neuere post-keynesianische Geldtheorie dazu bei, bisher vernachlässigte Ablaufprobleme der Bankenregulierung aufzudecken und adäquat zu erklären. Vor diesem Hintergrund wären auch die bewußte Ausklammerung gesamtwirtschaftlicher Zusammenhänge im Rahmen der Fachaufsicht und die Substitution der staatlichen Zinsverordnungen durch eine privatwirtschaftliche Marktordnung mit Zinsempfehlungen der Banken(verbände) neu zu überdenken. Mit der Blokkierung der Mißbrauchsaufsicht über Zinsempfehlungen durch Versagung des Einvernehmens der Fachaufsicht werden nämlich innerhalb dieser privatwirtschaftlichen Marktordnung tendenziell Konventionen i. S. von Keynes stabilisiert.

Im Gegensatz zur Insolvenzursachentheorie der Fachaufsicht beweist weiterhin der Fall Herstatt, daß auch relativ große Banken infolge der Übernahme nicht durchzuhaltender spekulativer Positionen insolvent werden können. Man mag diese Insolvenz für einen — durch eine weitere Anpassung der Normen des KWG künftig vermeidbaren — Einzelfall halten. Schreitet allerdings die Konzentration im Bankenbereich fort[162] — in welcher Form auch immer —, so ist damit zu rechnen, daß bei zunehmend instabilen Finanzbeziehungen in der Spätphase eines Investitions- und Finanzierungsbooms *nur noch* relativ große Banken in Schwierigkeiten geraten[163]. Dies in jedem Fall durch Stützungsmaßnahmen zu verhindern, wäre eine Konkursgarantie, die zu noch spekulativeren Engagements der betreffenden Banken führen dürfte[164]; dies in jedem Fall zuzulassen, wäre mit unübersehbaren Konsequenzen für andere Banken und deren Kreditnehmer sowie Einleger verbunden. Aus diesem Grund schlägt Mayer z. B. vor, in Schwierigkeiten geratene große Banken nur insoweit zu stützen, als feste Garantien für die zweite, dritte und alle anderen großen Banken, die in Schwierigkeiten geraten, gegeben werden, nicht aber für die erste dieser Banken, auf die das gleiche zutrifft[165].

Die Überlegungen in den Hauptabschnitten 3. und 4. deuten schließlich auf ein Ablaufproblem der Bankenregulierung hin, das Müller und Vogelsang allgemein folgendermaßen charakterisieren: „Mit der Einrichtung einer Regulierung werden ... neue Interessenlagen geschaffen. Der Status quo ist nicht umkehrbar verändert. Es gibt neue Besitzstände der Regulierten, ihrer potentiellen Wettbewerber, der Kunden und schließlich der Regulierungsbehörden[166].“ Mit der staatlichen Ban-

---

[162] Vgl. *Mehr Wettbewerb ist möglich*, S. 191 ff.; *Fortschreitende Konzentration bei Großunternehmen*, S. 281 ff.

[163] Vgl. zu derartigen Entwicklungen in den USA *P. M. Horvitz*, Failures of Large Banks: Implications for Banking Supervision and Deposit Insurance, in: Journal of Financial and Quantitative Analysis, Vol. 10 (1975), S. 591.

[164] Siehe auch *J. Revell*, S. 133.

[165] Vgl. *Th. Mayer*, Should Large Banks ..., S. 607: „Such an announcement would prevent the failure of one bank from starting runs on large banks ... At the same time, it would not remove the incentive to safe management since no large bank would want to be the first one that fails.“ Dieser Vorschlag trüge auch dem Gesichtspunkt Rechnung, daß die Refinanzierungsgarantie der Zentralbank im Rahmen ihrer Funktion als „lender of last resort“ vor allem für das *gesamte Bankensystem* besteht und einen etwaigen Spitzenbedarf desselben an Zentralbankgeld decken soll. iSehe auch *W. T. Newlyn*, S. 29 f.

[166] Vgl. *J. Müller* und *I. Vogelsang*, Staatliche Regulierung öffentlich gebundener Industrien, S. 392.

kenregulierung werden demnach Handlungsmöglichkeiten und -beschränkungen *irreversibel* neu definiert, — ein Vorgang, der an frühere privatwirtschaftliche und ebenso *irreversible* Markt- und Wettbewerbsbeschränkungen anknüpft. Vor diesem Hintergrund sind Kriterien der Mißbrauchsaufsicht der Kartellbehörde zu entwickeln und zu spezifizieren — und gegenüber der Fachaufsicht durchsetzbar zu machen. Anstelle vager Wettbewerbskonzepte mit unrealistischen Modellannahmen wäre präzise herauszuarbeiten, welche Handlungsmöglichkeiten *und* -beschränkungen der Bankenwettbewerb noch zuläßt, in welche Richtung sich diese Handlungsmöglichkeiten *und* -beschränkungen langfristig entwickelt haben und weiterhin entwickeln werden, welche Anreize und Sanktionen diese Entwicklung induziert. Auf diese Weise können die Theorie der Regulierung und die Theorie offener Systeme dazu beitragen, Ablaufprobleme der Kartellaufsicht aufzudecken und adäquat zu erklären, so daß Mißbräuche der Freistellung von Verbotsnormen des GWB wirksamer als bisher reguliert werden. Zu diesem Zweck wären allerdings die Auskunftspflichten der Banken zu erweitern[167].

[167] Vgl. zu den Schwierigkeiten der Monopolkommission bei der Konzentrationsbeobachtung *Mehr Wettbewerb ist möglich,* S. 25 ff. Die Kommission beklagt, noch nicht einmal ein gesetzliches Auskunftsrecht zu haben und auf die *freiwillige* Mitarbeit von Unternehmen, Verbänden und Behörden angewiesen zu sein.

6. Schlußbemerkung

Der Beitrag dieser Arbeit mag in der Verbindung von Erklärungsmustern der Theorie der Regulierung, der Theorie offener Systeme und der neuen post-keynesianischen Geldtheorie gesehen werden. Gerade diese Verbindung läßt erkennen, daß sich heute das „Grundproblem der Geldverfassung", dem Lutz 1936 nachging, differenzierter und teilweise anders darstellt. Banken haben zwar eine besondere Funktion als *monetäre* Finanzintermediäre — und sind deshalb staatlicher Regulierung zu unterwerfen; sie haben aber wie andere dezentrale Akteure, die private, über Märkte zu koordinierende Entscheidungen treffen, das Bestreben, sich der unpersönlichen Autorität des Marktes zu entziehen — und wären *auch deshalb* einer staatlichen Regulierung zu unterwerfen, die Mißbräuche des Kartellprivilegs des § 102 GWB feststellt und tatsächlich verhindert. Beide Regulierungsbereiche haben es aus heutiger Sicht jedoch mit Problemen zu tun, die Lutz nicht behandelt und deren Lösung, sofern eine solche überhaupt existiert, eine Neuorientierung der Fach- und Kartellaufsicht erforderlich machte.

Die Kartellaufsicht müßte Mißbrauchskriterien für einen Bereich mit teilweise bereits legalisierten Markt- und Wettbewerbsbeschränkungen entwickeln, einen Bereich, der ebenso wie die übrige anbietende Wirtschaft, für die die Verbotsnormen des GWB gelten, langfristig zur Instabilität der Markt- und Wettbewerbswirtschaft beiträgt: durch fortschreitende Konzentration der Kontrolle über externe Finanzierungen der Investitionen bzw. durch fortschreitende Konzentration der Kontrolle über die Investitionen selbst; ferner durch zunehmende Einflußmöglichkeiten auf die öffentliche Meinung, auf politische Alternativen und politisch einsetzbare Ressourcen[1]. Im Kontext einer Wirtschaft mit fortschreitender Konzentration der Banken und zumindest der 100 Großunternehmen der Industrie, des Handels und des Dienstleistungssektors[2] wird allerdings deutlich, daß der regulierende Staat nur eine begrenzte Steuerungskapazität zur Ausübung einer wirksamen Mißbrauchskontrolle im besonderen und zur Erhaltung des Markt- und Wettbewerbssystems im allgemeinen hat.

---

[1] Vgl. auch *S. Bowles* und *H. Gintis*, S. 360.

[2] Vgl. als Belege einer zunehmenden Dualisierung der Wirtschaft *Mehr Wettbewerb ist möglich*, S. 37 ff., 42 ff. und S. 99 ff., 191 ff.; *Fortschreitende Konzentration bei Großunternehmen*, S. 28 ff., 44 ff. und 103 ff., 281 ff.

Die Fachaufsicht müßte — zusammen mit der Bundesbank — Sicherungskonzepte zur Vermeidung von zunehmend instabilen Finanzbeziehungen oder gar von Finanzkrisen entwickeln, zur Abdeckung von Risiken also, die sich gesamtwirtschaftlich aus dem spekulativ-zyklischen Kontext privat-dezentraler Finanzbeziehungen ergeben. Zu berücksichtigen wäre: daß einerseits die Einführung von Geld, Finanzbeziehungen und Finanzintermediären, darunter speziell von Banken, auf privat-dezentralen Entscheidungen über möglichst effiziente volkswirtschaftliche Organisationsmechanismen beruht (Organisation als Institution, als über Lernprozesse einführbares Gut); daß aber andererseits systematisch Organisationsmechanismen fehlen, die als öffentliches Gut zu bezeichnen sind und nicht — auf Dauer — über Lernprozesse einzuführen sind, weil sie eine kollektive Rationalität voraussetzen, welche die volkswirtschaftlichen Kosten einer möglichst effizienten Dezentralisierung verringern könnte.

Am Beispiel des Eurodollarmarktes läßt sich diese Überlegung gut illustrieren: Die Institutionalisierung dieses Marktes beruhte auf privat-dezentralen Entscheidungen, auf Lernprozessen zur Steigerung der Effizienz der internationalen Allokation bestimmter Dollarguthaben; die volkswirtschaftlichen Kosten dieser Effizienzsteigerung liegen in der Geschwindigkeit und dem Ausmaß, mit dem nunmehr internationale Kapitalbewegungen erfolgen, eben auch solche, die instabile Finanzbeziehungen entstehen lassen und Finanzkrisen begünstigen: die Verringerung dieser Kosten würde eine kollektive Rationalität der Teilnehmer am Eurodollarmarkt voraussetzen, die sich über Lernprozesse auf Dauer nicht herstellen läßt.

Anscheinend reicht die Steuerungskapazität des regulierenden Staates zur Verringerung der volkswirtschaftlichen Kosten einer möglichst effizienten Dezentralisierung in einer modernen Geldwirtschaft bisher insoweit aus, als Instabilitäten der Finanzbeziehungen beschränkt und in solche des Preisniveaus und/oder in solche der Investition, Beschäftigung und der Einkommen transformiert, d. h. in den Auswirkungen umverteilt werden. Daraus ergeben sich allerdings Probleme der Einkommens- und Vermögensverteilung, die hier nicht weiter verfolgt werden können.

Zusammenfassung

Diese Arbeit behandelt den Regelungskomplex der Kartell- und Fachaufsicht der Banken; denn die Kartellaufsicht ist in Zielsetzung, gesetzlicher Normierung und Durchführung stark von der Fachaufsicht abhängig, die 1934 zur Vermeidung weiterer Bankenkrisen eingeführt wurde. Ungeklärt erscheint bis heute das Nebeneinander von notwendigen regulierenden Maßnahmen, als staatliche Eingriffe in die Gewerbefreiheit der Banken, einerseits und von zusätzlichen privaten markt- und wettbewerbsbeschränkenden Aktivitäten der Banken andererseits. Die Untersuchung dieser Problematik, die bereits F. A. Lutz beschäftigte, führt im wesentlichen zu folgenden Ergebnissen:

(1) Die Sonderstellung der Banken beruht auf einem fragwürdigen Kompromiß zwischen Normen der Kartell- und solchen der Fachaufsicht. In Konfliktfällen zwischen beiden Aufsichtsbehörden dominiert die letztere, so daß vorrangig die Bankenrentabilität erhöht oder gesichert wird und mißbräuchliche Markt- und Wettbewerbsbeschränkungen der Banken — trotz Beanstandung durch das Bundeskartellamt — bestehen bleiben können. Hierfür gibt es in der traditionellen ordnungs-, wettbewerbs- und schutztheoretischen Literatur zur Bankenregulierung keine einhelligen oder verallgemeinerungsfähigen Begründungen. Die Sonderstellung der Banken beruht insoweit auf ungesicherten ökonomischen Prämissen und wird zum Kartellprivileg.

(2) Die Theorie der Regulierung erklärt die Kartell- und Fachaufsicht der Banken allgemein als vom Staat bereitgestelltes „Gut“, das Banken durch Einkommenstransfers begünstigt, auch wenn die Bankenregulierung immer wieder mit Gemeinwohlinteressen begründet wird, die nicht näher bezeichnet sind — und die sich auch gar nicht herleiten ließen. Belege für derartige Einkommenstransfers ergeben sich aus der Spezifizierung der tatsächlichen Handlungsmöglichkeiten und -beschränkungen der Banken, derer Kunden und des regulierenden Staates.

(3) Wie die Theorie offener Systeme zeigt, sind frühere Kartellabsprachen der Banken (seit 1883/84) und der später eingeführte Regelungskomplex der Fach- und Kartellaufsicht organisationsmäßige Anpassungen der Banken an Handlungsumgebungen mit zunehmender Komplexität (Unsicherheit). Gegenwärtige Markt- und Wettbewerbsbeschränkungen der Banken lassen sich im Rahmen dieser Theorie einordnen und interpretieren (z. B. privatwirtschaftliche Marktordnung durch Habenzinsempfehlungen der Banken und ihrer Verbände).

(4) In Handlungsumgebungen hoher Komplexität können auch weiterhin — und trotz staatlicher Regulierung — Bankenkrisen entstehen. Die neue post-keynesianische Geldtheorie erklärt die endogene Entwicklung von spekulativen Portefeuilles, instabilen Finanzbeziehungen und letztlich von Banken- und Finanzkrisen. Banken fördern demzufolge unter bestimmten Erwartungsbildungshypothesen Finanzierungsbooms und -krisen; denn sie sind

das entscheidende Mittelglied intersektoraler Finanzbeziehungen, von denen die Entwicklung moderner Geldwirtschaften mit über Märkten koordinierten Entscheidungen abhängt. Der regulierende Staat unterliegt allerdings Handlungsbeschränkungen hinsichtlich der Vermeidung finanzieller Instabilitäten — und der Erhaltung eines Markt- und Wettbewerbssystems.

Summary

This book deals with governmental regulations pertaining to German banks, firstly with the control of abusive private anticompetitive restrictions (GWB) and secondly with devices aimed at protecting banks against excessive risk-taking (KWG). The latter regulation was introduced in 1934 to prevent further banking crises; it strongly influenced the purpose, legislative norms and performance of the former regulation introduced in 1957/58. The coexistence of necessary regulatory devices, as governmental interventions constraining the freedom of banks, on one hand, and of additional private anticompetitive practices of banks on the other, still appears to be a problem. The analysis of this problem, which already occupied F. A. Lutz in 1936, essentially gives the following conclusions:

(1) The exceptional status of banks (vis à vis other industries) is based on a questionable compromise between legislative norms and regulatory activities. In case of a conflict between the involved regulatory boards the profitability of banks will be secured and abusive private anticompetitive restrictions may factually be tolerated in spite of the objections of the board which is in charge of controlling such restrictions (Bundeskartellamt). As to this outcome of bank regulations there is no uniform and generalizable foundation to be found in the traditional literature on bank regulation. The exceptional status of banks is thus based on weak economic premises and implies a privilege to organize abusive anticompetitive restrictions.

(2) The theory of economic regulation generally explains the regulation of banks as a "product" supplied by the coercive power of the government and favouring banks by income transfers, although regulatory devices are frequently justified as promoting the public interest; but this latter is never fully specified — nor may it be derived at all. There is evidence for such income transfers, if real opportunities and constraints are specified for banks, their customers, and the regulation enforcing government.

(3) As general systems theory demonstrates, earlier private collusive agreements (starting in 1883/84) and the later regulatory devices are organizational adaptations of banks to environments of increasing complexity (uncertainty). Present private anticompetitive restrictions may accordingly be classified and interpreted (e. g. privately administered interest rates for savings deposits).

(4) Conditions for banking crises may — in spite of governmental regulations — again develop in environments of high complexity. The new post-keynesian monetary theory endogenously explains such crises as a culmination in the transformation of speculative portfolios into destabilizing financial interrelations. According to this theory banks — under certain hypotheses about the formation of expectations — amplify financial booms and crises, because they are the essential mediators of intersectoral flows of funds which determine the pace of development in modern monetary eco-

nomies, i. e. in modern decentralized market economies. There are, however, constraints on the regulating government trying to prevent financial instability — and to preserve a competitive market system.

Résumé

La présente monographie traite de l'ensemble du contrôle et des régularisations nationaux des banques allemandes, c'est-à-dire des mesures gouvernementales pour maintenir la concurrence ainsi que des mesures empêchant les banques à prendre de trop grands risques („Kreditwesengesetz"; KWG). Ce dernier système de contrôle a été mis en vigueur en 1934 pour éviter les crises bancaires. Il a beaucoup influencé l'objet, la teneur et l'application de la loi relative aux restrictions à la concurrence („Gesetz gegen Wettbewerbsbeschränkungen"; GWB) de 1957/58. La coexistence de mesures régulatrices nécessaires limitant la liberté du commerce d'une part, et d'activités additionelles des banques visant à des restrictions à la concurrence de l'autre, continuent à poser d'importants problèmes. L'analyse de ces problèmes, qui ont été étudiée par F. A. Lutz en 1936, donne, pour l'essentiel, les résultats suivants:

(1) Le traitement particulier des banques est résultat d'un compromis douteux entre les normes de la loi relative aux restrictions à la concurrence (GWB) et celles de la loi relative à l'organisation des banques (KWG). En cas de conflit entre les deux administrations, c'est la rentabilité des banques qui est assurée en premier lieu, tandis que les restrictions abusives à la concurrence sont maintenues en face des objections de la part de l'Office Fédéral des Ententes (Bundeskartellamt; BKA). La littérature traditionelle de la régularisation des banques ne donne pas d'analyse unanime ou générale justifiant cet état de choses. Le traitement particulier des banques repose donc sur des présomptions économiques faibles et remonte à un privilège des banques à organiser des restrictions à la concurrence abusives.

(2) La théorie de la régularisation, en général, explique la régularisation comme un „produit" offert aux banques par le pouvoir public, produit qui favorise les banques par des transfers de revenue; ceci bien que ces mesures soient constamment justifiées par recours à l'intérêt public qui n'est, à son tour, jamais bien précisé — et qui, par ailleurs, ne peut être déduit exactement. On trouve des preuves de ces redistributions de revenue dans les spécifications des possibilités ainsi que des restrictions d'ations des banques, de leurs clients et des administrations régulatrices.

(3) La théorie générale des systèmes („general systems theory") montre que les anciens cartels des banques (à partir de 1883/84) et l'ensemble des régularisations des banques sont des adaptations organisatoires des banques à des environs („environment") d'une complexité aggrandissante („uncertainy"). Il est possible d'expliquer, dans le cadre de cette théorie, les restrictions actuelles de la concurrence entre les banques (i. e. les recommendations pour les intérêts des dépôts d'épargne par les banques ou leurs organisations, créant ainsi un genre d'ordre du marché privé).

(4) Des condititons favorables aux crises bancaires peuvent toujours — et malgré les régularisations gouvernmentales — surgir en des environs très

complexes. La théorie monétaire du nouveau Post-Keynesianisme explique de telles crises comme un processus endogène de culmination de la transformation des portefeuilles spéculatifs en relations financières instables (financial instability hypothesis). D'après cette théorie et suivant certaines hypothèses sur la formation des expectations, les banques aggrandissent les expansions et les crises financières parce qu'elles sont les médiateurs centraux des relations financières intersectorales dont dépend le rythme du développement des économies monétaires modernes, voire des économies décentralisées de marché. Néanmoins, ie existe des restrictions aux possibilités d'action du gouvernement visant à éviter les instabilités financières — et à maintenir un système de marché concurrentiel.

Literaturverzeichnis

1. Monographien und Aufsätze mit Verfasserangabe

Adams, W.: Competition, Monopoly and Countervailing Power, in: Quarterly Journal of Economics, Vol. 67 (1953)

Albert, H.: Der Gesetzesbegriff im ökonomischen Denken, in: Macht und ökonomisches Gesetz, Hrsg.: H.-K. Schneider und Chr. Watrin, Schriften des Vereins für Socialpolitik, N. F., Bd. 74/I, Berlin 1973

Arndt, H.: Konkurrenz und Monopol in Wirklichkeit, in: Jahrbücher für Nationalökonomie und Statistik, Bd. 161 (1949)

Arrow, K. J.: Insurance, Risk and Resource Allocation, in: ders.: Essays in the Theory of Risk-Bearing, Amsterdam usw. 1974

— The Limits of Organization, The Fels Lectures on Public Policy Analysis, New York 1974

Aschheim, J.: Commercial-Bank Uniqueness, in: Journal of Political Economy, Vol. 78 (1970)

— Commercial Banks and Financial Intermediaries, Fallacies and Policy Implications, in: Journal of Political Economy, Vol. 67 (1959)

Aust, E.: Der Wettbewerb in der Bankwirtschaft, Frankfurt 1963

Baar, L.: Probleme der industriellen Revolution in großstädtischen Industriezentren — Das Berliner Beispiel, in: Wirtschaftliche und sozialgeschichtliche Probleme der frühen Industrialisierung, Hrsg.: W. Fischer, Einzelveröffentlichungen der historischen Kommission zu Berlin beim Friedrich-Meinecke-Institut der FU Berlin, Bd. 1, Berlin 1968

Backman, J. und W. *Sametz:* Workable Competition in Banking, New York Graduate School of Business Administration, New York 1962

Bähre, I. L.: Möglichkeiten und Grenzen der Bankaufsicht unter dem Aspekt der KWG-Novelle, in: Bank-Betrieb, 12/1975

— und *Schneider,* M.: KWG-Kommentar, Kreditwesengesetz mit den wichtigsten Ausführungsvorschriften, begründet von J. Consbruch und A. Möller, 2., neubearb. Auflage von I. L. Bähre und M. Schneider, München 1976

Bagehot, W.: Lombard Street — A Description of the Money Market (1873), neu hrsgg. von H. Withers, London 1922

Baisch, H. et al.: Die Wirtschaftskrise in der BRD, in: Laviathan, Bd. 5 (1977)

Bator, F. M.: The Anatomy of Market Failure (1958), in: Readings in Microeconomics, Hrsg.: W. Breit und H. M. Hochman, 2. Aufl., Hinsdale (Ill.) 1971

v. Beckerath, H.: Der Inhaltswandel des Kartellbegriffs und seine wirtschaftspolitischen Folgen (1930), zit. nach H.-H. Barnikel, Kartelle in Deutschland, in: ders. (Hrsg.), Theorie und Praxis der Kartelle, Darmstadt 1972

Bente, H.: Das Eindringen des Staates und der Kommunen in das Bankwesen, in: Untersuchung des Bankwesens 1933, vorbereitendes Material, Ansprache und Referate, I. Teil, 1. Bd., Hrsg.: Untersuchungsausschuß für das Bankwesen 1933, Berlin 1933

Bernholz, P.: Grundlagen der Politischen Ökonomie, Bd. 1 und 2, Tübingen 1972 und 1975

Bertalanffy, L. V.: General System Theory, Harmondsworth 1968

Biedenkopf, K.: Ordnungspolitische Probleme der neuen Wirtschaftspolitik, in: Jahrbuch für Sozialwissenschaft, Bd. 19 (1968)

Bockelmann, H. et al.: Probleme der Geldmengensteuerung, Hrsg.: W. Ehrlicher und A. Oberhauser, Schriften des Vereins für Socialpolitik, N. F., Bd. 99, Berlin 1978

Böhme, H.: Bankenkonzentration und Schwerindustrie 1873—1896 — Bemerkungen zum Problem des „Organisierten Kapitalismus“, in: Sozialgeschichte heute, Festschrift für H. Rosenberg zum 70. Geburtstag, Hrsg.: H.-U. Wehler, Kritische Studien zur Geschichtswissenschaft, Bd. 11, Göttingen 1974

Born, K. E.: Die deutsche Bankenkrise 1931 (mit einem Anhang: Dokumente zur Bankenkrise), München 1967

Bowles, S. und *Gintis*, H.: The Invisible Fist: Have Capitalism and Democracy Reached a Parting of the Ways?, in: The American Economic Review, Papers and Proceedings, Vol. 68 (1978)

Bröker, G.: Die Kreditverflechtung der Bankengruppen in der Bundesrepublik Deutschland nach Sektoren Ende 1953, 1954, 1955, Dissertation Kiel 1959

Brunner, K.: Eine Neuformulierung der Quantitätstheorie des Geldes, in: Kredit und Kapital, 1/1970

— The „Monetarist Revolution“ in Monetary Theory (1970), ins Deutsche übersetzt und abgedruckt in: Der neue Monetarismus, Hrsg.: P. Kalmbach, München 1973

— und A. H. *Meltzer*, The Uses of Money: Money in the Theory of an Exchange Economy, in: The American Economic Review, Vol. 61, (1971)

Büschgen, H. E.: Bankbetriebslehre, Wiesbaden 1972

Büschges, G.: Organisation und Herrschaft — Einige einführende Bemerkungen, in: ders. (Hrsg.), Organisation und Herrschaft, Reinbek bei Hamburg 1976

Burchardt, M.: Die Stellung der einzelnen Bankengruppen am deutschen Geldmarkt, in: Kredit und Kapital, 6. Jg. (1973)

Buschmann, G.: Die Vereinbarungen und Zusammenschlüsse im Kreditwesen unter den Gesichtspunkten der Bankenaufsicht und der Kartellgesetzgebung, Untersuchungen über das Spar-, Giro- und Kreditwesen, Hrsg.: F. Voigt, Bd. 20, Berlin 1963

Buttler, F., *Gerlach*, K. und *Liepmann*, P.: Über den Zusammenhang von Arbeitsmarkt und Armut — Das Alte an der „Neuen Sozialen Frage“, in: Zur neuen Sozialen Frage, Hrsg.: H. P. Widmaier, Schriften des Vereins für Socialpolitik, N. F., Bd. 95, Berlin 1978

Chick, V.: The Theory of Monetary Policy, London 1973

Claassen, E. M.: Der Wettbewerb als Ordnungsprinzip der Geldschaffung, in: Verstehen und Gestalten der Wirtschaft, Festschrift für F. A. Lutz zum 70. Geburtstag, Tübingen 1971

Clever, P.: Allgemeine Geschäftsbedingungen und der ökonomische Hintergrund der Vertragsfreiheit, in: Jahrbuch für Sozialwissenschaft, Bd. 28 (1977)

Clower, R. W.: Introduction, in: Monetary Theory, Penguin Modern Economics Readings, Harmondsworth 1969

— The Anatomy of Monetary Theory, in: ders. (Hrsg.), The American Economic Review, Papers and Proceedings, Vol. 67 (1977)

— The Keynesian Counter-Revolution: A Theoretical Appraisal, in: ders. (Hrsg.), Monetary Theory, Penguin Modern Economics Readings (1969), Harmondsworth 1973

— und *Leijonhufvud,* A.: The Coordination of Economic Activities: A Keynesian Perspective, in: The American Economic Review, Papers and Proceedings, Vol. 65 (1975)

Coddington, A.: Keynesian Economics: The Search for First Principles, in: Journal of Economic Literature, Vol. 14 (1976)

Cohen, H. J. und *Hammer,* F. S. (Hrsg.): Analytical Methods in Banking, Homewood (Ill.) 1966

Culbertson, J. M.: Intermediaries and Monetary Theory: A Criticism of the Gurley-Shaw Theory, in: The American Economic Review, Vol. 48 (1958)

Davidson, P.: Money and the Real World, 2. Aufl., London und Basingstoke 1978

— Why Money Matters: Lessons from a Half-Century of Monetary Theory, in: Journal of Post Keynesian Economics, 1/1978

Davis, L. E. und *North,* D. C.: Institutional Change and American Economic Growth, London 1971

Downs, A.: An Economic Theory of Democracy, New York 1957

Duerer, P.: Der Wettbewerb ausgewählter westdeutscher Universalbanken nach Aufhebung der Zinsverordnung, Freie wissenschaftliche Diplom-Arbeit, Göttingen 1970 (Typoskript)

Dürre, G.: Kann das Aufsichtsamt Bankinsolvenzen verhindern?, in: Österreichisches Bankarchiv, Jg. 22 (1974)

Edwards, C. D.: Maintaining Competition — Requisites of a Governmental Policy, New York usw. 1949

Edwards, F. R.: The Banking Competition Controversy, in: National Banking Review, Sept., 1965

Eichner, A. S.: Introduction, in: ders. (Hrsg.), A Guide to Post-Keynesian Economics, New York 1979

— und *Kregel,* J. A.: An Essay on Post-Keynesian Theory: A New Paradigm in Economics, in: Journal of Economic Literature, Vol. 13 (1975)

Eilenberger, G.: Determinanten bankbetrieblichen Wettbewerbs, Dissertation München 1974

Elias, N.: Über den Prozeß der Zivilisation, Bd. I und II, 6. Aufl., Frankfurt 1979

Emery, F. E. und *Trist,* E. L.: The Causal Texture of Organizational Environments (1965), in: Systems Thinking, Hrsg.: F. E. Emery, 6. Aufl., Harmondsworth 1976

Eucken, W.: Grundsätze der Wirtschaftspolitik (1952), 5. unveränd. Aufl., Tübingen 1975

Ferstl, Chr.: Bankbetriebliche Diversifikationsstrategien, Berlin 1977

Fisher, I.: The Debt-Deflation Theory of Great Depressions, in: Econometrica, Vol. 1 (1933)

Fögen, H.: Geld- und Währungsrecht, München 1969

Frank, J.: Kritische Ökonomie — Einführung in Grundsätze und Kontroversen wirtschaftswissenschaftlicher Theoriebildung, rororo studium, Reinbek bei Hamburg 1976

— Neue Politische Ökonomie als Kritik der herrschenden Wirtschaftstheorie?, in: Politische Ökonomie des Wohlfahrtsstaates — Eine kritische Darstellung der Neuen politischen Ökonomie, Hrsg.: H. P. Widmaier, Frankfurt/M. 1974

Franzke, H. U.: Geldhoheit und Währungssteuerung, Frankfurt/M. 1964

Frenz, R.: Zinsempfehlungen und das Recht der Wettbewerbsbeschränkungen, in: Zeitschrift für das gesamte Kreditwesen, 28. Jg. (1975)

Frey, B. S.: Entwicklung und Stand der Neuen Politischen Ökonomie, in: Politische Ökonomie des Wohlfahrtsstaates — Eine kritische Darstellung der Neuen Politischen Ökonomie, Hrsg.: H. P. Widmaier, Frankfurt 1974

Friedman, M.: A Program for Monetary Stability, The Millar Lectures, No. 3, New York 1959

— A Theoretical Framework for Monetary Analysis, NBER, Occasional Paper 112, New York und London 1971

— The Quantity Theory of Money, Chicago 1956

Furness, E. L.: An Introduction to Financial Economics, London usw. 1972

Furubotn, E. G. und *Pejovich,* S. (Hrsg.): The Economics of Property Rights, Cambridge (Mass.) 1974

— Property Rights and Economic Theory: A Survey of Recent Literature, in: Journal of Economic Literature, Vol. 10 (1972)

Gärtner, R.: Das Einvernehmen zwischen Kartellaufsicht und Fachaufsicht nach dem Gesetz gegen Wettbewerbsbeschränkungen, in: Wirtschaft und Wettbewerb, 5/1969

Galbraith, J. K.: On Post Keynesian Economics, in: Journal of Post Keynesian Economics, 1/1978

Gandenberger, O.: Konkurrenzinformation und Wettbewerb, in: Jahrbücher für Nationalökonomie und Statistik, Bd. 187 (1973)

Geiger, W.: Vor 10 Jahren: Aufhebung der Zinsbindung, in: Sparkasse, 94. Jg. (1977)

Gerschenkron, A.: Die Vorbedingungen der europäischen Industrialisierungen, in: Wirtschafts- und sozialgeschichtliche Probleme der frühen Industrialisierung, Hrsg.: W. Fischer, Einzelveröffentlichungen der historischen Kommission zu Berlin beim Friedrich-Meinecke-Institut der FU Berlin, Bd. 1, Berlin 1968

Gleiss, A. und *Hootz*, Chr.: Anm. zu § 102 GWB, in: Gemeinschaftskommentar, Hrsg.: H. Müller-Henneberg und G. Schwartz, 3. Aufl., Köln usw. 1974

Gnam, A.: Kreditinstitute im Wettbewerb, in: Wirtschaft und Wettbewerb, 9/1956

Gold, E.-A.: Die Bankinsolvenzen seit der Stabilisierung und ihre Ursachen, in: Zeitschrift für handelswissenschaftliche Forschung, 25. Jg. (1931)

Goldberg, J.: Herstatt als Symptom — Zum ökonomisch-politischen Kontext des Kölner Bankzusammenbruchs, in: Blätter für Deutsche und Internationale Politik, Köln, 19/1974

Gotthold, J.: Kritische Anmerkungen zum heutigen neoliberalen Konzept von Wettbewerbsfreiheit und Fusionsverbot, in: Wettbewerb in Recht und Praxis, 11/1974

— Macht und Wettbewerb in der Wirtschaft, Köln 1975

Graf, H.-G.: „Muster-Voraussagen" und „Erklärungen des Prinzips" bei F. A. von Hayek — Eine methodologische Analyse, Walter Eucken Institut, Vorträge und Aufsätze, H. 65, Tübingen 1978

Greenbaum, St. I.: Competition and Efficiency in the Banking System — Empirical Research and its Policy Implications, in: The Journal of Political Economy, Vol. 75 (1967)

Griffiths, B.: Competition in Banking, Hobart Paper 51, Hrsg.: Institute of Economic Affairs, Norwich 1970

— Resource Efficiency, Monetary Policy and the Reform of the U. K. Banking System, in: Journal of Money, Credit and Banking, Vol. 4 (1972)

— The Welfare Cost of the U. K. Clearing Banks' Cartel, in: Journal of Money, Credit and Banking, Vol. 4 (1972)

Günther, H.: Erweiterte Aufgaben für den Prüfungsverband deutscher Banken, in: Bank-Betrieb, 3/1976

Gurley, J. G. und *Shaw*, E. S.: Money in a Theory of Finance (1960), Washington, D. C., Nachdruck 1966

Guttentag, J. M. und *Lindsay*, R.: The Uniqueness of Commercial Banks, in: Journal of Political Economy, Vol. 76 (1968)

Hagenmüller, K. F.: Der Bankbetrieb, Bd. III, 3., völlig neu überarb. Aufl., Wiesbaden 1970

Hahn, O.: Sowohl bürokratisch als auch liberal, in: Zeitschrift für das gesamte Kreditwesen, 31. Jg. (1978)

Halm, G.: Die Konkurrenz, München und Leipzig 1929

Hardach, G.: Reichsbankpolitik und wirtschaftliche Entwicklung 1924—1931, in: Schmollers Jahrbuch, 90. Jg. (1970)

Harrod, R.: Money, London und Basingstoke 1969

Hart, A. G.: Debts and Recovery — A Study of Changes in the Internal Debt Structure from 1929 to 1937 and a Program for the Future, New York 1938

Hasenack, W.: Unternehmertum und Wirtschaftslähmung, Berlin 1932

Hayek, F. A.: Die Sprachverwirrung im politischen Denken, in: ders., Freiburger Studien, Tübingen 1969

Hayek, F. A.: Die Theorie komplexer Phänomene, Walter-Eucken-Institut, Vorträge und Aufsätze, Nr. 36, Tübingen 1972

— Entnationalisierung des Geldes — Eine Analyse der Theorie und Praxis konkurrierender Umlaufmittel, Tübingen 1974

Heggestad, A. A.: Market Structure, Risk and Profitability in Commercial Banking, in: The Journal of Finance, Vol. 32 (1977)

— und *Mingo*, J. J.: The Competitive Condition of U. S. Banking Markets and the Impact of Structural Reform, in: The Journal of Finance, Vol. 32 (1977)

Heinsohn, G. und *Steiger*, O.: Der Ursprung des Geldes und die Entstehung von Geldwirtschaften, Diskussionsbeiträge zur Politischen Ökonomie, Nr. 20, Hrsg.: Arbeitskreis Politische Ökonomie (zu beziehen über die Verfasser), Bremen 1979

Hellner, Th.: Die Änderungen in den Allgemeinen Geschäftsbedingungen der Banken, in: Zeitschrift für das gesamte Kreditwesen, 29. Jg. (1976)

— Die Kartell-Gesetz-Novelle und das Kreditgewerbe, in: Bank-Betrieb, Jg. 10 (1970)

Hentschel, N.: The Microfoundations of Monetary Theory, in: Kredit und Kapital, 9. Jg. (1976)

Heubaum, H.: Das kreditpolitische Instrumentarium der Deutschen Bundesbank unter dem Gesichtspunkt seiner Auswirkungen auf den Wettbewerb im Kreditgewerbe, Dissertation Aachen 1964

Heuss, E.: Allgemeine Markttheorie, Tübingen und Zürich 1965

— Das Kartell — Ein Beitrag zur Kartelltheorie, in: Jahrbuch für Sozialwissenschaft, Bd. 12 (1961)

— Zum heutigen Stand der Wettbewerbstheorie in Deutschland — Bemerkungen zur Untersuchung von E. Kantzenbach „Die Funktionsfähigkeit des Wettbewerbs“, in: Ordo, Bd. 18 (1967)

Hicks, J.: A Suggestion for Simplifying the Theory of Money (1935), abgedr. in: ders., Critical Essays in Monetary Theory, Oxford 1967

— Rezension (E. R. Weintraub, Microfoundations: The compatibility of microeconomics and macroeconomics, Cambridge usw. 1979), in: Journal of Economic Literature, Vol. 17 (1979)

— The Crisis in Keynesian Economics, YRJÖ Johnsson Lectures, Oxford 1974

— The Two Triads, in: ders., Critical Essays in Monetary Theory, Oxford 1967

Hines, A. G.: On the Reappraisal of Keynesian Economics, London 1971

Hirshleifer, J.: Comment, in: The Journal of Law and Economics, Vol. 19 (1976)

— und *Riley*, J. G.: The Analytics of Uncertainty and Information, in: Journal of Economic Literature, Vol. 17 (1979)

Hofmann, W.: Das Elend der Nationalökonomie, in: ders., Universität, Ideologie, Gesellschaft — Beiträge zur Wissenschaftssoziologie (1968), 6. Aufl., Frankfurt/M. 1972

Holzheu, F.: Das Geld- und Kreditsystem als Variable im Wachstumsprozeß, in: Jahrbücher für Nationalökonomie und Statistik, Bd. 187 (1973)

Hoppmann, E.: Das Konzept der optimalen Wettbewerbsintensität — Rivalität oder Freiheit des Wettbewerbs: Zum Problem eines wettbewerbspolitisch adäquaten Ansatzes der Wettbewerbstheorie, in: Jahrbücher für Nationalökonomie und Statistik, Bd. 179 (1966)

— Marktmacht und Wettbewerb, in: Recht und Staat in Geschichte und Gegenwart, Vorträge, H. 471, Tübingen 1977

— „Neue Wettbewerbspolitik": Vom Wettbewerb zur staatlichen Mikro-Steuerung (Bemerkungen zu einem „neuen Leitbild der Wettbewerbspolitik"), in: Jahrbücher für Nationalökonomie und Statistik, Bd. 184 (1970)

— Noch einmal zur ökonomischen Begründung von Ausnahmebereichen — Eine Bemerkung über konkurrierende Ansätze der Wettbewerbspolitik, in: Jahrbücher für Nationalökonomie und Statistik, Bd. 188 (1974)

— Preismeldestellen: Kartelle oder Marktstatistik?, in: Wettbewerb in Recht und Praxis, 9/1966

— Preismeldestellen und Wettbewerb, in: Wirtschaft und Wettbewerb, 2/1966

— Wettbewerb als Norm der Wettbewerbspolitik, in: Ordo, Bd. 18 (1967)

— Workable Competition als wettbewerbspolitisches Konzept, in: Theoretische und institutionelle Grundlagen der Wirtschaftspolitik, Theodor Wessels zum 65. Geburtstag, Quaestiones Oeconomicae, Berlin 1967

— Zum Schutzobjekt des GWB, in: Wettbewerb als Aufgabe — Nach zehn Jahren Gesetz gegen Wettbewerbsbeschränkungen, in: Wirtschaftsrecht und Wirtschaftspolitik, Bd. 7, Hrsg.: E.-J. Mestmäcker et al., Bad Homburg v. d. H. usw. 1968

— Zur ökonomischen Begründung von Ausnahmebereichen — Zugleich eine Bemerkung zum Diskussionsbeitrag von M. Tolksdorf „Hoppmanns neoklassische Wettbewerbstheorie als Grundlage der Wettbewerbspolitik", in: Jahrbücher für Nationalökonomie und Statistik, Bd. 187 (1973)

Horvitz, P. M.: Failures of Large Banks: Implications for Banking Supervision and Deposit Insurance, in: Journal of Financial and Quantitative Analysis, Vol. 10 (1975)

— Stimulating Bank Competition Through Regulatory Action, in: The Journal of Finance, Vol. 20 (1965)

Immenga, U.: Die wettbewerbspolitischen Ausnahmebereiche als Gegenstand staatlicher und privatwirtschaftlicher Marktregelungen; ein ordnungspolitisches Problem, in: 25 Jahre Marktwirtschaft in der Bundesrepublik Deutschland — Konzeption und Wirklichkeit, Hrsg.: D. Cassel et al., Stuttgart 1972

— Politische Instrumentalisierung des Kartellrechts?, Recht und Staat in Geschichte und Gegenwart, Heft 461, Tübingen 1976

— Wettbewerbsbeschränkungen auf staatlich gelenkten Märkten, Wirtschaftswissenschaftliche und wirtschaftsrechtliche Untersuchungen, Hrsg.: Walter Eucken Institut Freiburg i. Br., Bd. 4, Tübingen 1967

Irmler, H.: Bankenkrise und Vollbeschäftigungspolitik (1931—1936), in: Währung und Wirtschaft in Deutschland 1876—1975, Hrsg.: Deutsche Bundesbank, Frankfurt/M. 1976

Jordan, W. A.: Producer Protection, Prior Market Structure and the Effects of Government Regulation, in: Journal of Law and Economics, Vol. 15 (1972)

Kahn, R.: Some Aspects of the Development of Keynes' Thought, in: Journal of Economic Literature, Vol. 16 (1978)

Kammholz, A.: Die aktuellen Zinsempfehlungen aus kartellrechtlicher Sicht, in: Zeitschrift für das gesamte Kreditwesen 11/1975

Kantor, B.: Rational Expectations and Economic Thought, in: Journal of Economic Literature, Vol. 17 (1979)

Kantzenbach, E.: Die Funktionsfähigkeit des Wettbewerbs, Wirtschaftspolitische Studien, Bd. 1, Hrsg.: H. Jürgensen, 2., durchgesehene Aufl., Göttingen 1967

Kartte, W.: Ein neues Leitbild für die Wettbewerbspolitik, FIW-Schriftenreihe, H. 49, Köln usw. 1969

— 20 Jahre Kartellgesetz — Gegenwart und Zukunft einer Ordnungsidee, in: Wirtschaft und Wettbewerb, Jg. 28 (1978)

Kast, F. E. und *Rosenzweig,* J. E.: The modern view: a systems approach, in: Systems Behaviour, Hrsg.: J. Beishon und G. Peters, 2. Aufl., London usw. 1976

Katz, D. und *Kahn,* R. L.: Common Characteristics of Open Systems (1966), in: Systems Thinking, Hrsg.: F. E. Emery, Penguin Modern Management Readings, 6. Aufl., Harmondsworth 1976

Kaufer, E.: Neue Wettbewerbstheorie, in: Probleme der Wettbewerbstheorie und -politik, Schriftenreihe des Wirtschaftswissenschaftlichen Seminars Ottobeuren, Bd. 5, Hrsg.: G. Bombach et al., Tübingen 1976

Kaufmann, H.: Financial Crises: Market Impact, Consequences, and Adaptability, in: Financial Crises — Institutions and Markets in a Fragile Environment, Hrsg.: E. I. Altman und A. W. Sametz, New York usw. 1977

Kaysen, C. und *Turner,* D. F.: Antitrust Policy — An Economic and Legal Analysis (1959), 2. Aufl., Cambridge (Mass.) 1965

Keynes, J. M.: A Monetary Theory of Production, in: Der Stand und die nächste Zukunft der Konjunkturforschung, Festschrift für A. Spiethoff (1933), abgedr. in: ders., The General Theory and After, Part I, a. a. O.

— An Economic Analysis of Unemployment (1931), in: ders., The General Theory and After, Part I, a. a. O.

— Alternative Theories of the Rate of Interest, in: ders., The General Theory and After, Part II, a. a. O.

— Brief an E. S. Shaw, in: ders., The General Theory and After, A Supplement, The Collected Writings, Bd. 29, Hrsg.: D. Moggridge für die Royal Economic Society, London und Basingstoke 1979

— Essays in Persuasion (1931), The Collected Writings, Bd. 9, Hrsg.: Royal Economic Society, London und Basingstoke 1972

— Mr. Keynes on „Finance", in: ders., The General Theory and After, Part II, a. a. O.

— The characteristics of an Entrepreneur Economy, in: ders., The General Theory and After, A supplement, The Collected Writings, Hrsg.: D. Moggridge für die Royal Economic Society, Bd. 29, London und Basingstoke 1979

— The Consequences to the Banks of the Collapse of Money Values (August 1931), in: ders., Essays in Persuasion, a. a. O.

Keynes, J. M.: The End of Laissez-Faire (1926): in: ders., Essays in Persuasion, a. a. O.

— The „Ex Ante“ Theory of the Rate of Interst, in: ders., The General Theory and After, Part II, a. a. O.

— The General Theory and After, Part I und II, Collected Writings, Bd. 13 und 14, Hrsg.: D. Moggridge für die Royal Economic Society, London und Basingstoke 1973

— The General Theory of Employment (1937), in: The General Theory and After, Part II, a. a. O.

— The General Theory of Employment, Interest and Money (1936), The Collected Writings, Bd. 7, Hrsg.: Royal Economic Society, London und Basingstoke 1973

— The Great Slump of 1930, in: ders., Essays in Persuasion, a. a. O.

— The Process of Capital Formation, in: ders., The General Theory and After, Part II, a. a. O.

Kilian, W.: Marktinformationsverfahren und Wettbewerbsbeschränkung, in: Neue Juristische Wochenschrift, 27. Jg. (1974)

Kindleberger, Ch. P.: Manias, Panics, and Crashes, New York 1978

Kirzner, I. M.: Wettbewerb und Unternehmertum (1973), Walter Eucken Institut, Wirtschaftswissenschaftliche und wirtschaftsrechtliche Untersuchungen, Bd. 14, Tübingen 1978

Klaue, S.: Die Wettbewerbsbeschränkungen im Kreditgewerbe aus der Sicht des Bundeskartellamtes, in: Wettbewerbsprobleme im Kreditgewerbe, Hrsg.: B. Röper, Schriften des Vereins für Socialpolitik, NF., Bd. 87, Berlin 1976

— Kooperationsverträge zwischen deutschen und ausländischen Banken: Arbeitsunterlage 1 und Erläuterungen, in: Wettbewerbsprobleme im Kreditgewerbe, Hrsg.: B. Röper, Schriften des Vereins für Socialpolitik, NF., Bd. 87, Berlin 1976

— Zur Problematik der kartellrechtlichen Mißbrauchsaufsicht über Versicherungsunternehmen, in: Entwicklungstendenzen im Wirtschafts- und Unternehmensrecht, Festschrift für H. Bartholomeyczik, Berlin 1973

Klein, B.: The Competitive Supply of Money, in: Journal of Money, Credit and Banking, Vol. 6 (1974)

Kleinwächter, F.: Der Inhaltswandel des Kartellbegriffs und seine wirtschaftspolitischen Folgen (1930), zit. nach H.-H. Barnickel, Kartelle in Deutschland, in: ders. (Hrsg.), Theorie und Praxis der Kartelle, Darmstadt 1972

— Die Kartelle — Ein Beitrag zur Frage der Organisation der Volkswirtschaft, Innsbruck 1883

Könneker, W.: Wettbewerb — In der Sicht der Notenbank, in: Zeitschrift für das gesamte Kreditwesen, 1/1960

Kottmann, G.: Die Bewertung der Konzentration in der Kreditwirtschaft, Frankfurt/M. und Zürich 1974

Kraft, M. und *Weise*, P.: A Game Theoretic Interpretation of Minsky's Systematic Fragility, Arbeitspapiere des Fachbereichs Wirtschaftswissenschaft, Gesamthochschule Paderborn 1980

Kregel, J. A.: Economic Methodology in the Face of Uncertainty: The Modelling Methods of Keynes and the Post-Keynesians, in: The Economic Journal, June, 1976

— The Reconstruction of Political Economy — An Introduction to Post-Keynesian Economics (1973), 2. Aufl., London und Basingstoke 1975

Krümmel, H. J.: Bankzinsen, Schriftenreihe Annales Universitatis Saraviensis, H. 11, Köln usw. 1964

— Die Begrenzung des Kreditrisikos im Kreditwesengesetz aus der Sicht der Kredittheorie, in: Österreichisches Bankarchiv, Bd. 24 (1976)

Krug, D.: Die Marktoperationen der Banken — Ein Beitrag zu einer Theorie des Bankenwettbewerbs, Dissertation Berlin 1972

Kübler, B. M.: Die deutschen Nachkriegsinsolvenzen im Bankensektor, in: Betriebswirtschaftliche Forschung und Praxis, Bd. 27 (1975)

Kuhn, Th. S.: Die Struktur wissenschaftlicher Revolutionen, Frankfurt 1967

Kuznets, S.: Die wirtschaftlichen Vorbedingungen der Industrialisierung, in: Industrielle Revolution — Wirtschaftliche Aspekte, Hrsg.: R. Braun et al., Neue Wissenschaftliche Bibliothek, Bd. 50, Köln und Berlin 1972

Lanzke, U.: Koordinierung des Bankenaufsichtsrechts der EG-Länder, in: Sparkasse, 95. Jg. (1978)

Lau, H.: Allgemeine Geschäftsbedingungen, Vertrags- und Eigentumsfreiheit, in: Jahrbuch für Sozialwissenschaft, Bd. 28 (1977)

Leijonhufvud, A.: On Keynesian Economics and the Economics of Keynes — A Study in Monetary Theory, London - Toronto 1968

Levy, H.: Industrial Germany — A Study of Its Monopoly Organisations and Their Control by the State, London 1935, Neuaufl. 1965

Liefmann, R.: Kartelle und Trusts und die Weiterbildung der volkswirtschaftlichen Organisation, 4., erw. u. verb. Auflage, Stuttgart 1920

Linhardt, H.: Kreditinstitute im Wettbewerb — Das Verhältnis von Landesaufsicht und Bundesrecht, in: Wirtschaft und Wettbewerb 1/1957

Loevinger, L.: Regulation and Competition as Alternatives, in: The Antitrust Bulletin, Vol. 11 (1966)

Loof, R.: Die Auswirkungen der Zinsliberalisierung in Deutschland, Veröffentlichungen des Instituts für empirische Wirtschaftsforschung, Bd. 8, Berlin 1973

Luhmann, N.: Rechtssoziologie, Bd. 1, rororo studium, Rechtswissenschaften, Reinbek bei Hamburg 1972

Lutz, F. A.: Das Grundproblem der Geldverfassung (1936), in: ders.: Geld und Währung, Gesammelte Abhandlungen, Tübingen 1962

Lwowski, H.-J.: Das AGB-Gesetz und die AGB der Banken, in: Die Bank, 3/1978 und 4/1978

Matthews, R. C. O.: The Trade Cycle (1959), Cambridge 1969

Mayer, Th.: Money and the Great Depression: A Critique of Professor Temin's Thesis, in: Explorations in Economic History, Vol. 15 (1978)

— Should Large Banks Be Allowed to Fail, in: Journal of Financial and Quantitative Analysis, Vol. 10 (1975)

Mellerowicz, K.: Deutsche Bankenenqueten, in: Sparkasse, 53. Jg. (1933)

Meltzer, A. H.: Major Issues in the Regulation of Financial Institutions, in: The Journal of Political Economy, Vol. 75 (1967)

Mertin, K.: Ergebnisstrukturen des Kreditgewerbes, in: Die Bank, 2/1977

Mestmäcker, E.-J.: An den Grenzen der Wettbewerbspolitik, in: Wettbewerb im Wandel, Festschrift für E. Günther zum 65. Geburtstag, Hrsg.: H. Gutzler et al., Baden-Baden 1976

Meyer, F. W. und *Schüller,* A.: Spontane Ordnungen in der Geldwirtschaft und das Inflationsproblem, Walter Eucken Institut, Vorträge und Aufsätze, H. 59, Tübingen 1976

Migué, J.-L.: Controls versus Subsidies in The Economic Theory of Regulation, in: Journal of Law and Economics, Vol. 20 (1977)

Miller, E. und *Lonie,* A.: Microeconomic Effects of Monetary Policy — The Fallout of Severe Monetary Restraint, London 1978

Minsky, H. P.: An Exposition of a Keynesian Theory of Investment, in: Mathematical Methods in Investment and Finance, Hrsg.: G. P. Szegö und K. Shell, Amsterdam usw. 1972

— A Theory of Systematic Fragility, in: Financial Crises — Institutions and Markets in a Fragile Environment, Hrsg.: E. J. Altman und A. W. Sametz, New York usw. 1977

— Banking and a Fragile Financial Environment, in: The Journal of portfolio Management, Summer 1977

— Financial Crisis, Financial Systems, and the Performance of the Economy, in: Private Capital Markets, Research Studies prepared for the Commission on Money and Credit, Englewood Cliffs (N. J.) 1964

— Financial Resources in a Fragile Financial Environment, in: Challenge, Vol. 18 (1975)

— John Maynard Keynes (1975), London und Basingstoke 1976

— The Financial Instability Hypothesis: An Interpretation of Keynes and an Alternative to „Standard Theory“, in: Challenge, March—April 1977

— The Financial Instability Hypothesis: Capitalist Processes and the Behavior of the Economy, Paper Prepared for the Colloquium on Financial Crises and the Lender of Last Resort, Bad Homburg März 1979, Hrsg.: Confederazione Generale Dell'Industria Italiana, Centro Studi, Roma (1979)

— The Financial Instability Hypothesis: A Restatement, Hrsg.: Confederazione Generale Dell'Industria Italiana, Centro Studi, Rom 1979

Möhring, Ph.: Die gesetzliche Regelung des Rechts der Allgemeinen Geschäftsbedingungen und die AGB der Banken, in: Neue Juristische Wochenschrift, 27. Jg. (1974)

Möschel, W.: Bankenrecht und Wirtschaftsordnung, in: Betriebs-Berater, 23/1975

— Das Wirtschaftsrecht der Banken — Die währungs-, bankaufsichts-, kartell- und EWG-rechtliche Sonderstellung der Kreditinstitute, Frankfurt/M. 1972

— Kreditwirtschaft und Bereichsausnahme nach § 102 GWB, in: Zeitschrift für das gesamte Handelsrecht, Bd. 139 (1975)

Möschel, W.: Wettbewerb im Schnittfeld von Rechtswissenschaft und Nationalökonomie, in: Tradition und Fortschritt, Festschrift zum 500jährigen Bestehen der Tübinger Juristenfakultät, Tübinger rechtswissenschaftliche Abhandlungen, Bd. 46, Tübingen 1977

v. Moller, H.: Forderungen des Provinzbankierstandes für die bevorstehende Neuordnung im Kreditgewerbe, in: Materialien zur Vorbereitung der Banken-Enquete 1933, zusammengestellt vom Centralverband des Deutschen Bank- und Bankiergewerbes, vervielf. Manuskript, Berlin 1933

Moore, B.: An Introduction to the Theory of Finance — Assetholder Behavior Under Uncertainty, New York and London 1968

Mülhaupt, L.: Einführung in die Betriebswirtschaftslehre der Banken — Struktur und Grundprobleme des Bankbetriebs und des Bankwesens in der Bundesrepublik Deutschland, Wiesbaden 1977

Müller, G., *Rödel*, U., *Sabel*, Ch., *Stille*, F. und *Vogt*, W.: Ökonomische Krisentendenzen im gegenwärtigen Kapitalismus, Frankfurt - New York 1978

Müller, J. und *Vogelsang*, I.: Staatliche Regulierung, Baden-Baden 1979

— Staatliche Regulierung öffentlich gebundener Industrien, in: Wirtschaftsdienst 1979 / VIII

Muhs, K.: Kartelle und Konjunkturbewegung — Ein Beitrag zur Problematik der Wirtschaftskrise, Jena 1933

Myrdal, G.: Das politische Element in der nationalökonomischen Doktrinbildung, Berlin 1932

— Das Zweck-Mittel-Denken in der Nationalökonomie, in: Zeitschrift für Nationalökonomie, Bd. 4 (1933)

Newlyn, W. T.: Theory of Money, 2. Aufl., Oxford 1971

North, D. C.: Structure and Performance: The Task of Economic History, in: Journal of Economic Literature, Vol. 16 (1978)

Novy, K.: Weltwirtschaftskrise 1929, Krisenpolitik und Lehren, die man nicht zog„ in: Strategien gegen die Arbeitslosigkeit, Hrsg.: K. G. Zinn, Köln 1977

Otto, F.: Die Organisation des privaten deutschen Bankgewerbes in Bankenverbänden und Bankenvereinigungen, Greifswalder Staatswissenschaftliche Abhandlungen, Nr. 36, Greifswald 1930

Patinkin, D.: Keynes' Monetary Thought — A Study of its Development, Durham (North Carolina) 1976

— und *Leith*, J. Clark (Hrsg.): Keynes, Cambridge and the General Theory — The process of criticism and discussion connected with the development of the General Theory, London and Basingstoke 1977

Pejovich, S.: The Capitalist Corporation and the Socialist Firm — A Study of Comparative Efficiency, in: Schweizerische Zeitschrift für Volkswirtschaft und Statistik, 112. Jg. (1976)

Peltzman, S.: Toward a More General Theory of Regulation, in: Journal of Law and Economics, Vol. 19 (1976)

Peters, R.: Sicherungssystem gegen Insolvenzen im Kreditgewerbe, in: Wirtschaftsdienst, 9/1974

Peterson, W. C.: Institutionalism, Keynes and the Real World, in: Challenge, May—June 1977

Phillips, A.: Competition, Confusion, and Commercial Banking (1964), abgedruckt in: Monetary Economics Readings, Hrsg.: A. D. Entine, Belmont (Cal.) 1968

— Introduction und Competitive Policy for Depository Financial Institutions, in: Promoting Competition in Regulated Markets, Studies in the Regulation of Economic Activity, Hrsg.: A. Phillips, Washington (D. C.) 1975

Pilster, R.: Die Kartellierung der Geschäftsbedingungen im deutschen Bankwesen — Ein Beitrag zur Geschichte der modernen bankgewerblichen Organisation, Diss. Köln 1922

Poeche, J. (Hrsg.): Das Konzept der „Workable Competition" in der angelsächsischen Literatur, FIW-Dokumentation, H. 1, Köln usw. 1970

Posner, R. A.: Theories of Economic Regulation, in: The Bell Journal of Economics and Management Science, Vol. 5 (1974)

Rapoport, A.: Conflict in Man-made Environment, Harmondsworth 1974

Reuter, U. K.: Erfahrungen mit staatlicher Kartellpolitik in Deutschland von 1900 bis 1964, Diss. St. Gallen 1966, Zürich 1967

Revell, J.: Solvency and Regulation of Banks — Theoretical and Practical Implications, University of Wales Press, Cardiff 1975

Riese, H.: Ordnungsidee und Ordnungspolitik — Kritik einer wirtschaftspolitischen Konzeption, in: Kyklos, Vol. 25 (1972)

— Politische Ökonomie oder mathematische Scholastik?, in: Zeitschrift für Wirtschafts- und Sozialwissenschaften, 3/1975

Riesser, J.: Die deutschen Großbanken und ihre Konzentration im Zusammenhang mit der Entwicklung der Gesamtwirtschaft in Deutschland, unveränderter Neudruck der Ausgabe Jena 1912, 4. verb. und verm. Aufl., Glashütten/Taunus 1971

Rittershausen, H.: Der Neubau des deutschen Kreditsystems, Berlin 1932

— Die Bankenenqueten von 1908 und 1933, in: Zahlungsverkehr und Bankbetrieb, 15. Jg. (1933)

Robert, R.: Konzentrationspolitik in der Bundesrepublik — Das Beispiel der Entstehung des Gesetzes gegen Wettbewerbsbeschränkungen, Volkswirtschaftliche Schriften, H. 250, Berlin 1976

Robinson, J.: What are the Questions?, in: Journal of Economic Literature, Vol. 15 (1977)

Röper, B.: Die Konkurrenz und ihre Fehlentwicklungen — Untersuchungen über Störungen der Marktwirtschaft, Volkswirtschaftliche Schriften, H. 6, Berlin 1952

Röpke, J.: Die Strategie der Innovation. Eine systemtheoretische Untersuchung der Interaktion von Individuum, Organisation und Markt im Neuerungsprozeß, Tübingen 1977

Röpke, W.: Der Platz der Bank in einer entwickelten Volkswirtschaft, in: Festschrift 175 Jahre C. G. Trinkaus, Düsseldorf 1960

Ronge, V.: „Solidarische" Selbstorganisation der Wirtschaft — Eine Alternative zur Politisierung im Spätkapitalismus, in: Leviathan, Jg. 6 (1978)

Rothschild, K. W.: Introduction, in: ders. (Hrsg.), Power in Economics, Harmondsworth 1971

Rothschild, K. W.: Macht, die Lücke in der Preistheorie, in: Macht und ökonomisches Gesetz, Hrsg.: H. K. Schneider und Chr. Watrin, Schriften des Vereins für Socialpolitik, N. F., Bd. 74 II, Berlin 1973

Sailer, A.: Die Verbände der westdeutschen Kreditwirtschaft, Dissertation München 1968

Samuels, W. J.: Interrelations Between Legal and Economic Processes, in: Journal of Law and Economics, Vol. 14 (1971)

— Normative Premises in Regulatory Theory, in: Journal of Post-Keynesian Economics, 1/1978

Sayers, R. S.: Monetary Thought and Monetary Policy in England, in: Economic Journal, Vol. 70 (1960)

Schäffer, H.: Kartelle und Konzerne, in: Strukturwandlungen der Deutschen Volkswirtschaft, Bd. 1, Hrsg.: B. Harms, Berlin 1928

Schaperjahn, F.: Betrachtungen zur Entwicklung der Ertragsstrukturen in der Kreditwirtschaft, in: Sparkasse, 95. Jg. (1978)

Scheidl, K.: Zum Problem bankbetrieblicher Dispositionsregeln, in: Dienstleistungen in Theorie und Praxis, Festschrift für O. Hintner zu seinem 70. Geburtstag, Hrsg.: H. Linhardt et al., Stuttgart 1970

Schirmer, U.: Der Einfluß paramonetärer Institutionen auf die Vermögensbildung, das Kreditangebot und die Geldpolitik, Untersuchungen über das Spar-, Giro- und Kreditwesen, Hrsg.: F. Voigt, Bd. 55, Berlin 1971

Schlecht, O.: Perspektiven der Ordnungs- und Wettbewerbspolitik, in: Wirtschaft und Wettbewerb, Jg. 28 (1978)

Schlesinger, H.: Die Geldpolitik der Deutschen Bundesbank 1967—1977, in: Kredit und Kapital, 11. Jg. (1978)

— Neuere Erfahrungen der Geldpolitik in der Bundesrepublik Deutschland, in: Kredit und Kapital, 9. Jg. (1976)

Schlingmann, St.: Probleme der Konzentration im Bankwesen der Bundesrepublik Deutschland, Diplomarbeit (unveröffentlicht), Paderborn 1976

Schmidt, D.: „Abgestimmtes Verhalten": Rechtsfrage oder Politikum?, in: Zeitschrift für das gesamte Kreditwesen, 10/1975

— Die Novelle zum Kreditwesengesetz, in: Zeitschrift für das gesamte Kreditwesen, 5/1976

— Kreditwirtschaft und Kartellpolitik I und II, in: Zeitschrift für das gesamte Kreditwesen, 17 und 18/1974

— Neues Kartellrecht für das Kreditgewerbe?, in: Sparkasse, 87. Jg. (1970)

Schmittchen, D.: Wider den Vorwurf, das neoklassische Wettbewerbskonzept sei tautologisch: Eine Antikritik aus wissenschaftslogischer und markttheoretischer Sicht, in: Jahrbücher für Nationalökonomie und Statistik, Vol. 191 (1977)

Schneider, H. K.: Beeinflussung der Konzentration als Ziel und Mittel der Wirtschaftspolitik, in: Die Konzentration in der Wirtschaft, Hrsg.: H. Arndt, 2., völlig neu bearb. Aufl., Schriften des Vereins für Socialpolitik, N. F., Bd. 20/I, Berlin 1971

Schneider, M.: Der Wettbewerb der Kreditinstitute im Spannungsfeld von Bankenaufsicht und Notenbankpolitik, in: Bank-Betrieb, 13. Jg. (1973)

Schneider, M.: Diskussionsbeitrag, in: Wettbewerbsprobleme im Kreditgewerbe, Hrsg.: B. Röper, Schriften des Vereins für Socialpolitik, N. F., Bd. 87, Berlin 1976

— Offene Fragen der Bankenaufsicht, in: Zeitschrift für das gesamte Kreditwesen, 6/1978

— Zehn Jahre Erfahrungen mit dem Kreditwesengesetz, in: Bank-Betrieb, 3/1972

Schneider, R.: Funktionsfähiger Bankenwettbewerb und Diskriminierungsverbot i. S. d. § 26 II 2 GWB, in: Wirtschaft und Wettbewerb, 10/1979

Scholz, R.: Informationspolitik des Bundeskartellamtes und Informationsrecht der Öffentlichkeit, in: Neue Juristische Wochenschrift, 26. Jg. (1973)

Schreihage, H.: Wettbewerb und Wettbewerbsbeschränkungen im Kreditgewerbe, in: Zeitschrift für das gesamte Kreditwesen, 1/1960

Schumpeter, J. A.: Theorie der wirtschaftlichen Entwicklung (1911), 6. Aufl. (unveränd. Nachdruck der 4. Aufl von 1934), Berlin 1964

Schwark, E.: Einlagensicherung bei Banken, in: Neue Juristische Wochenschrift, 41/1974

Seeck, H. und *Steffens*, G.: Die Deutsche Bundesbank, 2., erw. Aufl., Bonn 1972

Shackle, G. L. S.: An Economic Querist, London 1973

— Keynesian Kaleidics — The evolution of a general political economy, Edinburgh 1974

— New Tracks for Economic Theory 1926—1939, in: S. Weintraub (Hrsg.), Modern Economic Thought, Oxford 1977

Silber, W. L. (Hrsg.): Financial Innovation, Lexington (Mass.) 1975

Silberston, A.: Economies of Scale in Theory and Practice, in: Economic Journal, Vol. 82 (1972)

Simons, H. C.: Rules versus Authorities in Monetary Policy (1936), in: ders., Economic Policy for a Free Society, Chicago (Ill.) 1948

Sinai, A.: Credit Crunches — An Analysis of the Postwar Experience, in: Parameters and Policies in the U. S. Economy, Hrsg.: O. Eckstein, Amsterdam usw. 1976

— Diskussionsbeitrag, in: Financial Crises — Institutions and Markets in a Fragile Environment, Hrsg.: J. Altman und A. W. Sametz, New York usw. 1977

Sohmen, E.: Machttheorie oder Preistheorie, in: Macht und ökonomisches Gesetz, Hrsg.: H. K. Schneider und Chr. Watrin, Schriften des Vereins für Socialpolitik, N. F., Bd. 74 II, Berlin 1973

Starke, O.-E.: Die „besondere Wettbewerbslage“ des Kreditwesens, in: Zeitschrift für das gesamte Kreditwesen, 10/1968

— Probleme einer umfassenden Reform der Bankenaufsicht in der Bundesrepublik Deutschland, in: Die Betriebswirtschaft, Bd. 38 (1978)

Stegemann, K.: Workable Competition nach zwanzig Jahren — Bemerkungen zu einem Buch von John Maurice Clark, in: Hamburger Jahrbuch, Bd. 9 (1964)

Stein, J. H. v.: Insolvenzen privater Banken und ihre Ursachen — Eine empirische Darstellung, München 1969

Steppeler, W.: Die Stellungnahmen des Zentralen Wettbewerbsausschusses, in: Sparkasse, 95. Jg. (1978)

Stigler, G. J.: Can Regulatory Agencies Protect the Consumer? (1971), in: ders., The Citizen and the State ..., a. a. O.

— Free Riders and Collective Actions: An Appendix to Theories of Economic Regulation, in: The Bell Journal of Economics and Management Science, Vol. 5 (1974)

— The Citizen and the State — Essays on Regulation, Chicago und London 1975

— The Theory of Economic Regulation, in: The Bell Journal of Economics and Management Science, Vol. 2 (1971), wieder abgedr. in: ders., The Citizen and the State ..., a. a. O.

Stone, A.: Economic Regulation and the Public Interest — The Federal Trade Commission in Theory and Practice, Ithaca und London 1977

Strauß, W.: Die Konzentrationsbewegung im deutschen Bankgewerbe, Berlin und Leipzig 1928

Stucken, R.: Deutsche Geld- und Kreditpolitik 1914—1963, 3. Aufl., Tübingen 1964

— Die Konzentrationsbewegung im deutschen Bankgewerbe und deren Tendenzen zur Dekonzentration und Spezialisierung, Referat II/1, in: Untersuchung des Bankwesens 1933, I. Teil, vorbereitendes Material, 2. Bd., Berlin 1933

— Art.: Liquidität der Banken, in: Handwörterbuch der Sozialwissenschaften, Bd. 6, Göttingen 1959

Stützel, W.: Banken, Kapital und Kredit in der zweiten Hälfte des zwanzigsten Jahrhunderts, in: Strukturwandlungen einer wachsenden Wirtschaft, Hrsg.: F. Neumark, Schriften des Vereins für Socialpolitik, N. F., Bd. 30 II, Berlin 1964

— Bankpolitik heute und morgen — Ein Gutachten, Frankfurt/M. 1964

— Diskussionsbeitrag (zu M. Schneider, Der Wettbewerb der Kreditinstitute im Spannungsfeld von Bankenaufsicht und Notenbankpolitik), in: Wettbewerbsprobleme im Kreditgewerbe, Hrsg.: B. Röper, Schriften des Vereins für Socialpolitik, N. F., Bd. 87, Berlin 1976

— Ist die „Goldene Bankregel" eine geeignete Richtschnur für die Geschäftspolitik der Kreditinstitute?, Vorträge für Sparkassenprüfer, Deutscher Sparkassen- und Giroverband, Kiel 1959

Szagunn, V. und *Neumann,* W.: Gesetz über das Kreditwesen, Kommentar, 1. Aufl., Stuttgart 1961

— W. *Neumann* und K. *Wohlschieß,* Gesetz über das Kreditwesen, Kommentar, 3., völlig überarbeitete Aufl., Stuttgart usw. 1976

Teming, P.: Did Monetary Forces Cause the Great Depression?, New York 1976

— The Beginning of the Depression in Germany, in: Economic History Review, Vol. 24 (1971)

Tilmann, W.: Das AGB-Gesetz und die Einheit des Privatrechts — Zugleich ein Überblick über die zum AGB-Gesetz erschienenen Erläuterungsbücher, in: Zeitschrift für das gesamte Handelsrecht und Wirtschaftsrecht, Bd. 142 (1978)

Timmermann, V.: Interbankkredite und Geldpolitik, in: Kyklos, Vol. 29 (1976)

Tobin, J.: Deposit Interest Ceilings as a Monetary Control, in: Journal of Money, Credit and Banking, Vol. 2 (1970)

Tolksdorf, M.: Hoppmanns neoklassische Wettbewerbstheorie als Grundlage der Wettbewerbspolitik, in: Jahrbücher für Nationalökonomie und Statistik, Bd. 183 (1969)

— Ruinöser Wettbewerb, Volkswirtschaftliche Schriften, H. 161, Hrsg.: J. Broermann, Berlin 1971

— Zur ökonomischen Begründung von Ausnahmebereichen — Bemerkungen zu E. Hoppmanns Erwiderung, in: Jahrbücher für Nationalökonomie und Statistik, Bd. 187 (1973)

Tuchtfeld, E.: Kartellsurrogate als Problem der Wettbewerbspolitik, in: Wirtschaft und Gesellschaft, Festschrift für H.-D. Ortlieb zum 65. Geburtstag, Hrsg.: E. Arndt et al., Tübingen 1975

— Organisierte Markttransparenz und Wettbewerb — Bemerkungen zur wettbewerbspolitischen Beurteilung kooperativer Informationssysteme, in: Schweizerische Zeitschrift für Volkswirtschaft und Statistik, 102. Jg. (1966)

Ulph, A. M. und *Ulph,* D. T.: Transaction Costs in General Equilibrium Theory — A Survey, in: Economica, Vol. 42 (1975)

Ulrich, F. H.: Wird die Wettbewerbsordnung durch wirtschaftliche Macht der Banken gefährdet?, in: Wettbewerb im Wandel, Festschrift für E. Günther zum 65. Geburtstag, Hrsg.: H. Gutzler et al., Baden-Baden 1976

Veit, O.: Grundriß der Währungspolitik, 3. Aufl., Frankfurt/M. 1969

Vickers, D.: Financial Markets in the Capitalist Process, University of Pennsylvania Press 1978

Vogelsang, I.: Ein Erklärungsansatz für staatliche Eingriffe in die Energiewirtschaft mit Hilfe einer positiven Theorie der Regulierung, Referat zur Arbeitstagung der Gesellschaft für Wirtschafts- und Sozialwissenschaften (Verein für Socialpolitik), Arbeitstagung Hamburg 1978

Vogt, W.: Das ökonomische Gesetz als Macht, in: Macht und ökonomisches Gesetz, Hrsg.: H. K. Schneider und Chr. Watrin, Schriften des Vereins für Socialpolitik, N. F., Bd. 74 II, Berlin 1973

— (Hrsg.): Seminar Politische Ökonomie — Zur Kritik der herrschenden Nationalökonomie, Frankfurt/M. 1973

Walb, E.: Die Bankkrise von 1931, in: Zeitschrift für handelswissenschaftliche Forschung, 26. Jg. (1932)

— Übersetzung und Konkurrenz im deutschen Kreditapparat, Referat I/3, in: Untersuchung des Bankwesens 1933, I. Teil, vorbereitendes Material, 1. Bd., Berlin 1933

Wallich, H. C.: Framework for Financial Resiliency, in: Financial Crises — Institutions and Markets in a Fragile Environment, Hrsg.: E. J. Altman und A. W. Sametz, New York usw. 1977

Wallich, P.: Die Konzentration im deutschen Bankwesen, Stuttgart und Berlin 1905

Wegner, O.: Reform des Insolvenzrechts, in: Sparkasse, 9/1977

Weintraub, E. R.: Microfoundations — The compatibility of microeconomics and macroeconomics, Cambridge usw. 1979

Weintraub, S. (Hrsg.): Modern Economic Thought, Oxford 1977

— Rezension (H. P. Minsky, John Maynard Keynes), in: Journal of Economic Literature, Vol. 15 (1977)

Weise, P. et al.: Neue Mikroökonomie, Würzburg — Wien 1979

— Überlegungen zu einer volkswirtschaftlichen Theorie der Unternehmung, unveröffentlichtes Manuskript, Paderborn 1978

— Ziele, Normen, Werte und quantitative und qualitative Systemvergleiche, in: Wertwandel und gesellschaftlicher Wandel, Hrsg.: H. Klages und P. Kmieciak, Frankfurt/M. 1979

Widmaier, H. P.: Politische Ökonomie des Wohlfahrtsstaates, in: ders. (Hrsg.), Politische Ökonomie des Wohlfahrtsstaates — Eine kritische Darstellung der Neuen politischen Ökonomie, Frankfurt/M. 1974

Winkler, H. A. (Hrsg.): Organisierter Kapitalismus — Voraussetzungen und Anfänge, Kritische Studien zur Geschichtswissenschaft, Bd. 9, Göttingen 1974

Woll, A.: Zur wettbewerbspolitischen Bedeutung der Markttransparenz, in: Theoretische und institutionelle Grundlagen der Wirtschaftspolitik, Festschrift für Theodor Wessels zum 65. Geburtstag, Quaestiones Oeconomicae, Bd. 1, Hrsg.: H. Besters, Berlin 1967

Wood, J. H.: Two Notes on the Uniqueness of Commercial Banks, in: Journal of Finance, Vol. 25 (1970)

Wright, K. M.: A Projected Resilient Financial Environment, in: Financial Crises — Institutions and Markets in a Fragile Environment, Hrsg.: E. J. Altman und A. W. Sametz, New York usw. 1977

Zohlnhöfer, W.: Wettbewerbspolitik in der Demokratie, in: Wettbewerb im Wandel, Festschrift für E. Günther zum 65. Geburtstag, Hrsg.: H. Gutzler et al., Baden-Baden 1976

2. Monographien und Aufsätze ohne Verfasserangabe (auch amtliche Einzelpublikationen)

Analytical Methods in Banking s. H. J. Cohen und F. S. Hammer

Arbeitskreis Politische Ökonomie, Der Arbeitsmarkt in der BRD — Plädoyer für eine kurzfristige Beschäftigungspolitik, in: Leviathan, 3/1978

Bankpolitik — dirigistisch oder liberal?, in: Zeitschrift für das gesamte Kreditwesen, 1/1978

Bericht der Bundesregierung über die Ausnahmebereiche des Gesetzes gegen Wettbewerbsbeschränkungen (GWB), Bundestags-Drucksache 7/3206 vom 4. 2. 75

Bericht der Bundesregierung über die Untersuchung der Wettbewerbsverschiebungen im Kreditgewerbe und über eine Einlagensicherung, BT-Drucksache 5/3500 vom 18. 11. 1968

Bericht über das Ergebnis einer Untersuchung der Konzentration in der Wirtschaft, BT-Drucksache IV/2330 vom 5. 6. 1964 und Anlagenband hierzu vom 31. 8. 1964

Centralverband des deutschen Bank- und Bankiergewerbes, Die Wiederherstellung gesunder Konkurrenzverhältnisse im deutschen Kreditgewerbe durch eine örtliche und sachliche Einschränkung des Geschäftsbereiches der Sparkassen und sonstiger öffentlich-rechtlicher Kreditanstalten, Gutachten, Materialien zur Vorbereitung der Banken-Enquete 1933, zusammengestellt vom Centralverband des deutschen Bank- und Bankiergewerbes, vervielf. Manuskript, Berlin 1933

Committee on the Working of the Monetary System, Report, Her Majesty's Stationary Office (1959), Reprint London 1964

Das Konzept der „Workable Competition" in der angelsächsischen Literatur s. J. Poeche

Die Geschäftsentwicklung der Bankengruppen 1960—1970, in: Monatsberichte der Deutschen Bundesbank, April 1971

Die Marktstellung der Bankengruppen seit 1971, in: Monatsberichte der Deutschen Bundesbank, Aug. 1978

Die Stellung der einzelnen Institutsgruppen im deutschen Banksystem, in: Monatsberichte der Deutschen Bundesbank, März 1961

Die währungspolitischen Institutionen und Instrumente in der Bundesrepublik Deutschland, Sonderdruck der Deutschen Bundesbank, Köln 1971

Financial Innovation s. W. L. Silber

Für Kooperation — Gegen Machtmißbrauch, Die wichtigsten Bestimmungen des Regierungsentwurfs der Kartellgesetznovelle, Dokumentation, Hrsg.: Der Bundesminister für Wirtschaft und Finanzen, Bonn 1971

Grundsatzfragen der Kreditwirtschaft, Bericht der Studienkommission, Schriftenreihe des Bundesministeriums der Finanzen, H. 28, Bonn 1979

Keynes, Cambridge and the General Theory ... s. D. Patinkin und J. Clark Leith

Modern Economic Thought s. S. Weintraub

Monopolkommission, Mehr Wettbewerb ist möglich, 1. Hauptgutachten 1973/1975, Baden-Baden 1976

— Fortschreitende Konzentration bei Großunternehmen, 2. Hauptgutachten 1976/1977, Baden-Baden 1978

The Economics of Property Rights s. E. G. Furubotn und S. Pejovich

Überprüfung der Geschäftsbedingungen der Kreditwirtschaft, in: Wirtschaft und Wettbewerb, Jg. 26 (1976)

Versicherungs- und Kreditwirtschaft in der Wettbewerbsordnung, Stellungnahme des Bundeswirtschaftsministers (I B 5 — 2632/55 vom 17. 3. 1956) zur Frage der Anwendung der Bestimmungen des Entwurfs eines Gesetzes gegen Wettbewerbsbeschränkungen auf die Versicherungs- und Kreditwirtschaft, in: Wirtschaft und Wettbewerb, 7/8/1956

Vierte Kartellgesetznovelle, in: Die Bank, 2/1978

Wettbewerbstheorie, Hrsg.: K. Herdzina, Berlin 1975

3. Gesetzestexte und fortlaufende amtliche Publikationen

Bericht des Bundeskartellamtes über seine Tätigkeit im Jahre 1978, BT-Drucksache 8/2980 (die Berichte der früheren Jahre werden ebd., S. 5 aufgeführt)

Deutsche Bundesbank, div. Geschäftsberichte

Deutsche Bundesbank, div. Monatsberichte

Gesetz gegen Wettbewerbsbeschränkungen in der Fassung vom 4. 4. 1974 (BGBl. III 703-1), Beck'sche Textausgabe Kartellrecht, München 1975

Gesetz über das Kreditwesen in der Fassung vom 3. 5. 1976 (BGBl. I 1122)

Gesetz über die Deutsche Bundesbank vom 26. 7. 1957 (BGBl. I 745) Beck'sche Textausgabe Bankrecht, mit einer Einführung von J. Consbruch, München 1970

Referentenentwurf eines Vierten Gesetzes zur Änderung des Gesetzes gegen Wettbewerbsbeschränkungen, in: Wettbewerb in Recht und Praxis, 3/1978

Vollständiger Text des Kartellgesetzes mit besonderer Kennzeichnung der Zweiten GWB-Novelle und mit amtlichen Auslegungsmaterialien, Sonderausgabe der Zeitschrift Wirtschaft- und Wettbewerb, Jg. 23 (1973)

Sachverzeichnis

Untersuchungen über das Spar-, Giro- und Kreditwesen

Abteilung A: Wirtschaftswissenschaft. Herausgegeben von Fritz Voigt

Seit 1968 sind erschienen:

35. **Die Bedeutung des staatlichen Sparens für die Kapitalbildung und das Wirtschaftswachstum.** Von Dr. D. Kath. 172 S. 1968. DM 34,60.

36. **Die Entwicklung des Kommunalkredits.** Von Dr. H. Gloth. 230 S. 1967. DM 52,60.

37. **Die Finanzpolitik des Deutschen Reiches im Ersten Weltkrieg.** Von Dr. K. Roesler. 237 S. 1967. DM 53,60.

38. **Die rechtliche Einordnung der Immobilienfondsgesellschaften und das Erfordernis einer gesetzlichen Sonderregelung.** Von Dr. N. Kruhme. 120 S. 1968. DM 23,60.

39. **Die Bedeutung der Finanzgebarung der öffentlichen Hand für den Geldwert in Frankreich nach 1945.** Von Dr. M.-L. Herschtel. 256 S. 1968. DM 59,80.

40. **Die Standortfrage bei Kreditinstituten.** Von Dr. J. D. Siepmann. 377 S. 1968. DM 89,80.

41. **Zahlungsverkehr und Mittelstandsidee.** Von Dr. J. Wysocki. 120 S. 1969. DM 34,60.

42. **Der Verwaltungsrat der Sparkasse.** Von Dr. H. aus der Fünten. 322 S. 1969. DM 67,80.

43. **Die Mechanismen der Zentralbankgeldschöpfung und ihre Kontrollierbarkeit durch die Zentralbank.** Von Dr. B. Gaude. 209 S. 1969. DM 46,80.

44. **Die Aufwertungsspekulation.** Von Dr. W. Steuer. 180 S. 1969. DM 39,80.

45. **Ursachen und Wirkungen der regionalen Differenzierung der privaten Spartätigkeit in Industrieländern.** Von Dr. J. Frerich. 205 S. 1969. DM 54,80.

46. **Die Beschränkungen des Wirkungsbereichs der kommunalen Sparkassen durch die horizontale und die vertikale Kommunalgliederung in Nordrhein-Westfalen.** Von Dr. K. Köhler. 145 S. 1969. DM 32,—.

47. **Vermögensbestand, Sparverhalten und Wirtschaftswachstum.** Von Dr. H. Rudloff. 192 S. 1969. DM 46,80.

48. **Theoretische Untersuchungen zum mikro- und makroökonomischen Kreditangebot.** Von Dr. G. A. Kartsaklis. 205 S. 1970. DM 54,80.

49. **Untersuchungen über den Nutzen kommunaler Wirtschaftsförderungsmaßnahmen.** Von Dr. P. Eichhorn und Dr. P. Friedrich. 98 S. mit 2 Ausschlagtaf. 1970. DM 26,80.

50. **Die Struktur des Sparens in der Bundesrepublik Deutschland von 1950 bis 1967.** Von W. Kaiser und A. Zerwas. 101 S. 1970. DM 32,—.

51. **Die Beeinflussung des Wirtschaftswachstums in Deutschland von 1883 bis 1913 durch das Bankensystem.** Von Dr. E. Eistert. 189 S. 1970. DM 48,80.

52. **Die Sicherheit der Scheckeinlösung.** Von Dr. H.-Ch. Zahrnt. IV, 324 S. 1971. DM 58,60.

53. **Zinstheoretische Grundlagen der Geldpolitik.** Von Prof. Dr. M. Willms. 112 S. 1971. DM 36,60.

54. **Die Struktur der Nachfrage von Wirtschaftsunternehmen und privaten Haushalten nach finanziellem Vermögen in der Bundesrepublik Deutschland.** Von Dr. W.-A. Prautzsch. 151 S. 1971. DM 42,60.

55. **Der Einfluß paramonetärer Institutionen auf die Vermögensbildung, das Kreditangebot und die Geldpolitik.** Von Dr. U. Schirmer. 239 S. 1971. DM 66,60.

56. **Geldtheoretische und geldpolitische Probleme des Eurodollarmarktes.** Von Dr. P. Liepmann. 169 S. 1971. DM 46,60.

57. **Zur Geldtheorie Don Patinkins.** Von Dr. J. D. Jüttner. 231 S. 1971. DM 68,60.

58. **Ansätze und Möglichkeiten der Geld- und Fiskalpolitik als Finanzierungsinstrumente einer gesamtwirtschaftlichen Entwicklungspolitik, dargestellt am Beispiel Persiens.** Von Dr. M. Kiani. 147 S. 1971. DM 38,60.

59. **Akkreditiv und Grundverhältnis.** Von Dr. S. Borggrefe. 125 S. 1971. DM 29,60.

60. **Zur Vermögenssituation der privaten Haushalte in der Bundesrepublik Deutschland.** Von H.-D. Bosch. 2 Teilbände: I: Eine vergleichende sozio-ökonomische Datenanalyse für die Jahre 1960/61 und 1969. 160 S. 1973. DM 52,60. II: Ein tabellarischer Vergleich für die Jahre 1960/61 und 1969 aufgrund statistischer Erhebungen des Deutschen Sparkassen- und Giroverbandes. 212 S. 1971. DM 39,60.

61. **Zielkonforme Ausgestaltung der Mindestreservenpolitik.** Von Dr. P. Voss. 195 S. 1972. DM 46,60.

62. **Änderungen in Bankpolitik und Bankwesen als Teil der Wirtschaftsreformen der DDR.** Von Dr. Ch. Kunze. 200 S. 1972. DM 46,60.

63. **Kurzfristige zwischenstaatliche Kapitalbewegungen in der Bundesrepublik Deutschland 1960 - 70.** Von Dr. H. Priester. 217 S. 1972. DM 66,60.

64. **Die Bestandskontenreihe im System der Volkswirtschaftlichen Gesamtrechnung.** Von Dr. W. Kaiser. 198 S. 1972. DM 56,80.

65. **Die Kreditfinanzierung im Modell der flexiblen Planung.** Von Dr. A. Riemenschnitter. 109 S. 1972. DM 29,80.

66. **Leistungsveränderungen im Rahmen der Zielkonzeption öffentlich-rechtlicher deutscher Sparkassen.** Von Dr. L. Bauer. 195 S. 1972. DM 46,60.

67. **Die Bedeutung des Bankensystems im wirtschaftlichen Wachstumsprozeß Syriens.** Von Dr. A. T. Said. 112 S. 1972. DM 36,60.

68. **Geldentwertung und monetäre Stabilisierungspolitik.** Von Dr. M. van den Adel. 188 S. 1973. DM 56,—.

69. **Die Zinspolitik der Sparkassen in der Bundesrepublik Deutschland unter wirtschaftspolitischen Gesichtspunkten.** Von Dr. B. Last. 135 S. 1973. DM 38,60.

70. **Probleme der Sparförderung in der OECD.** Von H. Albach, W. Krelle, J. Siebke, W. Wittmann. 192 S. 1973. DM 59,60.

71. **Der Einfluß von Geldwertrisiko und Wertsicherungsklauseln auf die Vermögensdispositionen.** Von Dr. N. Euba. 162 S. 1973. DM 42,60.

72. **Zur Theorie und Empirie der Fristigkeitsstruktur der Zinssätze.** Von Dr. H. Faßbender. 231 S. 1973. DM 78,60.

73. **Die Auswirkungen der Liquidität auf die Firmenentscheidungen.** Von Dr. H. Pehle. 139 S. 1974. DM 56,—.

74. **Theorie der Devisenspekulation.** Von Dr. H. Hochgesand. 167 S. 1974. DM 68,60.

75. **Marktstrategien im Hypothekarkreditgeschäft.** Von Dr. H. Kittel. 354 S. 1974. DM 78,60.

76. **Lenkungsmöglichkeiten von Geldangebots- und Kreditmarktprozessen in einer extrem auslandsabhängigen Volkswirtschaft.** Von Dr. H. Rostek. 106 S. 1975. DM 48,60.

77. **Wirkung und Wirkungsprozeß der Geldpolitik.** Von Dr. G. Dieckheuer. 304 S. 1975. DM 88,60.

78. **Bankenliquidität und Zins als Orientierungsvariable der Geldpolitik.** Von Dr. H.-H. Francke. 222 S. 1975. DM 66,60.

79. **Geldtheoretische und geldpolitische Probleme der potentialorientierten Kreditpolitik.** Von Dr. L. Stirnberg. 183 S. 1975. DM 58,60.

80. **Beiträge zur Geldtheorie und Währungspolitik.** Von Prof. Dr. H. G. Johnson. 353 S. 1976. DM 68,—.